KB139185

수궐일대와 임진록

수길일대와 임진록

2016년 11월 21일 초판 1쇄 발행

지은이	현병주
펴낸이	이문수
교정·편집	이만옥
디자인	김원선
펴낸곳	바오출판사

등록	2004년 1월 9일 제313-2004-000004호
주소	서울시 마포구 토정로 222(신수동 448-6)
	한국출판콘텐츠센터 422-7호
전화	02)323-0518
문서전송	02)323-0590
전자우편	baobooks@naver.com

ISBN 978-89-91428-23-2 03910

수길일대와 임진록

秀吉一代와 壬辰錄 — 현병주 지음

바오

이 책은 현병주玄丙周의 『수길일대秀吉一代와 임진록壬辰錄』(신구서림, 1928)을 최대한 원문 그대로 옮겨 쓴 것입니다. 원서는 1920년대에 출간한 책이어서 지금의 독자들은 원문 그대로 읽기가 쉽지 않습니다. 그래서 옮겨 쓰는 과정에서 원문의 뜻을 살리면서도 지금의 어법에 맞게 내용을 전달하는 데 중점을 두었습니다. 그리고 원서 상의 잦은 오기誤記나 오식誤植을 바로잡는 데에도 많은 노력을 기울였습니다.

이 책의 저자인 수봉秀峯 현병주 선생은 1880년에 태어나 1938년에 유명을 달리할 때까지 모두 45권에 이르는 방대한 저서를 펴냈습니다. 그렇지만 현병주라는 이름은 지금 독자들에게는 거의 알려져 있지 않은 망각된 저술가로 남아 있습니다. 수봉 선생의 생애와 작품, 그리고 이 책이 가진 의미에 대해서는 책 뒤편의 최원식, 장연연 두 분의 글을 참고로 하시기 바랍니다.

편집자가 이 책에 흥미를 가진 것은, 일제 강점기 하에서 피지배자인 조선의 지식인이 지배자인 일본과 과거에 벌였던 전쟁, 즉 임진왜란을 어떤 관점에서 서술하고 있는가 하는 점이었습니다. 수봉 선생은 역사학자 못지않게 풍부한 사료와 치밀한 고증을 바탕으로 도요토미 히데요시豊臣秀吉의 일대기(상편)와 임진왜란사(하편)를 객관적인 시각에서 흥미롭게 서술하고 있습니다. 역사적으로 쟁점이 될 만한 사항에 대해서는 각주를 통해 조선과 일본, 명나라의 입장을 명확하게 드러내고, 필요한 경우에는 저자 자신의 견해도 밝히고 있습니다. 저자의 충실한 각주는 책을 읽는 재미와 더불어 역사적 사실에 대한 이해의 폭을 넓히는 데에도 큰 도움을 줄 것입니다. 아울러 본문 속에서 지금은 잘 쓰지 않는 순우리말을 만나보는 것도 이 책을 읽는 즐거움 중의 하나가 될 것입니다.

이 책에 수록된 그림 자료들은 원서에는 없는 것입니다. 내용에 대한 이해를 돕기 수록한 것인데, 임진왜란의 당사자였던 조선과 명나라의 자료가 많지 않은 탓에 일본 쪽 자료인 『회본태합기기繪本太閤記』와 『회본조선군기繪本朝鮮軍記』, 『회본조선정벌기繪本朝鮮征伐記』 같은 책에 많이 의지했습니다. 따라서 그림 자료의 시각이 다분히 일본 쪽으로 기울어 있다는 점을 미리 밝혀둡니다.

거의 한 세기 만에 다시 펴내는 이 책이 수봉 선생께 누가 되지 않을까 염려가 됩니다. 이 책에서 부족한 부분이 있다면 그것은 수봉 선생이 아닌 편집자의 잘못일 것입니다. 그럼에도 이렇게 책을 새롭게 펴내는 것은, 수봉 선생께서 이 책을 쓰신 뜻과 의미가 아직도 유효하다고 믿기 때문입니다.

편집자

【 차례 】

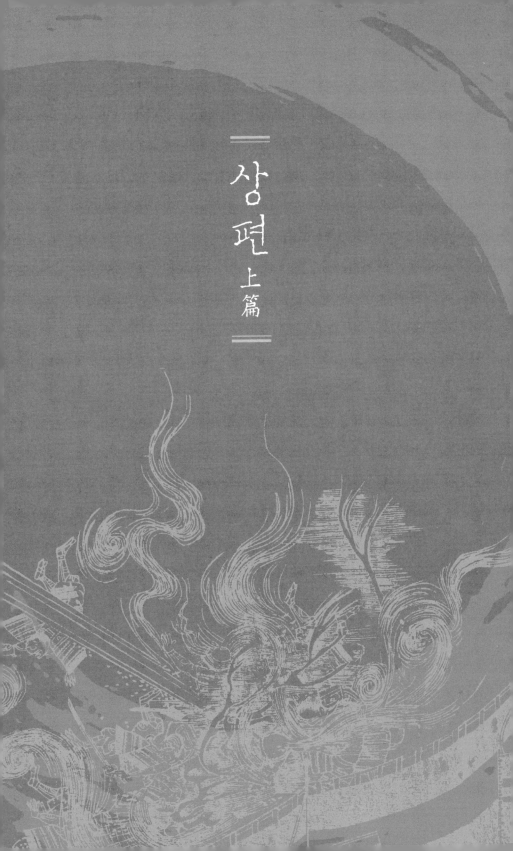

상편 上篇

일러두기

1. 이 책은 1928년 신구서림(新舊書林)에서 출간한 현병주(玄丙周)의 『수길일대(秀吉一代)와 임진록(壬辰錄)』을 최대한 원문 그대로 옮겨 쓴 것이다.

2. 원문을 옮기는 과정에서 지나치게 긴 문장은 나눈 곳이 있으며, 지금의 어법에 맞게 고친 부분이 있다는 것을 밝혀둔다. 그 외에 글의 체제와 형식(한자 병기, 각주, 중간 제목 등)은 그대로 따랐다.

3. 원문에는 일본어 인명과 지명 등이 한자어 발음으로 표기되어 있지만, 이 책에서는 '외래어 표기법'에 따라 표기했다. 예) 풍신수길(豊臣秀吉) → 도요토미 히데요시, 경도(京都) → 교토. 그렇지만 예외적으로 서명(『태합기(太閤記)』)이나 관직명(태합太閤) 등은 우리말 발음대로 두었다. 그리고 이 책의 제목에 나오는 '수길'만큼은 '히데요시'로 쓰지 않고 원래 책 제목대로 두었다.

4. 이 책의 주(註)는 모두 저자의 주이며, 그 외의 주는 편집자 주이다. 뜻이 통하기 어려운 단어나 한자어, 내용의 이해를 돕기 위한 사항은 편집자가 주를 달고 표시하였다. 예) -편집자

5. 이 책에 나오는 그림은 원서에는 없는 것이나 내용에 대한 이해를 돕기 위해 수록한 것이다.

저자의 변언

내 기록은 항상 시골 농군이나 들어앉은 아낙네를 독자의 대상으로 하여 그저 얼른 풀기 좋게, 뜻을 알기 쉽게 하면 그만이라는 버릇으로 재작년 겨울부터 묵은 역사에서 재료를 취하여 전기傳記를 쓰기 시작한 뒤로 한 가지 주의하여 온 것은, 가장 사실事實에 치중하여 할 수 있는 대로 맹랑한 말, 허튼소리 같은 것은 기록에 넣지 아니하기로 하였다.

이번에 이 원고를 만들 때에 어떠한 사정으로 글자 수효의 제한制限을 하다시피 한 관계로 상편上篇과 하편下篇이 모두 사단事端이 복잡한 재료를 가지고 건정건정* 추려다가 엮어놓고 보니 엮은 것도 못되고, 묶어놓은 셈이 되어 그 복잡한 사단이 몰리고 등이 떨어지고 매듭이 지고 하여 마치 좁은 장소에서 여러 사람이 지껄여서 듣는 사람의 귀를 소란케 하는 것 같다.

---

* 일을 적당히 빨리빨리 해치우는 모양-편집자

이러한 기록은 좀 진실하면 좋겠다 하는 검열당국檢閱當局의 주의를 받는 것이 내게는 다행스러운 기회가 되어 다시 앞주前註를 내어서 대문大文의 허실虛失한 데를 대강 짓고 꿰어 매고 하였으나 내가 대상으로 하는 독자에게는 도리어 읽기에 거북하다 아니할는지?

기사己巳 십일월 탑공원塔公園 밖에서

1. 말 시작

임진년1 사월 초생初生에 삼십만 대군을 실은 일본 병선 수백 척이 오사카大阪에서 떠나니 일본에서 이만큼 엄청난 군사가 움직이게 된 것은 관백關白 히데요시秀吉의 활동이었으니, 히데요시가 대체 어떠한 인물이었는지 그 일대—代를 알아볼 만한 일이다.

부언

그런데 주에 대하여 한마디 부언附言해둘 것은 상편上篇은 무라카미 마코토村上信2의 『풍태합豊太閤』을 주主로 하고, 종從으로는 오제 호안小瀬甫庵3의 『태합기太閤記』를 비롯하여, 하야시 도순林道春4의 『풍

---

1 임진은 올해 서력(西曆) 기원 1929년 기사(己巳)에서 338년 전이니 조선의 선조(宣祖) 25년이오, 일본의 고요제이(後陽成) 천황 분로쿠(文祿) 원년이오. 명(明)나라 신종(神宗)의 만력(萬曆) 25년이오, 서력기원 1592년이다. 그리고 일력(日曆)으로는 임진년 삼월이 조선은 적고(小) 일본은 커서(大) 조선 날짜가 일본보다 하루가 앞서게 되어, 가령 일본이 사월 일일이면 조선은 사월 이일이 된다.

2 무라카미 마코토(村上信, 1865~1944) 일본의 소설가 – 편집자

3 오제 호안(小瀬甫庵, 1564~1640) 전국시대부터 에도시대 초기의 유학자이자 의사. 『태합기(太閤記)』와 『신장기(信長記)』를 쓴 것으로 알려져 있다. – 편집자

4 하야시 도순(林道春, 1583~1657) 원래 이름(諱)은 노부카쓰(信勝)이며, 라잔(羅山)은 호(號)이다. 여기서 쓰는 도순(道春)은 출가 후에 얻은 호(號)이다. 일본 에도시대 초기

신수길보豊臣秀吉譜』, 마쓰나가 데이토쿠松永貞德[5]의 『대은기戴恩記』, 와타나베 요스케渡辺世祐[6]의 『풍태합과 그 가족豊太閤と其家族』을 참고로 하였다.

하편下篇은 조선의 기록이라 일본과 명나라의 기록을 구별한 데가 있으니 첫째로, 조선 기록이란 것은 유성룡柳成龍[7]의 『징비록懲毖錄』을 비롯하여 『선조실록宣祖實錄』과 『선묘보감宣廟寶鑑』[8], 『이충무공전서李忠武公全書』[9], 임유정任惟政[10]의 『분충서난록奮忠紓難錄』, 안방준安邦俊[11]의 『은봉야사隱峰野史』, 『기재잡기寄齋雜記』[12], 춘파당春坡堂의 『일월록日

의 주자학파 유학자－편집자

5 마쓰나가 데이토쿠(松永貞德, 1571~1654) 에도시대 초기의 시인이자 가객－편집자

6 와타나베 요스케(渡辺世祐, 1874~1957) 일본의 역사학자－편집자

7 유성룡(1542~1607) 조선 중기의 문신으로, 임진란 당시 재상으로 조선의 조정을 지휘하였다. 『징비록』은 1592년부터 1598년까지 7년 동안의 일을 손수 기록한 책으로, 참혹했던 전화를 회고하면서 임진란의 원인과 경과, 그리고 자신의 잘못과 조정의 실책, 백성들의 조정에 대한 비판 등을 담고 있다.－편집자

8 1684년 숙종 10년에 이단하(李端夏) 등이 선조 일대의 사적을 정리하여 만든 사서－편집자

9 이순신(李舜臣, 1545~1598)의 유고 전집. 1795년 정조 19년에 왕명으로 유득공(柳得恭)이 감독·편집하여 교서관(校書館)에 국(局)을 설치하여 간행하였다.－편집자

10 유정(惟政, 1544~1610) 조선 중기의 고승, 승장(僧將). 법명인 유정보다 당호인 사명당(泗溟堂)으로 더 유명하고, 존경의 뜻을 담아 사명대사(泗溟大師)라고도 부른다.－편집자

11 안방준(安邦俊, 1573~1654) 조선 중기의 의병장, 문신, 성리학자. 임진란 때 의병장으로 활약하였으며, 병자호란과 정묘호란 때에도 의병을 이끌고 청나라 군사와 맞서 싸웠다. 『은봉야사(隱峰野史)』는 그가 임진란 당시에 의병 활동을 하면서 보고 들은 것을 기록한 책이다. 책 이름에 야사(野史)가 들어간 것은 조정이 아닌 개인이 쓴 책이라는 것을 의미한다.－편집자

12 조선 인조 때의 문신인 박동량(朴東亮, 1569~1635)이 조선 전기부터 명종 대에 이르는 역대의 야사를 기술하였으며, 『대동야승』에 수록되어 있다.－편집자

月錄』[13], 『인물고人物考』[14], 『문헌록文獻錄』[15], 『고사촬요故事撮要』[16]의 유
이다.

일본의 기록이란 것은 덴케이天荊[17]의 『서정일기西征日記』, 제타쿠是
琢[18]의 『조선일기朝鮮日記』, 기노시타 신코木下眞弘[19]의 『풍태합정외신
사豊太閤征外新史』, 가와구치 초주川口長孺[20]의 『정한위략征韓偉略』, 이케
우치 히로시池內宏[21]의 『문록경장역文祿慶長の役』, 도쿠토미 소호德富蘇

---

13 조선 인조 때의 학자 이성령(李星齡, 1632~?)이 조선 초중기의 역사를 편년체로 정
   리한 사서. 춘파(春坡)는 그의 호–편집자

14 조선 정조 때 심진현(沈晉賢, 1747~?)이 왕의 명에 의해 조선 초기부터 숙종 때까지
   의 중요 인물에 대한 인물지–편집자

15 조선 사대부들의 인적 사항을 항목별로 정리해놓은 『국조고사(國朝故事)』 속의 한
   부분이다. 저자 미상–편집자

16 조선 명종 때 어숙권(魚叔權)이 조선시대의 사대교린을 비롯한 일상생활에 필요한
   일반 상식 등을 수록한 유서(類書)다. 선조 때 허봉이 증보하고 다시 박희현이 계속
   편찬하여 인조 때 최명길이 증감 수정하였다.–편집자

17 덴케이(天荊, 연대 미상) 아즈치모모야마(安土桃山, 1573~1603) 시대의 선승. 임진
   란 때 고니시 유키나가(小西行長)의 종군승(從軍僧)으로, 조선 측에 대한 문서 작성을
   담당했다. 『서정일기(西征日記)』는 그의 진중(陣中) 일기이다.–편집자

18 제타쿠(是琢, 1561~1620) 나베시마 나오시게(鍋島直茂)의 종군승. 임진란 때 가토
   기요마사가 함경도에서 붙잡은 조선의 왕자 임해군과 순화군를 보살폈다. 『조선일기
   (朝鮮日記)』는 그의 진중 일기이다.–편집자

19 기노시타 신코(木下眞弘, 1824~1897) 일본 에도시대의 관료이자 저술가. 그의 『풍
   태합정외신사(豊太閤征外新史)』는 중국과 조선을 비롯한 다양한 해외의 사료(史料)를
   이용하여, 임진란의 역사를 서술한 것이다. 당시 주요 교전국은 일본이 아니라 명나
   라였다는 인식에 기초하고 있다.–편집자

20 가와구치 초주(川口長孺, 1773~1835) 일본 에도시대의 역사가이자 의학자. 그의
   『정한위략(征韓偉略)』은 중국과 조선의 문헌을 수집하여 일본의 입장에서 임진란을
   기술한 책이다.–편집자

21 이케우치 히로시(池內宏, 1878~1952) 일본의 동양사학자. 한국 고대사를 연구한
   학자로, 신라시대의 화랑(花郎) 연구로 알려져 있다. 또한 임진란의 전체 성격을 구명
   하는 데도 진력하였다.–편집자

峰[22]의 『풍신씨시대豊臣氏時代』의 유이다.

　명나라의 기록이란 것은 제갈원성諸葛元聲의 『양조평양록兩朝平攘錄』[23]을 비롯하여 『명사明史』[24], 『신종실록神宗實錄』[25], 『만력야획편萬曆野獲編』[26], 『경략복국요편經略復國要編』[27], 유격장군 전세정錢世禎[28]의 『정동실기征東實記』의 유를 참고로 한 것이다.

22　도쿠토미 소호(德富蘇峰, 1863~1957) 일본의 정치가이자 역사학자, 저널리스트-편집자

23　임진란 직후에 명나라의 제갈원성(諸葛元聲)이 중국의 입장에서 집필한 임진란 통사. 임진란 당시 조선의 상황을 부정적으로 묘사하였으며, 명나라의 구원 덕분에 간신히 살아난 것으로 기술하고 있다.-편집자

24　청(淸)나라의 장정옥(張廷玉) 등이 칙령을 받들어 편찬한 명나라의 역사를 기록한 기전체 역사서. 중국 정사(正史)의 하나이다.-편집자

25　명나라 13대 황제 만력제(萬曆帝, 1563~1620)의 실록. 만력제는 역사적으로 평판이 좋지 못했지만, 임진란 문제에 있어서만큼은 적극적으로 우호정책을 펼쳐서 조선에서 명나라에 대한 호감이 생겨난 배경이 되기도 했다.-편집자

26　명나라 만력(萬曆, 1573~1619) 연간에 심덕부(沈德符)가 민간에서 얻은 이야기를 엮어서 만든 책-편집자

27　명나라의 관리였던 송응창(宋應昌, 1536~1606)이 임진란 당시 명군의 각종 기록과 문서를 모아서 엮은 책이다. 송응창은 당시 경략(經略) 직급으로 사실상 명군의 2인자였고, 임진란이 발발하자 병부우시랑경략비왜군무(兵部右侍郎經略備倭軍務)로 조선을 도우라는 명령을 받는다.-편집자

28　전세정(錢世禎, 1561~1642) 명나라의 무장(武將)으로 임진란 때 기마병 1천을 이끌고 조선으로 들어와 전공을 세웠다. 『정동실기(征東實記)』는 임진란 때 그의 일기를 모아서 엮은 책이다.-편집자

2. 히데요시의 출생

   일본 오와리국尾張國 아이치군愛知郡 나카무라中村라는 쓸쓸한 동네에서도 그중 빠지는 움막살이를 하는 기노시타 야에몬木下彌右衛門의 집에서 정월 초하룻날 이른 아침 때 갓 낳은 어린애 소리가 터졌다.[1] 이 집의 주인인 기노시타 야에몬은 다리가 병신이라 절름발이를 끌며 간신히 마누라의 해복 구원을 하고 나서, 산모가 정신을 차린 뒤에 "아들이여?" 하고 궁금해서 묻는 마누라의 말에 대꾸하는 말소리는 만족한 웃음과 함께 흘러나온다.

   마누라[2]는 아들이라는 말이 마음에 흡족했는지 이불 속에서 기지

---

1 히데요시를 낳은 날이 덴몬(天文, 고나라後奈良 천황의 연호) 5년(1536) 정월 초하루 날이라는데, 혹은 그 이듬해 덴몬 6년 정유(丁酉) 이월 초엿새라 하기도 한다. 그러고 보면, 조선의 중종(中宗)조 31년이나 32년이 된다. 그런즉 히데요시가 조선의 중종 5년경 삼포란(三浦亂, 삼포왜란三浦倭亂)은 몰랐다 할지라도 명종(明宗) 10년경 죽도란(竹島亂, 을묘왜변乙卯倭變)쯤은 히데요시가 장성해서 지나보았을 것이다.

2 히데요시의 아버지와 어머니는 그 씨명(氏名)이 무엇이라 집어내기가 어렵다. 하야시 도순(林道春)의 『풍신수길보(豊臣秀吉譜)』나 오제 호안(小瀨甫庵)의 『태합기(太閤記)』, 마쓰나가 데이토쿠(松永貞德)의 『대은기(戴恩記)』를 보면, 그 어머니와 아버지를 서로 달리 기록하여 그 아버지가 차쿠아미(竹阿彌)라 하기도 하고, 또 기노시타 야에몬(木下彌右衛門)이라 하기도 한다. 그 어머니는 하기추나곤(荻中納言)의 딸이라 하기

해바라기(히요시마루日吉丸)의 탄생(『회본태합기繪本太閤記』, 와세다대학早稻田大学 도서관, 이하 같음)

개를 켜며 몸을 한번 뒤치더니 "아이 추워. 저 문구멍이나 좀 막아주
어" 하며 문을 가리키며 이불을 끌어올려 얼굴을 가린다.

"제기랄. 뭐가 있어야지."

기노시타 야에몬은 이렇게 중얼거리며 방구석에 앉아 뭉기다가 이

도 하고, 또 야부추나곤(藪中納言) 야스히로(保廣)의 딸이라 하기도 한다. 또 그 어머
니는 중(僧尼)이라고도 하는데, 중으로서 어느 성명 모를 사나이와 야합(野合)을 하
여 낳은 사생아라 하기도 한다. 또 그 어머니는 어느 귀족의 집종으로서 귀족과 잠통
(潛通)하여 낳은 아들이기 때문에 그 당시에 아버지를 드러낼 수 없었다고도 한다. 그
리하여 아버지의 성이 무엇인지 이름이 무엇인지, 어머니가 중인지 속한(俗漢)인지 명
백하지가 못하니 히데요시는 괴상한 인물인 만큼 그의 출생에서부터 말썽이 많았다.

불 터진 구멍에서 솜을 뚝 잡아 떼어내어 뚫어진 문구멍을 틀어막았다. 마누라는 그동안 갑갑하던지 이불 밖으로 얼굴을 내어놓고 숨을 도르며 "이 애 이름은 뭐라고 할라우?" 하고 묻는다.

"글쎄 뭐라고 하나?" 하고 야에몬은 한동안 말이 없더니 "올해가 병신년丙申年이여. 올해 운은 원숭이가 맡아보니 해운을 따라 원숭이申之助라 하지" 하고 이름을 지어놓으니 마누라는 "원숭이? …… 아이 이름도 숭해라" 하며 남편이 지어놓은 이름을 타박하고 나서 "왜 내가 그때 바로 말하잖았소. …… 이 애를 설 때에 내 꿈에 해를 집어삼켰으니 꿈땜3으로 해바라기日吉丸4로 하면 어떠오?"5 하고 다시 꿈 이야기를 꺼냈다.

"해바라기 …… 그것도 좋지" 하며 야에몬은 잠이 들어 자는 아이의 얼굴을 다시금 한번 들여다보더니 "이것 봐. 내 말이 맞지 않나. 이 애 얼굴이 갈데없는 원숭이야. 원숭이!" 하며 뒤를 이어 "원숭이! 원숭이!" 불러가며 자는 아이 얼굴에다 입을 맞춘다.

"공연히 그러네. 우리 해바라기를" 하고 그때에 마누라는 남편의 말을 배척하였으나 이 애가 차차로 커나갈수록 얼굴 바탕이 원숭이와 같아서 해바라기로 부르는 저희 어머니까지도 원숭이라고 부르는 때가 많았다.

---

3 꿈에서 본 좋거나 궂은 조짐을 현실로 겪어서 때우는 일-편집자
4 히데요시의 유명(幼名)으로 히요시마루-편집자
5 『태합소생기(太閤素生記)』에는 병신년 정월 초하룻날 해 뜰 때 낳아서 히요시마루(日吉丸)라고 이름을 지었다 한다.

3. 원숭이

야에몬의 집에서 자라나는 아이는 이웃에서도 원숭이라 부르니, 이웃 사람이 부르는 말은 그 아이의 이름으로 부르는 것이 아니라 그 아이를 조롱하는 말이다. 머리통이 뾰족하고 이마가 숙붙고[1] 아래위 턱이 내민데다가 들창코 밑으로 가로 건너간 입이라든지 눈알을 깜빡거리는 것과 팔을 재빨리 놀리는 것이 모두가 원숭이 같아서 이 애가 문 밖에만 나서면 뭇사람에게 시달린다.

일백 호쯤 되는 나카무라 동네였지만 어디서 그렇게 아이가 많이 나서는지 이 애가 번듯만 하면 아이 떼가 몰려들어 솔방울도 던져주고 대까비(竹鞭, 대나무 회초리)로 찌르기도 하면 이 애는 또 던져주는 대로 재빨리 받고 대까비에 찔릴 때는 얼굴이 빨개지며 박박 하는 원숭이 소리를 질러서 이러는 것이 제게는 아주 버릇이 되게 되니 남들이 원숭이라는 것보다 제자신이 원숭이로 자처하는 것 같았다.

주인 야에몬은 그 지방 영주領主의 군사가 되어 전장에 나갔다가

---

1 숙붙다. 머리털이 아래로 나서 이마가 좁다.─편집자

다리에 창을 맞고 절름발이가 되어[2] 나카무라 동네로 들어와서 이 집 저집으로 구르다가 서른한 살에 고키소무라(御器所村) 사냥꾼의 딸에게 장가를 들어서 나카무라 동네에 눌러앉아서 움막살이 살림을 차리게 된 것이다. 살림을 차린 뒤로 병신다리를 끌며 해가 돋기 전에 나가서 별이 뜰 때 돌아오는 것이 그에게는 몹시 괴롭고 힘이 드는 일이었지만, 그는 하루도 몸을 편히 굴려보지 못하였다.

병신다리로 무거운 몸을 끌고 다니며 힘든 일을 한다 해야 자기 입하나 추단하기도 어려운 터에 마누라가 아이 낳기를 시작하여 원숭이 다음으로 또 계집애를 낳으니, 아들딸이 귀엽기는 하나 신세는 점점 괴로워 들에 나가면 팥밭(火田)을 파고 집에 들어오면 짚신을 삼는 것이 일 년 내 빠진 날이 없으니 원숭이가 여덟 살이 되는 해 구차한 신세를 더 부지하지 못하고 세상을 떠났다.

병신남편이나마 살림을 살아오던 그 남편이 죽으니 마누라는 그만한 살림도 살 수 없어서 어린자식 남매의 배라도 안 골려보려고 한 동네에 사는 치쿠아미(竹阿彌)라는 홀아비를 맞아들여 후부(後夫)로 정하였다. 후부 치쿠아미는 마누라의 전 남편과 친구로서 두 사람이 다 같이 그 지방의 영주되는 오다(織田)의 부하였다. 오다씨의 집이 그 지방에서 새로 세력을 잡기는 하였으나 영토가 워낙 좁아서 부하들을 살릴 만한 뭐가 우러날 것이 없었다.

---

2 기노시타 야에몬이 다리병신이 된 것은 오다 노부나가(織田信長)의 아버지인 오다 노부히데(織田信秀)가 나고야성의 아마가와 우지토요(今川氏豊)와 다이주지(大樹寺)에서 싸울 때의 일이라 한다.

이 집의 전 남편은 오다가 나고야성那古野城을 점령할 때 다리까지 부러졌건만 아는 체를 못하였는데, 영주 집에 아무런 공로가 없는 지금 남편이야 어찌 사느냐고 물어볼 리도 없는 일이라 후부 치쿠아미는 가난한 살림에 쓴 정이 날라치면 "이런 제기 간핫슈(関八州, 간토関東 지방)의 호조北条씨 집에는 삼백만 석을 받아들인다는데, 우리 쇼바타성勝幡城에는 만날 가야 영주가 쌀 한 톨 나눠주는 것이 없으니 이런 놈의 오다 영토를 떠나든지 무슨 수를 내야겠다" 3 하고 게걸거리며 게으름만 늘어간다.

치쿠아미의 게으름이 늘어갈수록 마누라의 신세는 더 한층 고달프다. 지금 남편은 사지四肢가 성하니 병신남편보다는 살림살이가 좀 나아질까 한 노릇이 지금 남편은 당초에 살림에는 정성을 쓰지 아니하고 살림살이가 점점 꼬여 들어서 마누라는 전에는 하지 않았던 길쌈紡績도 하여 보고 남의 집에 품도 팔고 하여 자식남매를 건져 가는데 나이가 아직 젊은 마누라의 몸에서는 아이 낳기를 또 시작하였다.

---

3 쇼바타성(勝幡城)은 오다가 오와리국(尾張國)에서 독립할 때에 아이치군(愛智郡)과 가이토군(海東郡)의 반쪽을 연합하여 후루와타리(古渡)와 스에모리(末森) 두 곳에서 성을 쌓고 있었던 그 성의 이름이라 한다.

4. 고묘지光明寺의 중노릇

커갈수록 장난이 별종스러운 원숭이는 올봄까지도 저를 놀리고 때리고 하던 아이를 예사로 장난터에서 휘어잡게 되니, 집 안에 들어도 눈치코치를 챌 만큼 약았다. 자기 남매로 하여 그 어머니가 애쓰는 것을 볼 때마다 원숭이의 어린 마음은 무엇이 찌르는 것같이 아팠다.

하루는 원숭이가 그 어머니를 대하여 "어머니!" 하고 부르더니 "어머니, 나는 인제 어디로 가겠소" 하고 시침[1]한다. "어디를 간단 말이냐?" 하고 어머니는 예사로 물었으나 아이의 말과 얼굴빛辭色이 침울한 데 의심하였다.

"내가 가면 어머니 걱정이 좀 덜하겠지요" 하고 아이가 말하는데, 어머니는 제가 집을 떠나겠다 하는 의미를 깨닫고 "가다니 아직 어린 애가 집을 떠나면 어디로 간단 말이냐. 그런 말 마라" 하고 핀잔을 하니 "어머니, 걱정 말아요. 내가 이제 좀 더 크면 어머니를 잘 거느려서 어머니 걱정도 없이 할 터인데 무얼" 하고 주적거리는 아이의 말

---

1 시미치의 준말로, 자기가 하고도 아니한 체, 알고도 모르는 체하는 태도-편집자

고묘지의 히요시마루(『회본태합기』)

에 어머니 눈에서는 눈물이 돌아 나온다. 평생을 가난으로 짓 졸이던[2] 신세에 어린아이의 말일망정 그 아들이 잘 거느리겠다는 말이 어머니의 마음을 감격하게 하였다. 어머니가 한사하고 붙드는 것을 원숭이는 어머니 몰래 집을 빠져나왔다.

집에서 빠져나온 원숭이는 집에서 멀지 아니한 가야즈무라萱津村의 고묘지光明寺라는 절로 찾아가 그 절의 상좌중이 되었다. 원숭이가 중이 된 뒤로 절밥에 살이 오르고 목탁소리에 정신을 닦아가며 지식

2 짓 졸이다는 심하게(짓) 속을 태우다(졸이다)는 뜻이다.–편집자

이 훌륭한 스님들에게 글도 배우고 글씨도 배우는데, 글씨에는 천재가 있어서 글씨를 쓸 때마다 "명필名筆이다, 명필이다" 하는 칭찬을 여러 스님들에게 듣게 되었다. 상좌중으로 일 년쯤 지나니 아침저녁으로 부처 앞에서 경문을 외우는 것쯤은 배웠지만 경문에는 마음이 없고 동네 출입이 잦게 되었다.

"중이 동네를 자주 가면 버린다!" 하는 스님들의 경계를 자주 들었지만 어떻게든 틈만 있으면 동네로 뛰어나가 아이 떼를 모아서 장난치기로 판을 쳐서 개를 타고 기추騎芻[3]를 놓다가 개 허리를 분지르기도 하고, 과실나무에 돌팔매질을 치다가 남의 집 울안의 세간을 깨뜨리기도 하였다. 이러한 일쯤은 예사로 알고 아이들의 편을 갈라 편싸움을 차리는 때이면 논밭의 곡식은 짓밟혀 없어지는 날이다.

"고묘지 상좌중놈 때문에 몇 동네가 망한다"는 청원이 일어나서 곡식밭을 결단 낸 밭주인들이 고묘지의 기둥뿌리를 뽑는다고 들고 일어난 통에 원숭이는 절에서 쫓겨났다.

---

3 말을 타고 활을 쏘는 일-편집자

5. 어머니 마음

절에서 쫓겨난 원숭이가 어머니를 찾아오니 처음 집을 떠날 때에 한사하고 붙잡았던 어머니의 마음이 그동안에 변한 듯이 집에 돌아오는 것을 책망한다.

"그렇게 절에 가서 붙어 있는 것이 네게는 다행한 일을 어쩌자고 고이 못 있고 쫓겨 오느냐. 너희 아버지도 걱정을 하시니 어쩌자는 말이냐" 하는 어머니의 말에 원숭이 눈에서 금방 불덩이가 일어나며 "에이, 이놈의 나 쫓아낸 절에다 불을 놓을 테다" 하고 부르짖으며 불꾸러미에 불을 붙여 들고 절로 쫓아갔으나 중들이 내달려서(덤벼들어서) 말리는 통에 불은 못 질렀다.

이 뒤로 원숭이는 의부義父의 주선으로 나카무라 동네에서 머슴살이傭人를 하게 되어 꼴蒭도 베고 말똥도 주워 나르며, 미꾸라지鰍도 잡고 우렁이田螺도 따고 있다가 열두 살 되는 해에 노슈濃州 땅의 옹기점에 들어가 그릇 만드는 일을 배웠다.

그렇게 옹기점에서 간신히 반년 동안을 지내고 비슈尾州 사라기무라蛇六村에 들어가 그 동네 부잣집에 머슴살이로 들어갔더니, 부잣집 주인이 욕심 부리는 것이 미워서 "돼지 같은 놈!"이라고 욕을 하고는 부잣집을 나왔다. 그리고 가이토군海東郡의 어느 사족士族의 집에 들어가 일 년쯤 지내는데, 마침 그 동네에 지방으로 돌아다니는 굿중패가 들어와 노는 것을 보고 "에라 머슴살이 종노릇 이런 것은 그만 집어치우자. 굿중패나 따라다니며 지방 구경이나 골고루 해보자" 하고 굿중패를 따라나서서[1] 다섯 해 동안을 돌아다니고 나니 내년이면 나이가 그럭저럭 열여덟 살이 된다.

열여덟 살이 되던 해 이른 봄에 발길을 돌려 집으로 돌아오니 의부 치쿠아미는 벌써 죽고 어머니는 의부에게서 낳은 아들딸 두 남매와 맏딸까지 아울러 세 자식을 기르기에 궁상이 전보다 심하였다. 과부의 설움을 두 번째 당하는 그 어머니는 나갔던 자식이 장성하여 돌아오는 것을 반겨 맞으나, 아들의 생각에는 빈손 들고 들어온 자식이 구차한 어머니께 얹혀 있어서는 어머니 걱정만 끼치는 것이라 하여 집을 곧 떠나려 하였다.

어머니는 집을 또 떠나려 하는 아들의 마음을 알아채고 붙잡지는 아니하며 "가만 있거라. 여러 해 만에 어미 집을 찾아왔다가 빈손 들고 떠나는 꼴을 내가 어찌 보니" 하더니 후부 치쿠아미의 유산遺産 찌기를 떨어 팔아서 영락전永樂錢 한 꾸러미一貫를 장만하여 닷 냥五百文은 집에 떼어놓고 닷 냥은 아들에게 채워준다.

---

1 무라카미 마코토(村上信)의 『풍태합(豊太閤)』에는 돈 벌러 나선(出稼) 만자이라쿠(萬歲樂)를 따라나섰다 한다.

어머니의 피가 묻은 돈 닷 냥을 받아들고 집을 떠나올 때에 눈물이 앞을 가리는 그 어머니가 아들의 뒤를 따라 나와 동구 밖에 앉아서 우는 양이 땅을 굽어보며 가는 원숭이의 눈에는 온종일 사라지지 않았다.

"내가 어찌 하면 어머니를 위하여 앞길을 열어볼까?" 하는 명상冥想에 잠긴 원숭이는 종일 생각한 것이 돈 닷 냥을 밑천 삼아 장사를 하여 보자 한 것이다. 원숭이는 시장市場으로 찾아가 닷 냥어치 바늘針을 사게 되었으니, 원숭이가 바늘을 산 것은 물건이 먼 길에 들고 다니기가 가볍고 이 지방은 연래로 전쟁이 계속하여 통섭(通涉, 왕래)이 막힌 곳이 많으니 촌가의 아낙네가 바늘 떨어진 곳이 많을 것이라는 주밀한 계획이었다.

그러나 원숭이가 바늘을 들고 나서서 팔아보니 기껏 계획한 것이 독장수의 헛구구甕算[2]를 쳐놓은 셈이 되어 며칠이 못 지나 바늘도 없어지고 돈도 떨어졌다. 원숭이가 하마마쓰濱松란 동네 밖에 앉아서 때 묻은 무명 잠방이木棉半着物[3]에서 이를 잡고 있는 때는 빈손을 털어 쥔 뒤이다.

하마마쓰라는 동네는 도토미국遠江國 영토이니 이 나라 영주 이마가와今川씨의 집과 원숭이의 고향인 오와리국 영주 오다씨의 집이 여러 해째 전쟁을 계속하는 까닭에 바늘장사를 시작한 원숭이가 난리

---

2 옹산(甕算)은 우리말로 독장수셈이라고 하는데, 실현 가능성이 없는 허황된 계산을 하거나 헛수고로 애만 쓰는 것을 이르는 말이다. -편집자
3 가랑이가 무릎까지 내려오도록 짧게 만든 홑바지 -편집자

마쓰시타 가헤에 유키쓰나(오치아이 요시이쿠落合芳幾, 도쿄도립박물관)
히요시마루에게 무예와 학문, 병법 등을 가르쳐준 인물이다.

가 난 지방을 찾아서 도토미국 영내에 들어서자마자 바늘도 돈도 떨
어져서 전망이 없이 된 터이다.

이때 하마마쓰 동네 앞 큰 길거리로 관원의 행차 하나가 지나가느
라고 길가는 행인들이 모두 나막신을 벗고 납작 엎드렸는데[4] 원숭이

---

4 칼을 찬 무사가 길을 지나면 평민이 만나면 땅에 엎드리는 것이 그 시대의 풍속이었다.

는 머리를 추켜들고 관원의 행차를 바라보았다.

"저기서 웬 놈이 머리를 들었구나!" 하고 관원의 군사들이 떠들더니 군사 하나가 칼을 빼들고 쫓아와 "이놈 가자!" 하고 원숭이를 움켜가지고 관원 앞으로 나간다. 원숭이를 잡아들인 관원은 이마가와의 신하 마쓰시타 가헤에 유키쓰나松下嘉兵衛之綱[5]이니 병법兵法이 고상하여 주인의 부하들에게 병법을 가르치는 선생이다. 원숭이를 잡아들인 군사들은 관원의 명령만 떨어지면 잡아온 놈의 목을 후려치려고 빼어 든 칼을 도로 칼집에 꽂고[6] 잡아온 놈을 놀린다.

"사람은 어쩌자고 원숭이를 잡았느냐. …… 털 뽑은 원숭이 봐라!" 하는 말로 군사들이 떠들 때에 관원도 잡아온 놈의 형용形容이 원숭이 같은 것을 이상히 여겨 잡아온 놈의 내력을 묻고 나서 "너 댁에 가서 드난[7]할 터이냐?" 하고 제 의향을 물으니, 형용이 괴상한 인물을 놀림감으로 집에 두려함이다. 더 갈 곳이 없는 원숭이는 관원의 가자 하는 말에 승낙하고 관원의 집으로 들어가 드난을 하게 되었다.

---

5   원문에는 松下嘉兵衛三剛으로 되어 있으나, 정확한 이름은 松下嘉兵衛之剛이 맞다. 원문에는 이처럼 인명이나 지명 등이 잘못 표기된 곳이 적지 않다. 이후로는 원문의 잘못은 바로잡되 일일이 표시하지 않도록 하겠다.-편집자

6   무사의 칼로 평민의 목을 풀 베듯 하였다 한다.

7   임시로 남의 집 행랑에 붙어 지내며 그 집의 일을 도와주는 일이나 그런 사람-편집자

6. 남의 집 종노릇

　원숭이가 마쓰시타 가헤에의 집에서 드난하는 동안에 주인이 심심하면 원숭이로 놀리는 것을 한 번도 성내본 일이 없이 모든 일을 경쾌하고 민첩하게 거들며 주인에게 부리는 품이 자석磁石에 바늘 끌리듯 하여 주인의 곁을 잠시도 떠나지 않게 되었음으로 주인이 가르치는 병법을 배울 수 있었다.

　마쓰시타 가헤에의 집에는 아침저녁으로 병법을 배우러 오는 제자들이 부문(趁門, 드나듦)을 하는 터이라 원숭이가 마쓰시타의 집에서 삼 년을 지나는 동안에 그에게 배우는 제자들 총중(叢中, 떼를 지은 뭇사람)에 병법이 우등이 되었다. 원숭이는 병법을 더 배울 것이 없을 만치 훌륭한 뒤에 주인을 하직하고 고향으로 돌아오던 날, 주인은 영락전 삼백 냥을 노자로 내어준다.

　원숭이가 집으로 돌아와 그 어머니와 누이동생들을 만나보고 도토미국에 들어가 마쓰시타의 집에서 지냈던 이야기를 하면서 "내가 그 집에서 드난은 하였지만 그 집 주인에게 훌륭하게 써먹을 것을 배웠지요" 하면서 병법 배운 일을 말하니, 어머니는 "애야, 네가 그런 좋

마쓰시다 가헤에와 병법을 겨루는 도키치로(「新撰太閤記」 중에서, 우타가와 도요노부歌川豊宣)

은 재주를 배웠거든 이제 남의 나라 영주를 섬길 게 아니라 제 절 부
처를 위해야 하는 것이니 우리나라 영주를 섬기거라" 하고 권하니,
우리나라 영주란 것은 오와리국 오다씨 집이다.

"오다씨 집이 너하고는 세교(世交, 대대로 맺어온 친분)가 자별하다. 너
의 생아버지는 오다씨 집을 섬기다가 병신까지 되었고, 너의 의부되
는 이도 그 집 사람이었는데 너의 아버지네 시대에는 오다씨 집이
구차하여 우리 집을 돌보아주지 못하였지만 지금쯤은 그렇지 않다
더라. 오다씨의 영토가 그동안에 많이 늘었다더라" 하며 어머니는 은

근히 오다씨 집 영토가 늘어가는 것을 자기 집의 살림이 늘어가는 것처럼 기뻐하니 과연 오다씨의 집은 세력이 이즘에 불날 듯하는 판이다.

오다씨 집이란 그 시조始祖가 에치젠국越前國 뉴군丹生郡 오다織田란 동네에서 일어나 가지고, 시바 요시유키斯波義將[1]의 종졸從卒이 되어 영지가 되는 오와리국에 들어왔다가 이내 그 지방에 눌러앉아서 아홉 대九代를 살아오게 되었다. 그러다 그 지방의 영주 시바씨 집이 차차로 쇠약하게 되니 오다 노부히데信秀의 대에 이르러서 아이치군에서 독립을 하여서 쇼바타성勝幡城에 웅거雄據[2]하여 오와리국의 영주가 되었다. 그 뒤에 노부히데가 나고야성까지 점령하고 죽으니 그 아들 오다 노부나가信長가 선친의 유업遺業을 받든 뒤로 사방으로 손길을 내밀어 영토를 확장하는 중이다.

원숭이는 그 어머니의 권고에 끌릴 뿐 아니라 자기도 엉뚱한 배포를 가진 터라 자기가 세상에 나서자 하면 먼저 세력이 있는 사람에게 붙는 것이 첫 방법이라 하여 오다씨 집을 찾아가서 종노릇하기를 자원하였다. 오다씨 집 사람들은 원숭이의 생김새를 보고는 이상하게 생각하여 의심하는데, 원숭이와 한동네에서 자라난 사람이 하나 있어서 이 사람이 원숭이를 자기 처소에 묵여가며 하인의 두목組頭이 되는 아사노 에몬淺野衛門에게 원숭이를 부하로 써달라고 부탁하였다.

---

1 일본 무로마치(室町) 시대의 무장으로 시바(斯波)씨 집의 5대 당주−편집자
2 일정한 지역을 차지하고 굳게 막아 지킴−편집자

두목은 원숭이를 시험 삼아 자기 심부름을 시켜보니까 무슨 일이든지 원숭이는 입 안의 혀같이 민활하다. 두목은 한번 주인의 앞에 나간 때에 틈을 타서 "댁에 하인 하나 더 두시지요" 하고 말하니, 주인은 "어디 똑똑한 하인이 있나. 하인일수록 똑똑해야 하는데 어디 똑똑한 놈이 있어야지" 하고 말하였다.

"아니올시다. 댁에 드난을 하려고 며칠 전에 들어와 묵고 있는 하인이 하나 있는데, 이 애는 똑똑할 뿐만 아니라 일손이 여물고 찬찬하오이다."

"그런 줄 어떻게 안담"

"네! 저를 시험 삼아 며칠 동안 부려보았습니다."

"그러면 손톱 깎은 걸 버리는 것을 보았나?"

"네! 보았는데 이 애는 꼭꼭 조희(白紙, 종이의 방언)에 싸서 영락없이 개천 물에 버려와요."

"응 그러면 쓰겠는걸. 어디 좀 불러라."

주인의 명령이 내려서 원숭이가 비로소 이 집 주인 오다 노부나가를 대하게 되니, 노부나가는 혈기방강血氣方剛한 소년장군이다. 열두서너 살 때에 무예武藝를 배워서 갖은 무예가 훌륭하고 열대여섯부터는 부하인 백전노장百戰老將들 앞에서 팔뚝을 뽐내며 천하일을 의논하기를 고누판3에 훈수하듯 하였다. 그만큼 활발한 성정이라 어느 때나

---

3 땅이나 종이 위에 말밭을 그려놓고 두 편으로 나누어 말을 많이 따거나 말길을 막는 것을 다투는 놀이-편집자

주인 오다 노부나가의 짚신을 품에 안은 히요시마루(『회본태합기』)

장난을 좋아하여 신명이 솟을 때는 사나운 말을 타고 시가市街로 나가 함부로 말을 달리다가 남의 집 울안에 실과나무를 보면 감이든 복사든 닥치는 대로 따내서 어귀어귀 먹으며 기추騎芻를 놓는 것이 그가 커갈 때에 개구진 장난을 하던 그 버릇이 지금도 있어서 남의 집 귀공자들과는 아주 딴판이다.

이날 원숭이가 주인 앞에 나타날 때는, 주인의 근시近侍 세 사람이 있었는데, 뜰 앞에 와서 서 있는 원숭이에게 "얼굴 좀 들어라" 하고 명령하여 얼굴을 자세히 보고 깔깔 웃으며 "그것 참 괴물이다. ······ 저것 좀 봐라. 사람에게도 저러한 얼굴이 있으니" 하고 신하들에게도

보라고 권하며 "그래, 네가 댁에 드난을 하겠다지. ……. 그래라. 댁의
원숭이로 두고 보자!" 하여 원숭이 소원대로 허락하였다. 그런 뒤에
주인은 원숭이에게 주인의 짚신草屨을 신기는 소임을 맡겼다.

7. 나카무라 도키치로 中村藤吉郎

원숭이가 주인인 오다 노부나가의 집에서 주인의 짚신을 신기는 소임을 맡은 뒤로 장난을 좋아하는 주인은 여름 한철 몹시 더운 날이든지 겨울 한철 몹시 추운 날이면 기어이 총, 활, 창 같은 갖은 무기를 꺼내가지고 사나운 말 등에 올라앉아 사냥터나 시가로 기추를 놓아 돌아다니다가 일부러 짚신짝을 땅에 떨어뜨리고 "원숭아!" 하고 부르면 부르는 소리가 끝나기도 전에 "네!" 하며 벌써 원숭이는 발밑에 꿇어앉아 짚신을 신긴다.

"대체 놈이 빠르기는 해!" 하고 주인은 칭찬한다. 원숭이가 주인에게 칭찬을 들어가며 주인집에서 일 년을 지내고 나니, 두목 아사노에몬이 원숭이를 열 사람의 두목 十人頭으로 올려준다. 원숭이가 열 사람의 두목이 되면서부터 원숭이란 이름이 없어지니 주인집의 공론이 열 사람의 두목도 두목인데 남의 두목을 가지고 원숭이라고 조소하는 이름을 부르는 것은 두목의 대접이 아니라 하여 원숭이의 이름을 고치기로 하였다.

주인은 "원숭이를 원숭이로 부르는 것이 좋은 것을 공연히 두목을 시켜서 댁의 원숭이를 잃어버리게 한담" 하는 실없는 말로 아사노 에몬을 조롱하며 처음에는 성도 없이 이름만 도키치로藤吉郎로 지어 부르다가 다음에는 출생한 동네 이름을 빌어서 나카무라中村 도키치로로 하였으나 부르기는 이내 도키치로로 불렀다.

열 사람의 두목 도키치로는 다시 이십 인의 두목으로 삼십 인의 두목으로 차차 올라가더니 신발 닦는 하인청을 떠나 주인집의 청지기가 되었다. 처음에는 시탄(柴炭, 땔나무와 숯 또는 석탄) 사들이는 것을 맡아보았다가 다시 곡식 받아들이는 소임을 맡게 되었으니, 도키치로의 착한 성깔과 영리한 행동이 주인의 마음에 든 까닭이다.

도키치로가 곡식을 맡아본 뒤로는 주인집에서 연미年米로 삼십 석石을 주게 되니, 도키치로가 연미를 받게 된 뒤로는 구차한 본집의 어머니를 봉양할 뿐만 아니라 두목 아사노 에몬의 생질녀를 맞아들여 장가도 들었다. 도키치로가 나이 스물네 살 되는 해에는 주인집에서 칼 차는 것佩刀을 허락하니, 주인 오다 노부나가의 생각에 도키치로가 이왕에 도토미국 마쓰시타 유키쓰나松下之綱의 집에서 배웠다는 병법이 다음날 군사 노릇은 할 만하다 여기는 것이다.

8. 처음 출전에 성공

도키치로가 제법 칼을 차게 된 뒤로 오다 노부나가의 집에는 일이 많았다. 에이로쿠(永祿, 오기마치正親町 천황의 연호) 이년에 오다 노부나가가 자기의 일가一家 되는 노부히로信廣와 노부유키信行가 웅거한 이와쿠라성巖倉城을 쳐서 빼앗고, 이나바산성稻葉山城을 지키는 사이토 요시타쓰齊藤義龍를 놀라게 한 뒤에 군사 오천팔백을 거느리고 미노美濃의 이마가와 요시모토今川義元를 치러나가는 길에 기소가와木曾川라는 냇물을 밤에 건너게 되었다. 군사들이 횃불을 켜들고 물을 건너는데, 도키치로가 앞에 서서 군사를 얕은 목으로 인도하여 탈 없이 건너게 되었다.

도키치로가 이 근방의 발세(산줄기의 형세)가 익은 것은 이왕 옹기점에서 그릇 만드는 것을 배우고 사라기무라蛇穴村에서 머슴살이를 할 때에 이 지방을 샅샅이 밟아본 까닭이다. 미노에서 싸울 때에도 도키치로가 항상 앞을 서서 군사를 빨리 인도한 까닭에 오다 노부나가는 싸움을 이기고 돌아와서 "이번 싸움은 원숭이 공이 많은걸" 하고 도키치로에게 비단 띠와 가죽신을 상품으로 주고 녹미祿米도 올려

이나바산을 오르는 도키치로
(「稻葉山の月」,
쓰키오카 요시토시月岡芳年)

주니, 오다 노부나가는 도키치로가 한껏 리끗(재물의 이익이 되는 실마리)을 탐하는 녹록한 인물로 아는 것이다.

　오다 노부나가의 군사가 이번 싸움을 이기고 기요스淸洲로 돌아온 뒤에 이마가와 요시모토의 군사가 다시 기요스를 치게 되니, 이마가와씨 집은 오와리국 내에서 세 고을쯤의 영토를 가졌으니 그 세력이 새로 일어난 오다씨 집을 능히 대항할 만하였다. 이마가와 요시모토에게는 오다를 원수로 대하는 오와리국의 이전 영주 시바斯波 일족의

찌기가 붙어 다닐 뿐 아니라 고슈甲州[1]에서 범같이 날뛰는 다케다 신 겐武田信玄의 누이가 아마가와 요시모토의 아내이다.

이마가와 요시모토는 딸을 또 다케다 신겐에게 맏며느리로 주었 고, 간핫슈에서 거족巨族으로 유명한 호조 우지야스北條氏康의 딸이 이마가와 요시모토의 맏며느리요, 호조 우지야스의 맏며느리는 다케 다 신겐의 딸이라 이처럼 혁혁한 호반虎班의 집과 연첩(連疊, 연이어 겹 쳐 있는)으로 인척 관계가 있으니, 평지돌출로 새로 일어난 오다씨 집 을 넘볼 만도 한 일이다.

더구나 이마가와 요시모토가 교토京都에 들어갔을 때 십삼대十三代 를 쇼군將軍의 집으로 내려오는 아시카가足利씨 집에서, 이마가와 요 시모토를 오닌(應仁, 고쓰치미카도後土御門 천황의 연호) 이후에 제일가 는 장수라고 칭찬하고, 황실에까지 천거한 일이 있음으로 이마가와 요시모토의 명성은 황실에까지도 소개된 터이다. 이때 다케다 신겐 의 나이는 마흔 살이오, 호조 우지야스의 나이는 마흔여섯 살, 이마 가와 요시모토의 나이는 마흔세 살이오, 오다 노부나가의 나이는 스 물일곱 살이오, 또 오다씨 집에서 원숭이 노릇하는 도키치로는 주인 보다 세 살 아래여서 스물다섯이다.

또 하나 알아두어야 할 사람은 지금 이마가와 요시모토의 집에서 볼모人質로 되어 있는 마쓰다이라 모토야스松平元康의 나이는 열아홉

---

1 이 책에서 지명으로 자주 나오는 甲州(こうしゅう)와 江州(ごうしゅう)는 일본어 표기는 다 르지만 우리말로는 '외래어 표기법'에 따라 '고슈'로 그 발음이 같다. 따라서 이 책 에서는 이 두 지명이 나올 때마다 한자를 병기하도록 하겠다. ─편집자

8. 처음 출전에 성공 43

살이니, 이는 다음날에 도쿠가와 막부德川幕府의 시조가 될 도쿠가와 이에야스德川家康이다.

도쿠가와 이에야스의 고국은 미카와三河의 아쓰미군渥美郡이었으니, 이마가와씨 집에 볼모가 되어온 뒤로 고국인 무로무라牟呂村에서 거두어들이는 일천 석만 자기의 차지가 되고 나머지는 모두 이마가와 요시모토의 집에 바치게 되었다. 슨부駿府에서 떠난 이마가와 요시모토의 군사는 세 길로 나누어 한패는 수로水路로 들어와 스가須賀를 점령하고, 한패는 오카자키성岡崎城 점령하고, 한패는 비슈尾州의 오케하자마桶狹間로 들어와 유진留陣하니 이마가와 요시모토의 군사는 합하여 사만육천인데, 오다 노부나가의 군사는 육천이 채 못된다.

오다 노부나가는 이마가와 요시모토의 군사가 오케하자마로 들어오던 날 밤에 잔치를 벌이고 장수를 모아 술을 마시며 놀다가 이튿날 아침에 일어나서 다섯 보시기 밥을 먹고 세 그릇 국을 마신 뒤에 붉은 띠로 허리를 단단히 동이고 금빛이 반짝이는 준마를 타고 나서니 좌우에 따르는 부하들은 이번 싸움에 죽기로 결단하고 나선다.

오다 노부나가가 오케하자마에 이르러 요시모토의 진과 충돌할 때는 굵은 빗방울이 떨어지기 시작하더니 싸움이 어울린 뒤에는 사나운 비와 바람이 몰려 들어와서 군사들이 정신을 잃게 되었다. 군사들이 한동안 손을 놀리지 못하니까 이마가와 요시모토가 싸움을 거두려 할 즈음에 오다 노부나가가 번개 치듯 내달려 돌격을 시작하였다. 노부나가의 부하 모리 신스케毛利新助, 핫토리 가즈타다服部一忠 용사 두 사람이 쫓아 들어가며, 모리의 창끝이 이마가와 요시모토의 투구

오케하자마 싸움(「桶狭間の戦い」, 우타가와 요시카즈歌川芳員)

를 칠 때에 뒤를 이어 핫토리의 칼이 목을 쳐서 떨어뜨렸다.

두 용사가 이마가와 요시모토의 머리를 얻어 가지고 돌아오니, 이때까지 보이지 않던 도키치로가 다카쓰鷲津 방면으로부터 나는 듯이 쫓아 들어오니 이마가와 요시모토의 어금니 같은 장수 이오飯尾 형제를 죽이고 오는 길이다.

이마가와 요시모토가 죽은 뒤에 그 영지는 오다 노부나가가 점령하니 요시모토의 아들 이마가와 우지자네今川氏真는 자기 처가가 되는 호조 우스야지의 집으로 밀려갔으나, 미노美濃에는 사이토 요시타쓰斎藤義龍가 엎드려 있고, 스루가駿河, 다케다武田 두 고을은 도쿠가와 이에야스가 붙잡고 내어놓지 않았다.

9. 사족士族으로 올라가

오다 노부나가가 이마가와 요시모토를 죽인 이듬해에 교토에 한번 다녀오기로 결정하니, 노부나가가 교토에 가려함은 교토의 형세를 살펴서 장차 긴키近畿 방면에 발을 붙여보려 함이다. 교토는 황궁과 쇼군의 처소가 있는 곳이라 일본 천하의 주권을 잡은 수부首府였지만 지금은 말도 못되게 퇴락하였다.

정이대장군征夷大將軍의 봉직을 하는 아시카가足利씨 집이 십삼대를 내려오는 이백여 년 동안에 일본 천하는 전국시대戰國時代가 되어 지방의 제후들은 각기 자기의 세력을 확장하기 위해 성을 치고 땅을 빼앗는 싸움으로 백성을 회膾 쳐놓기에만 눈이 뻘겋다.

하여간 황궁에 대한 일 같은 것은 생각지도 아니하니 재신宰臣들의 세력이 줄어들어가는 만큼 그네들의 살림이 어려워서 대부大夫니 재상宰相이니 하는 집에서 여름 한철 의복이라는 것은 모기장을 뜯어서 걸치고, 겨울의 솜옷이라는 것은 때가 켜켜이 묻은 것을 빨아 입을 수도 없이 날것으로 일 년 내내 가다가 생일名日이나 경절慶節을 만나야 찾아오는 손님에게 팥떡 한 개 대접할 수가 없다. 자기네 살림

이 구차하니 황실을 돌본다는 것은 가당치도 아니한 일이라 오닌應
仁 난리[1]에 병화(兵火, 전쟁으로 인한 화재)로 해서 궁성 안의 불탄 자
리에 궁궐을 다시 이룩하기는 고사하고 여간 남은 궁궐 몇 채도 시신
덴紫宸殿은 기둥이 주저앉고 세이료덴淸京殿은 마루청이 썩어빠졌지만
마루 쪽 한 장, 기둥 한 개를 갈아낼 주변이 없다. 궁궐이 이러할진대
궁속宮屬[2]들이 거처하는 집이야 말해 무엇하랴.

　오다 노부나가가 교토에 들어오니 그를 따라온 일행 무사 오십여
인 가운데 도키치로도 섞여 있었다. 지방의 영주들이 교토에 들어오
면 먼저 쇼군의 집을 찾아보는 법이라 노부나가가 쇼군 아시카가씨
의 집을 찾아가니 이때 아시카가의 집 주인은 십삼대손 아시카가 요
시테루足利義輝였다. 이시카가 요시테루는 오와리국의 영주가 찾아왔
다는 통지를 받고 상을 찌푸리니, 요시테루는 오와리국의 영주를 탐
탁지 않게 여기는 것이다.

　그 이유는 첫째로, 오다씨 집이 그 지방의 주인 시바斯波씨를 밀어
내고 새로 영주 노릇을 하는 것이오, 또 한 가지는 오다 노부나가가
작년 오케하자마 싸움에서 자기가 당시 중진重鎭으로 믿었던 이마가
와 요시모토를 죽였다는 것이다.

1　흔히 오닌의 난(應仁の亂)이라고 한다. 일본 무로마치(室町) 시대인 오닌 원년(1467)
　일월 2일에 아시카가 요시마사(足利義政) 쇼군의 후계 문제를 둘러싸고 지방의 슈고
　다이묘(守護大名)들이 교토에서 벌인 항쟁을 말한다. 사건의 발생 시점의 연호를 따서
　통상 오닌의 난으로 부르지만, 주요 사건의 대부분이 분메이(文明) 연간에 걸쳐 있었
　다 하여 오닌·분메이의 난(應仁·文明の亂)으로 불리기도 한다.─편집자
2　각 궁에 속한 원역(員役) 이하의 종─편집자

군사를 조련하는 도키치로(『회본태합기』)

그렇지 않아도 오다 노부나가가 오와리국에서 떠날 때 부하들이 아시카가씨 집과 인연이 깊은 이마가와 요시모토를 죽인 끝에 아시카가를 찾아가는 것은 위태로운 일이라고 만류하는 것을 노부나가는 "범의 굴에 들어가야 범을 잡는 게 아닌가" 하고 팔뚝을 뽐내며 올라온 터였다.

오다가 쇼군의 집 대합실에서 한동안 기다릴 때에 의심이 없지 못하더니 겨우 쇼군을 대하게 되니, 쇼군은 인사 끝에 "자네의 집에서 오와리국 영주 시바를 섬기다가 주인의 집을 망쳐놓고 주인 노릇을 하게 되었으니 마음에 무던할 터인데 또 무엇을 더하여 보려고 교토에 올라왔노?" 하고 호령하듯 질문한다. 노부나가는 "무얼 하러 온 게 아니라 시찰을 왔소이다만 와본즉 쇼군 댁도 이와 같이 퇴락하여 가는 것이 모두 지방 제후들의 잘못이니까 한심하오이다" 하고 대답하는 노부나가의 기색은 씩씩하다.

쇼군은 자기 집이 퇴락하여 가는 것이 지방 제후들의 잘못이라는 말이 귀에 솔깃하여 퉁명스러운 말세가 금방 부드러워지며 오다 노부나가를 친절히 대하게 되었다. 노부나가가 교토에 한 달을 묵는 동안 오기마치正親町 천황 앞에 참배參拜까지 하게 되었으니, 지방 영주가 교토에 온다고 저마다 천황 앞에 참배하는 것은 아니다.

이번에 오다 노부나가가 참배하게 된 것은 다섯 해 전에 교토에 큰 바람이 일어나 궁성 안의 대절 한 채가 쓰러졌을 때 오다 노부나가의 아버지인 오다 노부히데가 황궁 수선비修繕費를 헌납한 일이 있음으로 쇼군 아시카가 요시테루의 주선으로 이 일을 매개로 하여 오다를 참내參內시킨 것이다.

오다 노부나가가 교토에 다녀온 뒤에 미노美濃에 엎드려 있던 사이토 요시타쓰가 죽어서 의장병儀仗兵 육칠천 명이 상여를 호위하고 기소가와木曾川의 냇물을 건너는 것을 노부나가의 군사들이 쫓아가서 의장병을 때려 부수고 사이토 요시타쓰의 잔당殘黨을 토멸하였다. 노부나가는 사이토 요시타쓰의 잔당이 없어진 뒤에 비슈尾州 치다군智多郡의 미즈노 노부모토水野信元를 소개하여 스루가駿河에 웅거한 도쿠가와 이에야스에게 강화를 청하였는데, 미즈노 노부모토는 도쿠가와 이에야스의 큰아버지伯父였다.

노부나가가 도쿠가와 이에야스에게 권하는 말은 "나는 장차 교토에 깃발을 꽂고 황궁을 보호하며 백성을 건지려 한다. 그대는 한때의 영웅으로서 어찌 답답하게 지방의 한구석을 지키려 하는가. 하늘이 크나큰 일을 우리 두 사람에게 맡겼으니 우리 두 사람 사이는 영원히 침해하지 말고 그대는 도호쿠東北에서 활동하고 나는 서방에서 활동하여 천하를 평정해보자" 하는 말이었다. 도쿠가와 이에야스는 자기 큰아버지의 권고에 못 이기는 체하고 오다 노부나가의 말에 승낙하였다.

　　오다 노부나가는 도쿠가와 이에야스와 강화한 뒤로 도키치로를 사적土籍에 올려주고 삼십삼 관의 녹을 주게 되었으니, 도키치로가 오다 노부나가에게 군사로 종군한 지가 벌써 다섯 해였다. 도키치로가 사적에 오르고 다음 달에 오다 노부나가 사냥을 나가서 집에서 신발 닦는 하인 삼백 명을 패를 갈라 전쟁을 붙이고 장수들이 번갈아 나서서 지휘를 하는데, 조련이 없는 하인의 패라 다른 장수들이 나서면 진세陣勢가 문란하여 비빔밥이 되다가도 도키치로가 나서면 겨우 다섯 자 되는 적은 키에 어디서 그렇게 큰소리가 나오는지 구령口令을 한번 부르면 군사들의 정신이 새로 돋아나서 진세가 엄숙하게 되는 것은 여러 장수들 가운데 도키치로 한 사람뿐이다.

　　여러 해를 전장에서 늙은 노장들도 이날 도키치로를 보고 혀를 내두르니 노부나가가 새로 사족이 된 도키치로의 자격을 일반에게 알리려 함이다. 도키치로는 이날 노부나가의 의미 깊은 웃음소리에 감격이 넘치는 눈물을 흘리게 되니 두 영웅의 심장은 이러한 때에 더 단단히 맺어진 것이다.

10. 기노시타 히데요시木下秀吉

　도키치로가 사족이 된 이듬해 오다 노부나가가 다시 미노 지방으로 출병하니, 미노 지방에는 이마가와今川와 사이토齋藤의 잔당이 출몰하여 하치스카蜂須賀 이하 아오야마 신시치靑山新七, 마쓰바라 다쿠미松原內匠와 같은 토호土豪의 무리와 연락을 취하여 항상 기요스성淸洲城을 엿보는 터이다. 노부나가의 일등 명장 시바타 가쓰이에柴田勝家, 사쿠마 노부모리佐久間信盛의 무리가 차례로 미노 지방에 나가서는 쓰고마타洲股라는 요해처要害處[1]에서 참패를 당하고 쫓겨 온다.

　오다 노부나가는 화가 나서 부하 여러 장수를 모아놓고 "대체 그 쓰고마타의 요해처를 깨뜨릴 수 없담" 하고 짜증을 내니, 그중 말석에 끼어 앉았던 키 작은 도키치로가 엉금엉금 기어 나와서 오다의 턱밑을 쳐다보며 "쓰고마타를 깨뜨린다는 것은 칼로 물치기올시다. 미노 지방에 흩어져 있는 토호가 벌떼같이 많으니 오늘 깨치면 내일

---

1 전쟁에서 자기편에는 꼭 필요하면서도 적에게는 해로운 지점-편집자

도키치로의 활약으로 미노 지방을 차지한 노부나가의 군사들(『회본태합기』)

모여들 것인즉 차라리 성을 쌓아서 둘러막는 것이 상책上策이올시다"
하고 말하였다.

오다도 다만 쓰고마타를 깨뜨릴 생각뿐이지 방어할 마음은 없던
터라 갑자기 도키치로의 말을 듣고 미처 의사가 돌지 못하여 이날은
쓰고마타에서 쫓겨 온 장수들만 책망하다가 이튿날 도키치로를 조
용히 불러서 쓰고마타에 출병할 일을 물었다.

도키치로는 민활한 말로 "어제도 한 말과 같이 미노 내의 토호세력은 여간한 시일時日로는 제지할 수 없는즉 쓰고마타에 성을 쌓아서 둘러막고 저희를 눈앞의 리利로써 달래고 성패의 수를 설명하여 저희가 스스로 가라앉게 해야 됩니다. 성을 쌓는 것은 그 지방의 농민을 모아 가지고 그 지방의 양식을 먹어가며 그 지방 산림을 베어서 할 것이니 실상은 우리에게 손실될 것도 없지요" 하고 대답하니 노부나가는 머리를 끄덕이며 "그렇게만 하여라. 성만 쌓은 뒤에 네 녹을 백관百貫으로 올려줄 터이니" 하며 백관 식록장食祿狀과 황금 몇 냥을 내어준다.[2]

도키치로는 주인이 주는 것을 받아가지고 나와 손바닥에 침을 뱉고 벼르며 쓰고마타로 향하더니, 그 지방에서 농민들은 어떻게 이용하였는지 한 달이 지난 뒤에 쓰고마타 일대에 높은 성이 가로놓이게 되니 기다랗게 뻗어나간 언덕 위에 두 겹 세 겹으로 쌓아올린 튼튼한 성이다. 도키치로의 힘으로 쓰고마타에 성을 쌓아서 기요스의 방어선이 완전하게 되니 오다 노부나가는 도키치로에게 백 관의 녹을 주기로 약속한 것을 단번에 올려서 오백 관을 주게 되고, 도키치로의 이름을 히데요시秀吉로 고치고, 성姓은 기노시타木下로 부르게 되었다.

기노시타라는 성은 히데요시가 원숭이 시대에 고묘지에 들어가 중의 집 상좌 노릇을 할 때 동구 밖에 나가 아이 떼를 모아서 장난치던

---

2 노부나가가 히데요시에게 식록장(食祿狀)을 미리 써준 것은 시종 히데요시가 한갓 리끗을 탐하는 모리배로만 알고 있는 까닭이라 한다.

곳이 싸리나무榎 밑이라 하여 그때의 인연이 만든 나무 밑을 성으로

한 것이라 한다. 그야 어찌되었든 도키치로는 이다음으로는 기노시타

히데요시木下秀吉로 부르게 되었다.[3]

---

3 히데요시의 기노시타(木下)라는 성은 도키치로 시대에도 사용하였다 한다.

11. 교토의 내란

쓰고마타 지방에 성을 쌓은 지 스물세 달이 지나니 미노국 나라가 전부 노부나가의 손에 들어왔다. 그동안 미노에는 토호의 거괴巨魁로 치는 삼인연합단三人聯合團이 일어나 소란하였으나 기노시타 히데요시의 주밀한 계획에 몰락이 되고, 끝으로 사이토 요시타쓰齋藤義龍의 아들인 다쓰오키龍興가 버티고 있었다. 다쓰오키는 암약闇弱[1]하고 우매하여 술과 계집에 침혹하다가 부하들에게 인심을 잃고 형세가 부지할 수 없이 되어 노부나가에게 항복하였다.

노부나가의 부하들이 다쓰오키를 죽이자고 권고하였으나 노부나가는 죽이지 않고 가사이군海西郡으로 놓아보내며 사이토씨 집 제사나 끊기지 않도록 하라고 부탁하였는데, 사이토 요시타쓰의 아들이 노부나가 아내의 생질甥姪이 되는 까닭이다.

노부나가가 손쉽게 미노국을 얻은 것은 전혀 히데요시의 노력이라 그에게 삼천 관의 녹을 주고 본영을 기후岐阜로 옮기니, 지금 미노와

---

1 어리석고 겁이 많으며, 줏대가 없음-편집자

자객들의 습격을 받은 아시카가 요시테루(『회본태합기』)

오와리를 합하여 노부나가의 영토는 일백이십만 석이 된다. 근방의 영
주들이 새로 커진 노부나가의 세력을 두려워하여 많이 붙좇는데[2] 단
바국丹波國의 하세長谷 성주 아카자와赤澤는 노부나가가 매鷹를 좋아한
다는 말을 듣고, 간토산關東産으로 좋은 매 두 마리를 구하여 한 마리
를 보냈다. 노부나가는 매를 가지고 온 사람을 불러들여 "지금 교토
가 퇴락하고 지방이 소요한 때에 매 장난을 할 수 있나. …… 가만있
게. 내가 교토에 기를 꽂고 천하를 평정한 뒤에 매 같은 것을 찾을 터
이니" 하고 매를 공중에 날려 보냈다.

---

2 붙좇다. 존경하거나 섬겨 따르다. – 편집자

이 소문이 교토에까지 올라가니까 일이 없는 교토의 대관들이 모여 앉으면 "흥! 오다 노부나가가 교토에 기를 꽂고 천하를 평정하겠다고 큰소리를 한다지. 지금 제가 가진 두 나라만 평정을 하자 하여도 십 년, 아니 몇십 년이 갈지 모르는데, 네가 교토에 기를 꽂으러 올라오려면 십억만 년 후의 일이다. 실없는 놈의 말 마라!" 하고 조롱한다. 그러나 오다 노부나가의 깃대가 교토에 꽂힐 날이 멀지 않았다.

에이로쿠永祿 팔 년 오월에 교토에서 내란內亂이 일어나니, 쇼군 아시카가 요시테루足利義輝와 원로 배신陪臣 마쓰나가 히사히데松永久秀 사이에 세력 다툼이 일어나 쇼군 관사인 무로마치고쇼室町御所의 근신 칠십여 인이 살육을 당하고 주인 아시카가 요시테루도 죽었다.[3]

십삼대 쇼군의 집 주인으로 변사를 당한 아시카가 요시테루는 삼형제로서 둘째아우 주고周屬는 형이 죽은 뒤에 바로 암살을 당하고, 끝에 아우 가쿠케이覺慶는 이치조인一乘院에서 중노릇[4]을 하던 중에 자기 형들이 모두 죽으니 절에서 몸을 피하여 야시마矢島 지방으로 들어가 와다 고레마사和田惟政의 집에서 숨어 앉아서 이름을 요시아키義昭라 하고 쇼군의 집 부흥을 도모하려 한다.

교토에서 이 같은 내란이 있은 뒤에 지방의 제후들은 소동을 하는 중에 기운차고 민활하게 활동을 일으킨 사람은 오다 노부나가였다.

---

3 마쓰나가 히사히데(松永久秀)가 수리태부(修理太夫) 미요시 요시쓰구(三好義繼)를 내놓아 아시카가 요시테루를 죽인 뒤에 마쓰나가 히사히데가 실권을 휘어잡고 죄명(罪名)은 미요시 요시쓰구에게 덮어씌웠다 한다.

4 당시 아시카가씨 집에서는 상속자 외에는 불가(佛家)에 입문하는 것이 하나의 관례였다. 가쿠케이는 법명이다. - 편집자

남보다 뛰어나게 하는 노부나가의 활동이 물 부어 샐 틈 없이 진행되어 나가는 것은 히데요시의 계획이다. 이때 노부나가는 미노와 오와리 두 나라의 군사를 이끌고 곧 교토로 올라가려 하였는데, 히데요시의 말이 "사면에 강적強敵을 두고 영지를 떠나는 것은 대낮에 나서는 도깨비 셈이 되리다" 하여 노부나가는 히데요시의 말끝에 "그러면 싸워야지" 하고 주저하는데, 히데요시는 "아니오. 싸움으로 누르는 것은 그때뿐이니 될 수 있는 대로 싸움을 피해가며 이웃을 사귀게 합시다" 하고 이웃 사귈 계획을 말하였다.

노부나가는 히데요시가 계획을 좇아 한 대로 고슈甲州의 다케다 신겐武田信玄의 집으로 혼인을 청하게 되니, 노부나가가 다케다씨 집으로 혼인을 청하는 것이 이웃을 사귀는 첫 방법이다. 지금 노부나가의 주위는 이마가와 요시모토를 멸하였으나 이마가와씨 집과 인연이 깊은 호조 우지야스의 집이 간핫슈에서 여전히 등양騰揚하고, 스루가의 도쿠가와 이에야스는 어설픈 맹약盟約이나마 맺었다고 하지만 에치고越後의 우에스기 겐신上杉謙信은 마음을 놓을 수 없는 강적이다.

범같이 사방을 노리고 있는 우에스기 겐신은 항상 미노와 오와리 지방으로 손을 내밀려 하나 산을 넘어 나오는 길이 험할 뿐 아니라 고슈甲州의 다케다 신겐을 꺼려서 움직이지 못하는 것이니, 노부나가가 다케다 신겐의 집과 혼인을 맺으려 하는 것은 그의 집과 사귈 뿐 아니라 그로 말미암아 우에스기 겐신까지 제어하고자 함이다.

다케다 신겐은 산조 긴요리三条公頼의 사위로서 세력이 당시 제후 중에 으뜸인 바 이마가와 요시모토의 집과도 친한 터였다. 이마가와

가 망하고 그 영토를 빼앗은 오다 노부나가가 자기 맏아들에게로 딸을 보내겠다고 청혼하는 말을 듣고 처음에는 "주제넘은 놈!" 하고 코웃음을 쳤으나 오다씨 집에서 계속해서 청구가 들어가니까 세력이 새로이 일어나는 오다씨 집을 아주 괄시할 수 없어 생각을 돌려서 자기 첩의 아들 가쓰요리勝賴를 노부나가의 딸에게로 장가를 들였다.

노부나가가 신겐씨 집과 혼인을 지내던 그 해 시월에 노부나가에게로 교토에서 칙사 마데노코지 고레후사萬里小路惟房가 내려와 비밀리에 칙서勅書를 전하고 은사전포(恩賜戰袍, 임금이 내리는 군복)를 주었다. 노부나가에게 내린 칙서는 "아시카가 쇼군의 집이 망한 뒤로 황실이 더욱 외로운 바, 노부나가의 집이 가장 황실에 대한 충성이 지극하니 충성을 다하여 황실을 도우라"는 것이었다.

12. 오다 노부나가와 아시카가 쇼군

    오다 노부나가는 조칙詔勅을 받은 뒤로 교토에 올라갈 마음이 더욱 바빴다. 그동안 이웃나라와 대강은 사귀는 체하였으나 이세국伊勢國 이타카군飯高郡에 웅거한 기타바타케北畠 일족을 누르지 않고는 영토를 떠날 수가 없었다. 노부나가는 세이슈勢州의 다키가와 가즈마스滝川一益[1]에게 구원을 청하여 그를 선봉으로 이세 북방의 여러 고을을 치기로 하였는데, 기타바타케 쪽에서는 고베神戸의 용장 야마지 단조山路彈正를 내세워 노부나가의 군사에 대항한다.

    노부나가의 진에서는 히데요시가 먼저 오천의 군사를 사면으로 흩어놓아서 기타바타케의 후방 지원을 끊고 삼천 군을 이끌고 다카오카성高岡城을 에워싸니, 성안에서 야마지 단조의 군사가 맹렬하게 항거하여 여섯 날 밤낮을 두고 혈전을 계속하였다. 하루는 히데요시가 홀제(뜻하지 않게 갑작스럽게) 갑주(甲冑, 갑옷과 투구)를 벗고 예복을 차리고 나서서 군사 세 명을 이끌고 성 밑에 이르러 "오다 노부나가의

---

1 다키가와 이치마스로 읽는 경우도 있다.－편집자

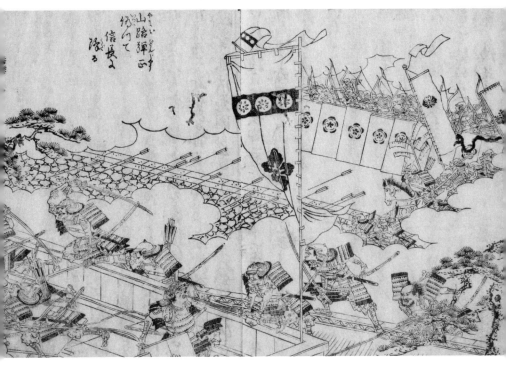

노부나가의 군사에 맞서 싸우는 야마지 단조(『회본태합기』)

사신이 들어가려 하니 성문을 열어달라" 하고 소리를 쳤다.

성안의 야마지 단조는 사신으로 온 사람을 거절하는 것은 없는 일이라 의심 없이 문을 열고 받아들이니 히데요시는 성안에 들어가 야마지의 앞에 사신의 예를 마치고 나서 전쟁에 대한 이해를 명백하게 말하고, 천하대세를 자약하게 설명하였다. 오다 노부나가가 밀지密旨를 받고 지금 교토로 들어가게 되었다는 말을 꺼낸 뒤에 기타바타케에게 강화를 붙이라고 권고하였다.

야마지 단조는 히데요시의 말에 고개가 숙여져서 다시 더 물을 것도 없이 기타바케다에게 강화를 붙이겠다고 승낙하였다. 며칠 뒤에 야마지 단조가 노부나가의 진영에 나타나 강화를 맺게 되었는데, 이 세 북방의 여덟 고을은 영원히 기타바타케의 영토로 정하고, 미노와 오와리 국경에는 군사를 내지 않는 것으로 두 집의 강화가 결정되었다. 기타바타케씨 집과 강화가 된 뒤에 히데요시가 노부나가에게 말하기를 "이웃 사귀는 방법이 큰 적에게는 딸을 시집을 보내고, 적은 적에게는 아들을 장가들이는 가장 필요한 것입니다" 하고 고슈江州의 아자이 나가마사淺井長政 집과 결혼하라고 권고하였다.

그리하여 노부나가가 누이를 아자이 나가마사에게로 시집보내기로 결정하니, 아자이는 고호쿠湖北 지방의 이름난 무변의 집으로서 오미近江 북방의 다섯 고을을 차지하고 여섯 대를 전해 내려오는 집이다. 아자이 나가마사도 오다씨 집에 장가를 들고 나서 대대로 내려가며 화목하자는 맹약을 하였다.

미노와 오와리의 형세는 이만하면 주인 오다 노부나가가 교토에 올라간다 하여도 별로 염려될 것이 없을 것 같아 교토로 올라갈 준비를 차리는데, 뜻밖에 13대 쇼군의 집 아시카가 요시아키足利義昭가 찾아왔다. 그는 자기 형네가 변사한 뒤로 이치조인一乘院에서 퇴속退俗하여 야시마矢島의 와다 고레마사和田惟政 집으로 들어가 몸을 숨겼는데, 교토에 내란이 가라앉은 뒤에 주인 와다와 호소카와 후지타카細川藤孝가 동반하여 고슈江州 지방으로 가서 몸을 피하여 다니다가 이번에 오다 노부나가의 집을 찾아온 것이다.

아시카가 요시아키가 오다 노부나가의 집을 찾아온 것은 고슈江州

에서 유랑流浪하는 아케치 미쓰히데明智光秀의 책동이다. 아케치 마쓰히데는 본래 미노국에서 세거世居하던 도키하라土岐源의 후손으로, 사이토씨 집의 부하가 되었다가 슬그머니 그 집을 떠나 에치젠국으로 들어가 십여 년 동안 유랑하더니 우연히 아사쿠라 요시카게朝倉義景의 집에서 망명하여 다니는 아시카가 요시아키 일행을 만나서 하룻밤을 같이 자는 동안에 서로 친절하게 되었다.

아케치 미쓰히데가 아시카가 요시아키가 의탁할 곳을 말하다가 자기가 들은 소문으로 기후의 오다 노부나가가 밀지를 받고 장차 교토로 올라간다 하니 생판사판으로 노부나가를 찾아가는 것이 좋겠다고 말하여 요시아키가 기후의 노부나가를 찾아온 것이다. 오다 노부나가는 아시카가 요시아키가 찾아온 것을 두말 않고 맞아들여 삼 년 동안 망명하며 다닌 것들 위문하고 자기가 장차 교토에 올라갈 일을 말하였다. 아시카가 요시아키가 기후에 들어오는 날, 노부나가는 성밖 삼십 리에 나가 맞아들여 서문 안 리쇼지立正寺에 사관을 정하여 주었다.

요시아키 일행들이 리쇼지가 좁으니 다른 곳에 새로 큰집을 한 채 지어서 쇼군의 처소를 정하게 하라 한다. 노부나가는 일행들이 하는 말을 듣고 껄껄 웃으며 "당신네는 기후성에서 오래 있을 줄로 아시오. 나는 지금 지금 쇼군의 처소를 새로 지을 시일이 없고, 겨를도 없소. 곧 쇼군의 처소를 교토에 가서 정할 터이니 염려 마시오" 하고 말하니, 오다 노부나가의 말이 빈말이 아니라 과연 노부나가가 교토에 올라갈 준비가 완전히 되었다.

13. 간논지観音寺의 자객

　기후에 아시카가 요시아키가 들어온 다음다음날 오다 노부나가는 고슈江州의 아자이 나가마사와 사사키 롯카쿠佐々木六角를 통신사로 교토에 떠나보내고 팔월 십일에 미노와 오와리 국내에 출병 명령을 발포하여 구월 오일에 삼만 군을 거느리고 기후에서 출발하였다. 선진先陣이 고슈 가야하라栢原에 이를 때 후진은 미노 아카하赤坂에서 움직이니 두 나라 국경을 걸치고 지나가는 군사의 형세가 실로 웅장하다.

　떠난 지 이레 만에 간논지観音寺에 도착하여 숙소가 되었는데, 이날 새벽에 아시카가 요시아키의 신변에 자객刺客이 나타났다. 그를 죽이려고 하는 자객은 사사키 롯카쿠의 아우였으니, 사사키 롯카쿠가 오다 노부나가의 통신사로 교토에 들어갔다가 원로대신 마쓰나가 히사히데에게 매수買收되어 비밀금을 받고 군사 후원을 얻어서 오다 노부나가가 들어오는 길목에서 아시카가 요시아키를 잡아 죽이기로 약속한 일이다.

　사사키 롯카쿠는 마쓰나가 히사히데의 후원을 받아서 그 아우와 아버지와 삼각동맹을 하여 간논지를 중심으로 와다산和田山 속에 삼면매목三面埋伏을 하고, 히노성日野城 밑으로 십팔진을 벌였다. 간논지에서 자객이 풍겨 달아나자 삼면에서 매복하고 있던 병사들이 일어나서 오다의 군사와 닷새에 걸쳐 싸우는 동안 히노성 밑에 주둔해 있던 십팔진은 히데요시의 솜씨에 전멸이 되었다.

중로中路에서 이런 일이 생긴 뒤로 히데요시가 선봉이 되어 앞을 살펴가며 이달 이십팔일에 오다 노부나가의 군사가 교토에 들어왔다. 노부나가는 일변 칙령으로 참내参內가 되어 황궁에 들어갈 때는 연전에 은사로 내린 전포를 입었다.

이 뒤로 오다 노부나가는 도후쿠지東福寺에 주둔하고 아시카가 요시아키는 기요미즈데라清水寺에 숙소를 잡고 있었는데, 교토 밖에는 사면팔방에서 벌떼같이 일어난 제후의 군사가 모여들었다. 교토 밖으로 모여드는 제후의 군사는 마쓰나가 히사히데 일파가 간논지에서 사사키 롯카쿠의 군사가 실패하는 것을 보고 각처 제후에게 격문을 날려 군사를 부른 것이다.

그러나 이번에 마쓰나가 일파의 격문을 보고 출병한 제후는 실상 하잘것없는 무리였다. 일천 기騎, 이천 기, 많아야 삼천 기의 군사를 거느리고 올라온 제후가 수십 명이었으나 교토의 대관들이 눈만 한 번 크게 뜨면 고개를 숙이는 화상들이라 원로 배신陪臣의 인印이 찍힌 격문에 놀라서 어찌된 영문인지도 모르고 모여든 군사여서 성안에서 딱총소리만 터져도 풍겨 달아날 것이었다.

오다 노부나가는 성 밖에 모여든 제후를 일일이 사실査實해보다가 그중에 아마가사키尼崎 영주 아라키 무라시게荒木村重가 섞여 있다는 말을 듣고 히데요시를 내놓아 그에게 강화를 청하였는데, 아라키 무라시게는 젊은 영주들 총중에 용맹이 으뜸이라고 소문난 무관이다. 아라키 무라시게가 히데요시의 조리 밝은 말에 수그러져서 강화를 허락하고 히데요시를 따라 성안으로 들어가니 오다 노부나가가 일변 맞아들여 음식을 대접하는데, 칼날이 시퍼런 칼끝에 떡 한 개를 찍어 내밀었다. 아라키 무라시게는 놀라는 기색 없이 두 손을 무릎 위에 얹은 채로 앉아서 입을 벌리고 칼끝에 찍혀 들어오는 떡을 받아 먹었다. 노부나가는 아라키의 담이 큰 데 놀랐다.

노부나가와 무라시게는 강화를 맺고 무라시게가 돌아 나오는 길에 일행 중에서 한 사람이 "칼끝으로 찍어주는 떡을 어찌 입으로 받아 먹느냐?"고 물으니 무라시게는 "모르는 말이다. 내가 만약 노부나가가 칼끝으로 주는 떡을 손으로 받을 것 같으면 노부나가의 칼이 내 목을 찍었으리라" 하고 천연스럽게 대답하였다.

오다 노부나가는 아라키 무리시와 강화를 맺은 뒤에 히데요시에게 명하여 성 밖에 모여든 제후의 군사를 몰아내라 하였더니, 히데요시의 그림자가 성 밖에 나타날 때 제후의 군사는 모진 바람 앞에 먼지가 날리듯 날아갔다. 그동안에 아시카가 요시아키는 참내가 되어 아시카가씨 집의 계통을 이어 정이대장군으로 봉직하게 되었다.

아시카가 요시아키는 오다 노부나가에게 아수룩한1 환심歡心을 사

---

1 겉모습이나 언행이 치밀하지 못하여 조금 순진하고 어설픈 데가 있는 모습-편집자

太平記英勇傳

荒木攝津守村重

村重ハ公方の㣻味方として武勇世に
許る一方の将たり公方信長に叛き
大津瀬田小砦を築きしと信長
光秀長秀�</br>等々て是を討せ自ら上路
去るの時村重藤孝と倶に逢坂に出逆へ
饅頭を買請て攝津守の㣻に信長偏に
と慨然にして是と食をの
膽力と賞し──攝津守さに少しつ

칼끝으로 떡을 받아먹는 아라키 무라시게(「荒木攝津守村重」, 오치아이 요시이쿠, 도쿄도
립도서관)

려 하여 그를 부장군으로 천거하여 노부나가가 부장군에 오르니 히
데요시가 노부나가를 보고 조용한 말로 "지금 교토로 모여들었던 제
후들이 흩어졌으나 또 모여들 것입니다. 쥐를 잡지 않고 구멍에 몰아

넣은 셈이니까 틈만 있으면 또 나올 터이지요. 우리 군사가 교토에서 물러가면 제후의 군사가 다시 모여들 것이니 그때는 아주 잡아서 후환을 끊게 합시다" 하고 권하여 오다 노부나가는 기후로 돌아가기로 결정하였다.

14. 오요세산大寄山 너머의 불빛

　　오다 노부나가의 군사는 교토에 위병衛兵 이천만 머물러 있고 전부 기후로 돌아왔으나 교토에서는 과연 마쓰나가 히사히데 일파가 활동을 열어 긴키近畿 지방 제후의 군사를 불러들여 아시카가 요시아키의 관사를 범하였다. 아시카가 요시아키는 교토에 여간 남은 군사를 이끌고 혼코쿠지本國寺로 들어가 아라키 무라시게에게 구원을 청하였다.

　　그리하여 아라키 무라시게는 혼코쿠지로 달려와 제후의 군사를 한창으로 물리쳤는데, 기후의 오다 노부나가가 교토의 위급함을 듣고 군사를 급히 몰아 떠난 지 사흘 만에 교토에 들어오니 제후의 군사가 이미 아라키 무라시게에게 함몰이 되었다. 노부나가는 이번에 출병하였던 제후들에게 벌금罰金을 받아들여 쇼군의 관사를 중수重修하고 궁성 역사役事도 시작하였다.

　　이 뒤로 오다 노부나가는 교토와 기후 사이를 자유자재自由自在로 출몰하며 기후 근방의 십여 나라 영토를 점령하고, 교토에 완구히 깃발을 꼽게 되었다. 노부나가는 스루가의 도쿠가와 이에야스와 고슈甲州의 다케다 신겐을 교토로 불러올려 쇼군 관사에서 군의軍議를 열고

아네카와 전투도(『阿根川大合戰之圖』, 쓰키오카 요시토시)

수백 년 동안 교토를 잊어버린 지방 제후를 토벌하자 하였다. 이에 제압해놓은 것이 넉넉지 못한 도쿠가와 이에야스는, 세력이 든든하여 배를 내미는 다케다 신겐과는 달라서 오다 노부나가의 말에 반대하지 않았다.

남이야 듣든 말든 오다 노부나가는 지방 출병을 하기로 결정하고 긴키 지방의 군사를 모집하여 미노 군사와 도쿠가와 이에야스의 군사를 합하여 십만이라 과장하고, 히데요시를 선봉으로 하여 먼저 아사쿠라朝倉로 향하였다. 이번 길의 길잡이는 아케치 미쓰히데이니 그는 아시카가 요시아키를 오다 노부나가에게 천거한 뒤에 자기도 노부나가의 진영으로 들어온 터이다. 선봉 히데요시의 군사가 먼저 아사쿠라로 향한 것은 오다 노부나가의 대군이 에치젠국을 치려함이다.

노부나가의 군사가 에치젠국을 치는 바람에 먼저 불똥이 뒨 아사쿠라는 아자이 나가마사의 영내領內여서 연전에 노부나가의 누이에게 장가를 든 나가마사는 노부나가가 배신하는 것을 분하게 여겨 파혼 문제까지 일으켰다. 그러나 도토미국에서는 맹렬한 반항이 일어나 오다 노부나가는 구치키朽木의 좁은 계곡에서 복병을 만나 뼈도 못 추려가지고 올 만한 곤경을 당하고, 히데요시는 다카시마군高島郡 산속에서 승군僧軍의 대장 잇키一揆[1]에 포위되어 헤어나지 못하다가 도쿠가와 이에야스의 구원으로 간신히 빠져나왔다.

오다 노부나가의 군사가 전부 교토로 돌아오는 길에 치구사산千草山을 넘을 때 울창한 수풀 속에서 조총소리가 탁하고 터지며 철환 한 개가 내닫더니 오다 노부나가의 옷소매를 뚫고 지나갔지만 노부나가는 예사롭게 지나왔다. 오다 노부나가에게 달려든 총알은 혼간지本願寺 승군 속에 조총을 잘 놓는 명수名手가 있어서 치구사산에 숨어 있다가 노부나가를 쏜 것이다. 노부나가의 군사가 치구사산을 넘어와 앞에 놓인 오요세산大嵩山을 멀리 바라보며 밤을 지내더니, 갑가기 오요세산 속에서 맹렬한 불꽃이 일어난다.

---

1 잇키(一揆)는 일본에서 일미동심(一味同心)이라고 하는 일체화된 연대 정신을 공유하는 사람들로 구성된 집단과 그 집단의 무장봉기를 말한다. 여기에서는 "승군의 대장"이라는 표현을 썼지만, 어느 특정한 인물을 지칭하는 것이 아니라 승군의 조직을 뜻한다. — 편집자

노부나가는 부하를 모아들여 오요세산에서 일어나는 불을 가르키며 "저 산속에 적군이 있는 것이 분명하니 내일 싸움 준비를 해야 하지" 하고 물으니 도쿠가와 이에야스는 "글쎄요. 내일 새벽에 일찍 하지요" 하고 노부나가의 뜻을 거스르지 않는데, 다른 장수들은 "싸우러 갈 것이 아니라 이곳에 진을 유진하고 있으면 저희들이 쫓아올 것이니 편히 있다가 애쓰고 쫓아오는 적군을 치는 것이 좋으니 싸움 준비를 미리 할 것이 없소이다" 하고 말한다.

히데요시는 "아니오. 아까 불꽃이 치밀 때에 적군이 그곳에서 떠났으니 지금 곧 싸움 준비를 하여서 쫓아가야 하오" 하며 우겨서 이 밤에 군사를 일으켜 쫓아가더니 과연 적군을 중로에서 만나 아네가와姉川 물가에서 큰 싸움이 일어났다.

15. 혼간지本願寺의 승군僧軍

　노부나가의 군사는 이번 싸움에 별로 소득이 없을 뿐 아니라 벌떼를 건드려놓은 셈이다. 고슈江州의 아자이 나가마사를 배신한 허물을 입게 되어 군의軍議를 할 때 반대하던 다케다 신겐 같은 사람은 기회 좋은 김에 인척의 의라는 것을 집어던지고 노부나가에게 대항하려 하여, 시코쿠四國의 초소카베 모토치카長宗我部元親와 규슈九州의 오토모大友, 시마즈島津를 비롯하여 동쪽의 호조北條, 북쪽의 우에스키上杉, 서쪽의 모리毛利가 모두 기旗를 들고 일어서게 되었다.

　오다 노부나가가 처음으로 교토에 기를 꽂을 때는 수효에서 처질 것도 없던 마쓰나가 히사히데나 미요시 요시쓰구三好義繼 같은 유들이 버썩(바싹) 강성하여 세력을 오사카大阪의 혼간지本願寺로 모으게 되었다. 혼간지에는 노부나가를 배반한 사사키 롯카쿠를 비롯하여 미노의 이마가와 요시모토의 잔당이 서로 연락하여 사방으로 흩어져 있던 망명당亡命黨을 모집하여 혼간지에 본명을 두고 승장僧將 잇키一揆를 앞잡이로 내세워 승군을 일으켰다.

　혼간지의 승군은 밖으로는 각처 제후들의 응원이 있었을 뿐 아니라 안으로는 쇼군 아시카가 요시아키와도 내응內應이 되었다. 그러니 혼간지의 승군이란 것은 각처 제후들의 연합군인 동시에 아시카가 쇼군의 휘하麾下이다. 오다 노부나가는 혼간지의 승군을 치는 것이 각처 제후들을 한 번에 치는 셈이라 하여 아네가와姉川에서 회군한 뒤 바로 히에산比叡山 속의 혼간지를 치기로 하였다.

그러나 노부나가는 궁성 역사役事를 보살피고 기후에 잠깐 다녀오고 하느라 한 달 동안을 끌다가 군사를 움직여 오사카로 내려가니 혼간지의 승군은 그 수효가 일만칠팔천이 되는데, 그것이 모두 중이 아니라 그 근방에 흩어져서 돌아다니던 무뢰배無賴輩가 많이 끼어 있으니까 노부나가의 군사와 다 갈리는 때에는 까마귀 떼 풍기듯 할 것이지만 아자이淺井와 아사쿠라朝倉에서 들어온 이만 명의 군사는 만만치가 않은 터이다.

노부나가의 군사가 오사카에 이르던 날, 노다野田와 후쿠시마福島 두 성을 쳐서 빼앗고, 이튿날부터는 히에산을 에워싸고 산 밑 촌락에 불을 질러가며 산속으로 들어가니 승군의 본진은 덴다이산天台山에 있다. 덴다이산은 간무桓武 천황의 사당을 모신 곳이라 교토의 수호지守護地가 될 뿐 아니라 시메이가타케四明岳[1] 꼭대기에는 삼묘삼보살三藐三菩薩의 불상을 모셔 앉혀서 혼간지로 복을 빌러오는 사람은 덴다이산이 영험이 많다고 사방에서 시주施主를 오는 사람이 날마다

---

1 덴다이산(天台山)은 히에산(比叡山)의 별칭이며, 일본 천태종(天台宗) 산문파(山門派)의 총본산이 있는 곳이다. 시메이가타케(四明岳)는 히에산의 두 봉우리 중 한쪽 봉우리이다.—편집자

혼간지 승군과 노부나가 군사의 싸움(「石山本願寺合戰」, 우타가와 도요노부)

부문을 하는 곳이다.

　노부나가의 군사는 덴다이산 밑까지 들어섰으나 위에서 내려치는 승군을 쳐다보며 올려치기가 거북하여 십여 일을 두고 승강이만 벌이다가, 아네가와에서 퇴각한 뒤로 요코야마성橫山城을 지키고 있던 히데요시가 돌연히 덴다이산 밑에 나타나서 노부나가에게 하는 말이 "그리 말고 계교를 쓰게 합시다" 하고 노부나가의 부하 이나바 잇테쓰稻葉一鐵를 세객說客으로 하여 승군의 진으로 보냈다. 이나바 잇테쓰는 혼간지의 중들과 교분交分이 많은 터이다.

　이나바 잇테쓰는 홑몸으로 산문山門에 이르러 시주를 왔다고 말하고 혼간지에 들어가 중들에게 말을 붙여가지고 "부처님을 모신 히에 산을 전장으로 만드는 것은 가엾은 일이다. 노부나가의 군사가 이기게 되면 아까운 삼천 암자三千坊舍가 하루아침에 재가 되어 날아갈 것이니 그리 말고 승군을 해산하여라" 하고 간절히 전하였다. 그러나 중들은 "할 수 없다!" 하며 모두 고개를 가로 흔들었다.

아나바가 잇테쓰가 허행(虛行, 헛걸음)을 치고 돌아온 뒤에 오다 노부나가는 명령을 내려 히에산 속에 있는 절에 불을 지르고, 중을 죽이는 군사에게는 절 한 채에 대하여 얼마, 중 하나에 대하여 얼마로 상을 준다 하였다. 군사들이 밤에 흩어져 절에 불을 지르고 승려들을 죽이고 하는 것이 하룻밤에 두서너 채의 절과 네댓 명의 중이 없어진다.

노부나가가 큰 싸움을 피하고 잔불놀이로 시일을 보내는 것 역시 히데요시의 계교였으니, 여러 달을 끌고 나가면 산속에 묻혀 있는 승군의 진중에 양식이 떨어져서 자중지란自中之亂이 일어나리라는 것이다. 그리하여 과연 승군의 진중에 양식이 떨어지자 눈이 내리 덮쳐 승군들은 추위를 견딜 수 없었다. 이 모양으로 며칠만 지내면 승군들이 자진이 되게 되었는데, 돌연히 쇼군 아시카가 요시아키가 노부나가의 진중으로 들어와 아자이와 아사쿠라의 장수들을 불러내려 강화를 붙인다.

오다 노부나가는 쇼군의 말을 괄시할 수 없어서 강화를 허락할 때에 히데요시에게 "강화를 한 뒤이면 어찌되겠느냐?" 하고 물었다. 히데요시는 "어찌될 것이 없이 첫째로 혼간지가 걱정이오, 둘째로 아시카가 쇼군이 걱정이지요" 하고 대답하였다. 노부나가도 히데요시의 대답을 듣고 껄껄 웃으니 아시카가 요시아키가 이번에 승군과 내응이 된 것을 노부나가와 히데요시는 이미 눈치 채고 있었던 것이다.

16. 하시바 히데요시

노부나가가 아시카가 쇼군의 말을 무시하지 못하고 혼간지에서 강화를 한 것은 고식지계姑息之計로, 모른 것은 아니었지만 이듬해 늦은 봄이 되어 산속의 눈이 풀리니 승군의 형세가 홍수같이 늘어서 고키시치도五畿七道[1]에서 일어난 승군의 수효가 실로 십만이다. 승장僧將 잇키는 칠만 승군을 이끌고 노부나가의 본영을 치려고 기후로 향하고, 용맹이 승장에 으뜸가는 곤고보金剛坊는 삼만 군을 이끌고 히데요시가 지키는 요코야마성橫山城으로 향하였다. 곤고보는 키가 일곱 자요, 활이 명궁인데 장정 스물의 힘을 가졌다는 역사力士이다.

노부나가와 히데요시는 여름 한동안을 승군과 싸우는 중에 오와리국을 범한 승군에게 노부나가의 아우 하나가 피살까지 되었으나 가을철이 되면서부터는 승군의 형세가 쓰러져서 마침내 노부나가의 군사는 히에산을 에워싸고 일시에 불을 질러 태우니 산속 삼천 암자가 재가 되어 날아갔다.

---

1 당시 일본의 율령제에서 광역지방행정 구획으로, 일본 전역을 말한다. ─편집자

히에산을 불태우는 노부나가의 군사들(『회본태합기』)

히에산의 불꽃이 승군의 세력을 줄여놓았으나 기후의 형세를 돌아
보면 못 발길이 들어온다. 고슈甲州의 다케다 신겐은 노부나가의 덜미
를 치고, 고슈江洲의 아자이 나가마사는 발을 자르려 하고, 산인산요
山陰山陽의 모리 데루모토毛利輝元는 가슴을 겨누고, 교토의 아시카가
요시아키는 심장을 꺼내려 하는 격이다.

노부나가는 자기 형세가 위태함을 깨닫고 히데요시를 불러 사면으
로 대적할 계책을 물으니 "은혜를 원수로 갚으려 하여 승군과 내통하
고 제후를 충동하여 우리를 음해하는 쇼군 아시카가 요시아키를 먼
저 처치해야겠소" 하고 말하였다. 노부나가는 히데요시의 말을 듣고

껄껄 웃으며 "아시카가 요시아키의 행동은 어린아이 장난이지만 어린아이 매도 맞으면 아프니 아시카가를 먼저 처치할밖에" 하고 아시카가를 처치하기로 결정하였다.

본래 아시카가 요시아키가 쇼군의 집을 회복한 것은 오다 노부나가의 힘이었으나 자기가 쇼군이 된 뒤로는 도리어 노부나가를 시기하여 노부나가의 대적 승군이 스러진 뒤로 지방 제후와 연합하여 기후의 세력을 꺾으려 드는 것이다.

그리하여 그동안에 제후의 군사는 아시카사 요시아키의 비밀 명령을 받고 움직였다. 제후가 움직인 뒤로 고슈의 다케다 신겐은 노다성野田城에서 암살까지 당하게 되었다. 고슈의 거성巨城 다케다 신겐이 죽은 뒤에 노부나가의 군사가 교토로 들어와 쇼군의 관사를 포위하고 아시카가 요시아키 밑의 아시카가 일족 칠십여 인을 잡아내어 차례로 죽였다.

히데요시가 노부나가에게 하는 말이 "아시카가 요시아키 하나만은 죽여서 안 되오. 만약 우리가 아시카가 쇼군을 시역弑逆했다는 허물을 쓰게 되면 아무 일도 못할 터이니 요시아키는 죽이지 말고 쫓아보냅시다" 하고 권하니 노부나가는 히데요시의 말에 무릎을 치며 허락하였다.

아시카가 쇼군을 쫓아낸 노부나가는 다시 지방 제후를 토벌하기에 착수하여 먼저 에치젠국으로 출병하였다. 히데요시가 선봉으로 나가며 아사쿠라의 요시카게義景의 군사 이천팔백여 급(級, 목)을 베고, 고호쿠江北의 거족巨族 아자이 나가마사 일족을 멸하여 에치젠 일대를 평정하였다.

　노부나가는 히데요시를 오다니 성주小谷城主로 삼고, 아자이 나가마 사의 영토 이십이만 석을 준 뒤에 히데요시의 성姓을 고쳐 하시바羽柴 라 하였다. 히데요시의 성을 이번에 하시바로 한 것은 니와丹羽와 시 바타柴田를 합한 취음取音이다.[2]

2　히데요시의 빠른 출세는 기존의 가신들에게 시기와 경계를 불러일으켰다. 그래서 히데요시는 오다 가문의 가신 중 서열이 높은 시바타 가쓰이에(柴田勝家)와 니와 나 가히데(丹羽長秀)의 성에서 한 글자씩 따와서 羽柴(하시바)라는 성을 만들어 하시바 히데요시(羽柴秀吉)로 개명하여 가신들의 경계를 누그러뜨렸다고 한다. -편집자

17. 난반지南蠻寺의 천주대

히데요시가 하시바라는 성을 가지게 된 때는 히데요시가 사족土族이 된 지 열여섯 해 뒤의 일이다. 지금 히데요시는 에치젠 일대를 영토로 차지하고, 노부나가는 중원의 십여 국을 차지하였으나 천하를 평정하는 것은 아직도 망연한 일이다. 지방의 제후들은 세력이 여상(如常, 평소와 다름없음)한데다가 아시카가 요시아키가 쇼군의 집을 마감하고 물러간 뒤로 혼간지 승군의 활동이 다시 일어났다. 승군의 대장은 히에산이 망한 뒤에 오사카에서 잠복하고 있던 잇키였다.

노부나가는 다시 승군 토벌에 착수하여 육만 대군으로 히에산을 에워싸고 승군 삼만여 인을 불속에 집어넣어 그 송장 태우는 냄새가 십 리 밖에까지 퍼졌다. 노부나가가 승군을 도륙하고 이듬해 봄에 교토의 대관들을 쇼코쿠지相國寺로 불러 승전 축하를 하는데, 여흥餘興으로 소년 무사들에게 제기차기蹴鞠를 하여 이마가와 요시모토의 아들 이마가와 우지자네今川氏眞가 우등상을 탔다.

이마가와 요시모토가 노부나가에게 죽었으니 요시모토의 아들 우지자네에게 노부나가는 아비의 원수였다. 우지자네는 노부나가에게 상을 타고 칭찬을 듣는 한편으로 다케다 신겐의 아들 다케다 가쓰요리武田勝頼는 아비의 원수를 갚으려고 날뛴다.

다케다 신겐이 노다성에서 변사를 당한 뒤에 그 아들인 가쓰요리는 아비의 뒤를 이어 노부나가를 치기로 하였다. 가쓰요리의 군사가 고슈를 떠나면 노부나가와 맹약이 있는 스루가의 도쿠가와 이에야스가 방해를 할 것이라 하여 가쓰요리의 군사는 먼저 요시다吉田와 나가시노長篠로 들어와 도쿠가와 이에야스를 쳤다.

도쿠가와는 가쓰요리의 군사에게 곤박困迫하여 형세가 절박해지자 노부나가에게로 구원을 청하였다. 노부나가는 쾌쾌히 허락하고 오만 군을 나가시노로 보내어 도쿠가와 이에야스를 구원하고 가쓰요리의 군사 만여 명을 도륙하였다. 가쓰요리의 군사가 도륙을 당할 때에 그의 진에서 가장 병법이 능한 야마가타 사부로山縣三郎는 고슈甲州에서 이름난 무장이다.

야마가타 사부로는 다케다 신겐의 제자이니 그의 병법은 신겐에게 배운 것이다. 노부나가의 군사가 고슈를 칠 때 야마가타 사부로의 진 속에 자객이 들어와 야마가타의 오른팔을 총으로 쏘았다. 야마가타는 오른팔에서 떨어지는 기를 왼손으로 집어가지고 군사를 지휘한다. 자객이 다시 왼팔을 쏘니 야마가타는 입으로 깃발을 물고 오히려 대항하다가 자객의 총알에 가슴을 맞고 죽으니, 야마가타 사부로가 죽은 것은 고슈의 운명과 같이한 것이다.

노부나가는 나가시노 싸움으로 고슈를 점령한 뒤에 종이위우대신從二位右大臣의 화직華職을 받은 대감이 되었다. 노부나가가 대감이

난반지를 묘사한 그림의 일부(「南蛮屛風」, 리스본 미술관)

된 뒤로 고슈에 성을 쌓아 긴키의 방어선을 완전히 하고, 혼간지 싸움터에는 난반지南蠻寺를 새로 이룩하고 절 안에는 예수를 신봉하는 천주대天主臺를 높이 쌓아올리니 일본의 예수교가 이때부터 유행한 것이다.

노부나가는 지방에서 늙은 선비를 모아들여 경전經傳을 논란하고 때로는 천주대에 들어가 예배도 본다. 노부나가가 이처럼 한유閑遊하게 지내는 것은 자기가 중원의 복판을 깔고 앉은 것으로 욕심이 차서 그만 주저앉자는 것이 아니었고, 몇 해 동안 군사를 기르는 동안에 자기도 한양閑養1을 하는 것이다.

---

1 한가로이 몸과 마음을 안정하여 휴양함-편집자

18. 다카마쓰성高松城의 수공水攻

노부나가가 군사를 쉬게 하는 동안에 사면에서는 아우성 소리가 일어났다. 에치젠의 아사쿠라 요시카게朝倉義景, 고호쿠江北의 아자이 나가마사淺井長政, 고난江南의 사사키 롯카쿠佐々木六角, 긴키近畿의 마쓰나가 히사히데松永久秀의 잔당이며, 고슈甲州의 다케다 가쓰요리武田勝頼의 무리는 본래 노부나가의 상당한 적이지만, 쇼군 아시카가 요시아키는 쫓겨난 뒤로 간사이關西의 모리毛利씨 집에 찾아가 붙어 있으며 노부나가에게 보복할 일을 부탁하니, 당시 모리씨 집에는 모리 데루모토毛利輝元가 중진이다.

모리 데루모토는 아시카가를 끼고 에치고의 우에스기 겐신上杉謙信과 시바타 가쓰이에柴田勝家와 부동符同[1]하여 각처 제후의 응원을 청하고, 마쓰나가 히사히데와 미요시 요시쓰구의 잔당을 불러들여 혼간지에 본영을 두고 승군도 모집하니, 각처 제후의 세력이 다시 간사이 일대로 집중集中이 되었다.

---

1 그릇된 일에 어울려 한통속이 됨–편집자

노부나가는 히데요시를 정서대장征西大將을 삼아 간사이 출정을 결정하고, 자기의 넷째아들 히데카쓰秀勝를 히데요시에게 양자로 주며 하는 말이 "양자에게 장래 영토를 얼마나 물려줄 터인고?" 하고 물으니 히데요시는 "영토 말씀이오. 주코쿠中國는 이미 차지하였지만 이제 시코쿠四國를 차지하고, 규슈九州를 차지하고, 시코쿠와 규슈의 군사를 이끌고 바다를 건너가서 조선朝鮮을 치고, 명明나라를 치고 할 터이니까 아직 작정할 수 없지요" 하고 대답하였다.[2] 노부나가는 히데요시의 엄청난 말에 그만 깔깔깔 웃어버렸다.

히데요시가 정서군을 이끌고 간사이로 내려가 승군을 콩 줍듯 풀 베듯 하며 삼 년 동안을 돌아다녔는데, 끝까지 대항하는 장수는 셋 쓰攝津의 수장守將 아라키 무라시게荒木村重와 혼간지의 모주謀主가 되는 히다飛彈의 수장 스즈키 시게유키鈴木重行이다. 노부나가는 다시 산요도山陽道의 인후咽喉 목이 되는 히메지姬路 일대에 성을 쌓아 정서군의 근거지를 만든 뒤에 히데요시를 보내 간사이를 토벌하였다.

---

2 히데요시가 이때에 한 말이 나중에 조선 출병을 결정한 것이라 한다. 사업욕(事業慾)에서 히데요시가 항상 오다 노부나가를 시기한 까닭에 노부나가 이상으로 자기는 해외 출정을 하겠다고 큰소리를 하였기 때문에 자기 평생에 이때 한 말을 실행하려고 기어코 조선에 출병하였다는 것이 히데요시의 조선 출병의 한 가지 이유가 된다는 것이다. 그런데 히데요시가 노부나가 앞에서 이 말을 하게 된 것은, 노부나가 시대에도 조선에 사신을 보낸 일이 종종 있었는데, 그 사절(使節)은 글 잘 하던 중 덴케이(天荊)가 맡아서 겐키(元龜) 원년, 선조(宣祖) 3년(1570)에도 조선에 나오고, 덴쇼(天正) 5년 선조 10년에도 나오고, 덴쇼 8년 선조 13년 경진(庚辰)에도 나오고 하였다 한다. 그런데 히데요시가 이 말을 하기는 덴케이가 경진년 시월에 조선의 경성(京城)을 다니러 들어간 계제에 나온 말이라 한다. 그때 노부나가가 조선에 대한 교섭은 다만 아시카가(足利) 시대에 행하여 오던 수호통신(修好通信)을 계속하자는 것이어서 히데요시가 이것을 조소한 말이라 한다.

히데요시의 군사가 고슈에 들어가 가쓰요리를 곤박困迫하니, 가쓰요리가 부하 이십삼 인과 결사대를 조직하여 대항하다가 형세가 부지할 수 없게 되니까 자기의 처자를 먼저 죽이고 자기는 배를 갈라 죽었다. 가쓰요리의 뒤를 따라 근시近侍 십팔 인과 시녀 열여섯 명도 일시에 순사殉死하였다.

히데요시의 군사가 고슈를 함락한 다음달 다카마쓰성高松城을 포위하였다. 다카마쓰성은 그다지 크지 못한 성이지만 모리씨 집의 영지로서 산인산요山陰山陽의 경계가 되어 간토와 간사이의 요해처이다. 히데요시가 다카마쓰성으로 출병할 때 노부나가에게서 다카마쓰성의 성장城將은 죽이지 말고 사로잡으라는 부탁이 있었다. 다카마쓰의 성장은 주고쿠中國의 명사로 이름이 높은 시미즈 무네하루淸水宗治[3]이다.

히데요시의 군사가 다카마쓰성을 에워싼 뒤에 노부나가는 다시 시미즈 무네하루에게 편지를 보내 싸움의 이해를 말하였더니, 시미즈 무네하루는 단연코 거절하고 비젠備前 경내의 각 성장에게 구원을 청하여 고바야카와 다카카게小早川隆景 이하 일곱 성장이 들어와서 팔뚝을 찔러 피를 내어 마시며 히데요시에게 대항하기로 맹세하였다.

히데요시는 다카마쓰 성장이 강경이 대항함을 보고 류오산龍王山에 올라서서 다카마쓰성의 지형을 살펴보고는 물싸움水攻을 시작하니[4] 다카마쓰성의 물싸움이 히데요시의 일생에 가장 흥미 있는 싸

---

3 시미즈 에몬은 시미즈 초자무네하루(淸水長左宗治)라 한다.
4 다카마쓰성의 수공이 히데요시의 병법 중에서 가장 흥미로운 전투라 한다.

히데요시의 다카마쓰성 수공水攻(「高松城水攻圖」, 우타가와 요시토라歌川芳虎)

움이다. 본래 히데요시의 병법은 내 군사는 축내지 않고 적군을 집어
삼키며, 힘보다도 지혜를 쓰는 비결을 가진 터이라 매양(매번) 전장에
나서면 지리地理 혹은 기후氣候를 이용하여 군사의 힘 이상으로 자연
의 힘을 사용하여 왔다.

　히데요시가 다카마쓰성을 함락하기 두어 달 전에 성의 지평地平을
측량하고 곧바로 이십팔 조의 군사를 내어 성 밖 들판에서부터 큰
개천을 파들어 가니, 이 공사가 끝나면 장마 때가 된다. 공사를 시작
한 뒤로 히데요시의 군사는 류오산에 본진을 두고 차례로 내려가 공
사를 하는데, 다카마쓰 성장 시미즈 무네하루는 모리에게 구원을 청
하여 모리 데루모토가 오만 군을 이끌고 다카마쓰성으로 들어올 때

에 연일 장마가 져서 중로에서 연해(계속) 지체를 하였다. 그렇게 겨우 다카마쓰성 가까이 들어온 때는 성이 이미 물속에 잠겨 성안은 지붕 위에서 개구리가 새끼를 쳤다.

모리 데루모토의 오만 군사는 요시다吉田 사루카케산猿掛山으로 올라가 유진하며 다카마쓰성이 물 위에서 배같이 뜬 것을 내려다볼 뿐이었다.

19. 혼노지本能寺의 반기

히데요시는 다카마쓰성을 물속에 파묻고 사루카케산에 유진한 모리 데루모토의 군사를 대항하게 되었는데, 돌연이 기후 본영의 오다 노부나가에게로 구원을 청하였다. 지금 다카마쓰성을 함락한 히데요시가 다만 모리 데루모토의 군사를 대적하기에는 손바닥 뒤치기보다 쉬운 일이면서 흘제 오다 노부나가에게로 구원을 청하는 것은 모리 데루모토의 군사를 두려워함이 아니라 간사이 일대를 자기 혼자 힘으로 평정하게 되면, 오다 노부나가의 부하들이 자기의 공을 시기할 뿐 아니라 노부나가도 그럴 터이니까 간사이의 전공을 노부나가와 나누어 가지자는 주밀한 계책이었다.

노부나가는 히데요시의 급보를 받고 곧 군사를 일으켜 자기 아들 노부타다信忠를 총대장으로 하고, 아케치 미쓰히데明智光秀와 호소카와 다다오키細川忠興, 이케다池田, 다카야마高山, 나카가와中川의 다섯 장수를 선봉으로 하여 앞을 세웠다. 그리고 자기는 교토로 들어가 혼노지本能寺에서 밤을 지내게 되었는데, 이 밤에 공연히 마음이 산란하여 모기장 밖에서 나래치는 모기소리도 우레 소리같이 요란하게 들리며 유월의 초승달이 뜬 밤을 새우다시 피 하였다.

먼동이 틀 때 노부나가는 벌써 잠자리에서 일어나며 청지기를 불렀다. 청지기 모리 란마루森蘭丸는 눈을 비비고 들어서며 "진중이 갑자기 수선수선하는데요. …… 잠깐 나가보고 들어오겠어요" 하고 주인의 승낙을 받을 여부도 없이 돌쳐서(되돌아서) 나가더니 금방 마룻장을 구르며 쫓아 들어와서 이렇게 외쳤다.

"저거 좀 보세요! 아케치 미쓰히데가 반역反逆을 한답니다, 아케치 미쓰히데가!"

모리 란마루는 제 처소로 들어가서 갑주甲冑를 주워 입고 창을 들고 나서서 열일곱 살 된 제 아우 보마루坊丸와 열여섯 살 된 아우 리키마루力丸 삼형제가 앞장서 나가고, 뒤를 이어 근시近侍 일백칠십여 인이 놀라 일어나니, 모리 란마루는 열여덟 살 된 아이로서 힘이 능히 장정 열 사람을 당하는 역사이다. 이때 노부나가는 활을 떼어내어 메어들고 앉았다가 아케치 미쓰히데의 앞잡이가 들어오는 대로 쏘더니 화살이 떨어져 칼을 빼어들고 앉았는데, 모리 란마루의 아우들이 칼을 맞고 쫓겨 들어와 노부나가의 무릎 밑에 엎드러진다.

아케치 미쓰히데의 앞잡이로 나선 야스다 효에安田兵衛가 노부타가

혼노지의 변(「本能寺燒討之圖」, 요사이 노부카즈楊斎延一)

앞에 나타나서 창을 던져 노부나가의 그림자를 찍고 "소원 성취하였다!" 하고 소리를 친다. 그동안에 아케치 미쓰히데의 군사가 노부나가의 근시 삼백여 인을 회를 쳐놓았는데, 모리 란마루가 노부나가의 앞으로 쫓아와서 야스다 효에와 격투를 할 때 노부나가는 그만 손에 잡은 칼로 자기 목을 찌르니 노부나가의 일생은 마흔아홉으로 끝을 맺었다.

마침내 아케치 미쓰히데는 반기를 들어 노부나가의 부하를 도륙하여 이번 출전에 총대장으로 나선 노부타다까지도 자기 손으로 배를 갈라 죽게 하였다. 대체 아케치 미쓰히데가 노부나가에게 반기를 들게 된 원인은 하루아침에 생긴 일이 아니었다.[1]

아케치 미쓰히데가 당초에 오다 노부나가에게 아시카가 요시아키를 소개한 것을 반연(絆緣, 얽히어 맺어지는 인연)으로 하여 자기도 노부나가에게 와서 부하로 있게 되었다. 그러나 아케치 미쓰히데는 본래 글 읽는 사람이라 도덕을 가지게 되었음으로 엉큼한 영운領運의 수단을 부리는 주인 노부나가와는 성격이 서로 맞을 수 없는 일이다.

노부나가가 혼간지에 불을 질러 승장 나가시마 잇키長島─揆[2] 삼만여 인을 불태우고, 다시 정서군을 일으킨 뒤에 아라키 무라시게의 일족 남녀 팔백여 인을 학살한 일과 같은 것은 누구나 노부나가의 난폭한 행위를 지목하는 바이다. 마쓰나가 히사히데나 미요시 나가요시三好長慶와 같은 집은 자기보다 문벌이 훌륭한 대부의 집안이지만 노부나가가 그네 집을 가르켜 말할 때마다 "그놈의 집!" 하는 말투는 아케치 미쓰히데가 들을 때마다 노부나가를 괘심하게 생각토록 하였다.

---

1 아케치 미쓰히데가 주인인 노부나가를 죽음으로 몰아넣은 혼노지의 변을 일으킨 이유에 대해서는 원문에 나오는 '원한설' 외에 여러 주장이 있다. 자신이 천하 통일을 노렸다는 야망설, 자신과 관계가 깊었던 쇼군 아시카사 요시아키의 지령설, 노부나가를 두려워한 황실의 지시설 등 여러 설이 있지만 확실한 결론은 없는 상태이다.─편집자

2 본문에는 다카시마 잇키(高島─揆)로 되어 있지만, 다카시마(高島)는 나가시마(長島)의 오기(誤記)다. 정확한 명칭은 나가시마 잇코 잇키(長島─向─揆)이다. 나가시마 잇키(長島─揆)는 1570년부터 1574년에 걸쳐 혼간지의 승려들이 봉기하여 오다 노부나가와 이세국(伊勢國) 나가시마(長島)에서 세 차례 일어났던 격렬한 싸움을 이르는 말이다.─편집자

노부나가는 어릴 때 장난치던 버릇이 대감 노릇을 할 때까지 남아 있어서 말 등에 올라앉아 과자 같은 것을 먹다가 부스러기를 땅에 획 뿌리고는 부하들더러 주워 먹으라는 것이 행용行用하는 짓거리였다. 한번은 말 등에서 팥떡을 먹다가 땅에 던져주고 부하를 불러 주워 먹으라 하였더니, 떡 한 개가 말똥에 떨어진 것을 부하 한 사람이 주우러 갔다가 그냥 돌아서는 모습을 보고는 노여움이 붙어서 그 사람을 당장에 엎어놓고 늘씬하게 패주었다.

노부나가는 군사를 초개草芥와 같이 보고 부하를 벌레같이 대접하는 성질로써 당시에 영웅호걸이란 사람들도 어린아이같이 여기는 까닭에 부하들은 대개 굴종屈從을 하게 되었다.

그러나 부하 아케치 미쓰히데는 도쿠가와 이에야스 같이 능글능글한 성미도 아니고, 히데요시 같이 임시체변臨時體變을 잘 하는 명쾌明快한 성질도 아니었고, 시바타 가쓰이에柴田勝家 같은 고식한 성질도 아니며, 니와 나가히데丹羽長秀나 다키가와 가즈마스滝川一益 이하 모든 장수들과 같이 주인의 비위를 맞추려고 아첨을 하는 성질이 아니었다. 그래서 노부나가는 아케치 미쓰히데의 다라지고[3] 꼬장꼬장한 성미를 밉살맞게 여겨 미쓰히데에게 항상 모욕을 주어왔다.

미쓰히데가 노부나가 앞에서 무슨 말을 하다가 노부나가의 부채에 뺨 맞는 일은 예사로 당한 일이지만, 한번은 노부나가가 자기가 사랑

---

3 원문에는 '다리지고'로 되어 있다. 다라지다는 여간한 일에 겁내지 아니할 만큼 사람됨이 야무지다는 뜻이다.-편집자

하는 청지기 모리 란마루를 품고 누워서 속살거리는 말 가운데 "고슈江州의 사카모토坂本 영토를 너에게 주마" 하는 소리를 아케치 미쓰히데가 장지⁴ 밖에서 들은 일이 있었다. 고슈의 사카모토는 아케치 미쓰히데가 고슈 싸움의 공로로 받은 영지인 까닭에 미쓰히데는 한번 주인집에 잔치가 있어 장수들이 모인 자리에서 주인 노부나가가 알아들으라고 "고슈의 영토 한 자리를 얻느라고 고슈 싸움에서 뼈가 부러질 뻔하였다" 하는 말을 하였다.

그러자 노부나가는 "이놈아! 고슈를 평정한 것이 네 힘이냐 내 힘이지. 네가 고슈 싸움에 뼈가 부러질 뻔하였다 하니 좀 부러져보아라" 하고 미쓰히데의 상투를 휘어잡고 밖으로 끌고 나가 마루전(마루의 가장자리)에 다리를 걸치고 주먹으로 내리눌러서 미쓰히데가 입을 딱딱거리며 사죄를 한 일이 있었다.

미쓰히데는 본래 술을 한 모금도 못 마시는 터라 노부나가가 술을 권할 때마다 "아이고, 나는 죽어도 못 먹어요" 하고 사양하였는데, 정서군의 승전을 축하하는 날 노부나가가 큰 술잔에 가득 따른 술을 왼손에 들고 오른손에는 장검을 빼어들고는 "이리와 술 마셔라" 하고 미쓰히데를 불렀다. 미쓰히데는 엉금엉금 기어들어가 술잔을 받아 마시니 노부나가는 쾌활하게 웃으며 "네가 이왕에 죽어도 못 먹는다는 술을 내 칼을 보고 먹으니 네가 정말로 죽기는 무서운 게로구나" 하고 조롱하였다.

---

4   방과 방 사이, 또는 방과 마루 사이에 칸을 막아 끼우는 문—편집자

노부나가에게 간諫했다가 모욕을 당하는 아케치 미쓰히데(「新撰太閤記」 중에서. 우타가와 도
요노부)

노부나가의 이러한 모든 행동에 미쓰히데는 혐의嫌疑를 쌓아오다가
이번 기회에 언정리순言正理順[5] 하게 아시카가 쇼군의 집을 내세워 봉
화를 드는 모리 데루모토와 내응이 되어 노부나가를 죽인 것이다.

류오산 위에 진을 치고 노부나가의 구원병이 오기를 기다리던 히
데요시는 혼노지에서 변고가 일어남을 알고 일변 도쿠가와 이에야스
에게 구원을 청하여 아케치 미쓰히데 토벌에 나섰다. 아케치 미쓰히
데는 노부나가를 죽인 뒤에 사카모토성에 들어가 모리 데루모토의

---

5   말이나 이치가 바르고 옳음-편집자

군사를 부르고, 각처 제후에게 격서檄書를 날려 응원을 요청하였으나 히데요시의 신속한 군사 앞에 손을 놀릴 겨를이 없이 사카모토성은 함락되어 미쓰히데는 부하를 이끌고 쇼류지勝龍寺로 몸을 피하였다가 아닌 밤중에 히데요시의 군사에게 습격을 당하여 산속으로 달아나더니 길을 잃고 방황하는 사이에 시詩를 지어 읊었다.6

거스름과 따름에는 두 길이 없으니	順逆無二門
마음에 있는 큰 길로 나아가라	大道徹心源
쉰다섯 해 굳은 큰 꿈	五十五年夢
깨고 보니 길이 하나뿐일세.	覺來歸一元

미쓰히데는 시를 읊고 나서 종자從子가 찬 칼을 빌어 자기 배를 긋고 죽으니 종자들이 일시에 미쓰히데의 시체를 끌어안고 자살하였다.

---

6 죽을 때 남겨놓는 시가(詩歌) 따위의 문구를 사세구(辭世句)라고 하는데, 일종의 유언이다. 아케치 미쓰히데의 사세구는 현재 두 수가 전해지는데 둘 다 후세의 창작으로 추정된다. 한 수는 본문에 나오는 것이고, 다른 한 수는 다음과 같다.
"내 마음을 모르는 사람은 뭐라 하든 몸도 아끼지 않고 이름도 아끼지 않았노라."
─편집자

20. 세신世臣들의 권리 다툼

아케치 미쓰히데의 삼일천하三日天下가 평정되니 오다 노부나가의 집에는 오다씨의 집 사속(嗣續, 대代를 이음) 문제가 일어났다. 오다 노부나가의 유신遺臣들이 기후성에 모여 오다씨 집의 주인을 마저 세우기로 여러 날째 의논이 되었는데, 유신 사십여 인 중에 가장 유력한 사람은 에치젠국의 영주 시바타 가쓰이에柴田勝家이다.

시바타 가쓰이에는 그동안에 노부나가의 매부가 된 까닭에 이러한 때는 오다씨 집의 원로격이다. 시바타 가쓰이에는 노부나가의 아들 노부타카信孝를 세우자고 주장하였는데, 오다씨 집일에 빠질 수 없는 히데요시는 노부나가의 적손嫡孫 산보시三法師[1]를 세우자고 우긴다.

아들을 세우자 하는 가쓰이에의 주장은 인격을 보아야 한다는 것이며, 손자를 세우자 하는 히데요시의 주장은 맏아들의 계통을 말하는 것이다. 그러나 다른 유신들은 그 집 원로의 주장에 끌리어 히데

---

1 오다 히데노부(織田秀信)를 말한다. 산보시는 어릴 때 이름. 노부나가의 적손이자 노부타다의 적자 – 편집자

요시의 말에는 찬성하는 사람이 없다. 히데요시는 말하다 말고 배가 아프다 핑계하고 좌석을 떠나서 별제(別第, 별장)에 들어가 누워서 니와 고로丹羽五郎를 내놓아 회석會席에 참례하게 하였다.

니와 고로가 회석에 들어와 하는 말이 "나는 주인공의 집일에 대하여 바른 대로 말하는 것이니, 지금 히데요시의 주장이 이유가 상당한 줄 아오. 전 주인공이 생존하였을 때 맏아드님이 태기胎氣 있음을 아시고 이번에 아들을 낳아야 내 집 주인공이 되겠다 하고 말씀하신 것은 이 집에서 누구나 다 같이 들은 말씀인즉, 주인공의 적손을 세우는 것이 곧 전 주인공의 유언을 받아 행하는 것이 됩니다" 하고 설명하는 통에 시바타 가쓰이에도 전 주인공의 유언이란 말에는 머리가 수그러졌다.

니와 고로가 회석에서 나오기 전에 히데요시가 쫓아 들어와서 "적손을 세우는 것이 전 주인공의 유언"이라는 것을 정식으로 발포하여 유신들이 다시 입을 못 열게 한 뒤에 오다씨 집 주인공을 적손 산보시로 정하기로 결정하였다. 히데요시의 주장에 밀려서 뒷전이 된 시바타 가쓰이에는 먼저 혼노지에서 아케치 미쓰히데를 칠 때에도 앞장을 섰다가 히데요시에게 선손(선수)을 빼앗긴 것을 분해하던 차에 또 사속 문제에 들어서도 히데요시의 주장이 성공하는 것이 분하여 시바타 가쓰이에는 어디까지 히데요시를 미워하였다.

오다씨 집 새 주인은 이제 겨우 두 살 된 어린아이다. 히데요시가 어린애 주인을 품고 나앉아서 유신들의 치하를 받은 다음에 전 주인의 유산을 분배하였다. 아즈치安土의 삼십만 석은 어린 주인의 양육

산보시와 히데요시(『회본태합기』)

료養育料로 떼어놓고 나머지는 오다의 유신들과 일족들에게 분배하였는데, 시바타 가쓰이에에게는 고슈江州 나가하마長濱의 육만 석 영토가 돌아갔다.

유산 분배가 끝난 뒤에 유신들은 각기 본영으로 돌아가게 되어, 시바타 가쓰이에는 에치젠으로 가고, 히데요시는 히메지姬路로 돌아가 있으니 오다씨 집 유신들끼리 통문通文을 돌렸는데, 오다씨 집 주인공은 교토로 올려다 모시고, 전 주인공의 망령亡靈을 위안慰安하는 법회法會를 시바노柴野 다이토쿠지大德寺에서 거행하자 하였다.

히데요시는 통문을 보고 회답을 써서 보내기를, "천하대장군天下大將軍의 망령을 위안함에 어찌 남의 절 부처 앞에 가서 할 수 있느냐. 새로 큰 절 한 채를 이룩하고, 국내 명장明匠의 손으로 망인의 화상을 새겨 앉히고, 화상 앞에서 법회를 거행하는 것이 마땅하다" 하였더니, 시바타 가쓰이에도 히데요시의 의견에 반대가 없어 교토에 새로 터를 잡아 소켄인總見院을 이룩하고 전 주인공의 목상木像을 들여앉힌 뒤에 법회 날을 정하여 각처 유신들에게 통지하였다.

법회 날이 임박하여 유신들이 들어오는데, 시바타 가쓰이에는 삼천 기騎를 인솔하고 들어왔다. 유신들도 죄다 들어와 모여도 히데요시만 오지 않아서 기다리는 판에 법회 전날 소문이 들리기를 히데요시가 이만 군사를 이끌고 교토로 들어온다 하여 유신들이 술렁거렸다. 시타바 가쓰이에는 의심이 나서 군사를 보내어 탐문하니 히메지 방면에서 수만 군사가 깃발을 날리면서 들어오는 것이 히데요시의 군사가 분명하다. 시바타 가쓰이에는 자기 몸이 위태할까 겁을 내어 법회 참사參祀도 집어치우고 밤사이에 에치젠으로 강짜를 놓으니 다른 유신들도 바빠나기2로 모두 달아났다. 히데요시는 법회 날 아침 나절 탄평坦平하게3 교토로 들어와 전 주인공의 목상 앞에서 호젓하게 법회를 거행하니, 오다 노부나가의 집 뒷일을 히데요시 혼자 맡아 하게 되는 것을 괴이하다 할 것이 아니라 오다 노부나가의 일생 사업이라는 것이 전혀 히데요시의 앞길을 닦아준 데 지나지 못한 일이니까, 말하자면 오다 노부나가는 히데요시의 착실한 선봉이다.

2 바빠나다. 형편이 딱하게 되어 몹시 거북하거나 급하게 되다.-편집자
3 근심이 없이 마음이 편하다.-편집자

21. 싸우기 전에 지혜 겨루기

 전 주인공의 망령 앞에 법회 참례까지도 못하게 된 시바타 가쓰이에는 남의 집 원로로서는 낯이 깎이는 일이라 뜬쇠가 달면 더 뜨거운 격으로 고지식한 성미의 시바타 가쓰이에는 이를 갈며 분해하였다. 시바타 가쓰이에가 교토에서 도망하여 나올 때는 본영으로 가서 곧 군사를 일으켜 히데요시를 치려고 별렀다.

 그러나 에치젠은 북방이라 겨울이면 눈 때문에 길이 막히는 고장이어서 하룻밤 사이에 눈이 덮여 군사가 뚫고 나갈 수 없음으로 시바타 가쓰이에는 출병을 중지하게 되었으나 겨울만 지나면 단정코 출병하여 히데요시를 치기로 결심하였다.

 시바타 가쓰이에가 히데요시를 치려함은 히데요시도 잘 알고 있는 터라 오다씨 집 유신들은 히데요시와 가쓰이에 사이에서 전쟁을 하는 것이 집안싸움 같다 하여 이편저편으로 말리는 사람이 많았다. 그중에서도 도쿠가와 이에야스 같은 사람은 본체만체 하고 두 편의 승패를 방관할 뿐이오, 자기의 세력 확장에만 노력하지만 마에다 도시이에前田利家 같은 사람은 가쓰이에의 앞에 나서서 히데요시와 화해를 붙이려고 애쓴다. 그러나 두 사람 사이에 화해를 붙이기는 물에 기름을 타기보다 힘드는 노릇이다.

시바타는 어디까지나 히데요시를 이용하려 하는데, 히데요시는 어디까지 그걸 역용逆用하려 든다. 가쓰이에가 먼저 마에다 도시이에를 히메지로 보내 히데요시에게 화해를 청하였는데, 히데요시는 선뜻 허락하고 자기의 이성異姓 아우 하시바 히데나가羽柴秀長를 가쓰이에에게 보내어 회사回謝하였더니 가쓰이에는 히데요시의 아우를 친절히 대접하였다. 이렇게 두 사람 사이에 중간 사람이 오고 가고 하는 것이 실상은 싸우기 전에 지혜를 겨루어보는 것이다.

가쓰이에가 내년 봄이면 단정코 출병할 것을 꿰뚫고 아는 히데요시는 남에게 선손을 빼앗기지 않는 것이 수라 하여 히데요시의 군사가 이 해 겨울 눈 속에서 움직였다. 히데요시가 오만 대군을 이끌고 고슈 나가하마에 이르러 촌락에 불을 지피고 나가하마 성장을 위협하였다. 나가하마 성장은 시바타 가쓰이에의 양자로서 본래 양부를 마땅치 않게 여기던 차에 히데요시의 대군을 대적할 수 없게 되니까 마음 편하게 항복한다. 히데요시의 군사가 다시 미노의 기후를 치니 오다 노부나가의 아들 노부타카는 불의의 변을 만나 어찌할 줄을 모르니까 니와丹羽 지방으로 달아난다.

히데요시는 아즈치安土로 들어가 오다씨 집 어린 주인에게 연하年賀 인사를 치르고 히메지로 돌아와 설歲日을 지내는데, 정월 초이튿날 아침을 먹고는 바로 낮잠을 자기 시작하여 사흘날 한낮 때에 잠을 깼다. 잠을 깨어 눈을 비비고 일어나 앉으니 눈의 정기가 전날보다 몇 갑절이나 영채가 쏘인다.

히데요시는 이튿날 에치젠으로 출병하니 밤낮 이틀을 내쳐 자고서 작전계획을 하고 나선 길이라 당시 병법이 귀신같다는 시바타 가쓰이에도 히데요시의 군사 앞에 막다른 골목으로 몰려들었다. 눈 속에서 헤매는 가쓰이에의 군사를 히데요시의 군사들이 이마로 등을 받으며 추격하여 성 밑 천주각天主閣 앞까지 쫓아 들어간 때는 가쓰이에의 형세가 불 맞은 범 꼴이 되어 전일의 용맹도 쓸모없이 되었다.

가쓰이에의 아내는 노부나가의 누이로, 그 이전에 노부나가는 그 누이를 고슈江州 아자이 나가마사淺井長政에게 아내로 주었다. 그런데 노부나가가 누이를 주고 나서 고슈를 치니까 나가마사가 골이 나서 오다씨 집과 파혼破婚을 하여 아내를 내쫓으니 노부나가는 그 누이를 다시 가쓰이에에게 주었다. 가쓰이에에게로 개가改嫁를 올 때에 때 전 남편 아자이 나가마사에게서 낳은 딸 셋을 데리고 들어왔다. 노부나가의 누이는 인물이 어여쁜데다 그 딸들도 어머니와 같이 어여쁘다.

이날 시바타는 형세가 헤어날 수 없이 되니까 자기 아내의 처소로 들어와 술을 마시며 이 세상을 떠난다는 노래를 아내와 주고받았다. 가쓰이에는 아내 곁에 늘어앉은 딸들을 보고는 "저 애들은 제 인물로 하여도 아직 죽기가 아까우니 히데요시에게 보내어 양육하게 하오" 하고 권하여 어여쁜 딸들을 히데요시 진으로 보내고 나서 아내는 칼로 목을 찌르고, 가쓰이에는 칼로 배를 그었는데, 이때 천주각은 불이 붙어 활활 탄다. 가쓰이에의 집 사람들은 주인 부처가 죽은 뒤에 이백여 명의 무사와 시비(侍婢, 계집종) 삼십여 인이 함께 천주각이

시바타 가쓰이에와 그 부인 오다니노 가다小谷の方(『회본태합기』)

타는 불속으로 뛰어들었다.

히데요시의 군사가 에치젠 일대를 평정하고 본영으로 돌아오는 길에 기후의 오다 노부타카는 히데요시의 군사가 다시 기후를 범할까 겁이 나서 치다군知多郡으로 달아나 있다가 그 지방 오미도지大御堂寺에 들어가 자살하였다. 이제 오다씨 집 잔당으로는 다시 히데요시의 앞길에 거치적거릴 것이 별로 없이 되었다.

히데요시가 본영으로 돌아와 승전 축하를 하던 날, 이때까지 뒷짐지고 바라보았던 도쿠가와 이에야스는 자기 부하를 보내어 승전 축하에 참례하고 히데요시 만세를 부른다.

22. 한걸음을 더 나아가

히데요시는 오다씨 집에 대한 대적이 스러진 뒤로 한걸음 나아가서 천하의 패권覇權을 잡으려 하는 근거지를 오사카大阪에 두기로 하였다. 오사카는 오다 노부나가의 시대에 터를 닦아놓은 곳이니, 노부나가가 미노와 오와리를 근거로 하고, 교토에 기를 꽂은 뒤에 간토에서 들어오는 서쪽 관문인 아즈치에 성을 쌓고, 고난고후쿠江南江北의 요로要路가 되는 나가하마에 성을 쌓은 것은 오사카를 중앙으로 하여 근거를 잡으려 것이다.

그러나 오다 노부나가의 시대는 혼간지를 근거로 한 승군들이 연해 발거리[1]를 놓아서 전후 십여 년 동안에 침만 삼키다가 말았으나 지금 히데요시의 시대는 승군이란 것이 사그라져서 히데요시 같은 사람이 오사카에 들어와 맨날 발장구를 친다 하여도 누구 하나 참견

---

1 원문에는 발가리로 되어 있지만 발거리가 맞는 표현이다. 발거리에는 두 가지 뜻이 있다. 하나는 간사한 꾀로 남을 골려 떨어뜨리다. 또 하나는 남이 못된 일을 하는 것을 다른 사람에게 일러주다. 본문에 나오는 발거리는 말 그대로 발을 거는 '훼방'의 뜻으로 보면 의미가 통한다. - 편집자

할 사람이 없다.

히데요시는 삼 년 동안 육만 인부를 불러 스물여덟 나라의 목석木 石을 구해다가 삼 년 동안을 두고 오사카에 성을 쌓아 두르니 주위가 육십 리里다.

성안에는 화려 굉장한 집이 유리알 같이 깔렸는데, 한복판에는 예수 의 십자가가 걸린 천주각을 높이 쌓아올렸다. 천주각 위에서 사면을 둘 러보면 교토와 가까운 후시미伏見 도바鳥羽에서 흘러내리는 요도가와 淀川 냇물이 성을 안고 돌아나가 바다에서 들어오는 배들이 성 밖에 와 매이고, 나라奈良 방면으로 통한 큰길 밖으로 야마토 가와치大和河 內의 산맥이 병풍 치듯 둘러 있는 것도 오사카성의 자랑거리지만, 오 사카는 산인산요의 두 길을 연락하고, 시코쿠와 규슈의 해로海路를 통하여 그야말로 사통팔달四通八達의 관문이요 난공불락難攻不落의 성 곽이다.

히데요시가 오사카의 성 역사役事를 하는 동안에 오다 노부나가의 둘째아들인 노부카쓰信雄는 하마마쓰성濱松城에 들어 있는 도쿠가와 이에야스와 부동符同하여 함께 오사카에서 활동하는 히데요시를 누 르려 하니, 노부카쓰는 노부나가의 아들로서는 그중 빠지는 인물이 다. 오히려 요 전번에 자살한 노부타카信孝는 그 아버지의 성질을 많 이 닮았다고 남들이 쳐주었지만, 노부카쓰는 그 아버지에 비하면 아 주 용렬하여 못난이로 돌려보내는 터이다.

그러면 어찌하여 당시 영웅으로 한몫을 치는 도쿠가와 이에야스가 이러한 못난이와 어울렸을까? 이것은 의심할 것 없이 도쿠가와 이에

도요토미 히데요시 시대의 오사카(「大阪圖屛風」, 오스트리아 에겐베르크성 박물관)

야스가 영웅이기 때문에 노부카쓰와 붙은 것이다.

도쿠가와 이에야스는 찬찬하고 민활하고 참을성이 많은 성질이라 오다 노부나가의 유신들이 시바타 가쓰이에와 히데요시 사이에 싸움이 벌어질 때에 이편저편으로 쩍 갈라섰지만 도쿠가와 이에야스 한 사람은 누구의 편도 들지 않고 뒷전에서 두 편의 승패만 보고 있었다. 그러다 히데요시가 가쓰이에를 때려눕히고 승전 축하를 하던 날, 히데요시에게 축하로 보낸 부하가 미처 돌아오기도 전에 노부카쓰가 이에야스를 찾아왔다.

이에야스는 노부카쓰를 친절이 맞아들여 그가 히데요시의 행동을

호소하는 대로 "옳지, 옳지" 하면서 고개를 끄덕이며 노부카쓰가 하자는 대로 히데요시를 토벌할 군사를 일으켰다. 이번에 도쿠가와 이에야스가 군사를 일으키게 된 것이 실상 노부카쓰를 위해서가 아니라 자기의 세력을 확장하여 히데요시에게 대항하자 하는 것이다. 이에야스는 노부카쓰를 앞잡이로 내세워 의병義兵을 모집하였다.

히데요시는 이에야스가 의병 모집을 하는 것을 알고 군사를 움직이니 이때 히데요시의 나이 마흔여섯이다. 지금도 눈의 정기는 영채가 돋지만 귀밑에는 센 털이 내비친다. 히데요시의 군사가 후시미伏見에서 출발하여 선봉이 미노로 나설 때에 이에야스의 군사는 이미 이누야마성犬山城을 함락하고 고마키산小牧山을 점령하여 노부카쓰의 본진을 두고 근방 거리에는 히데요시의 토죄문討罪文을 기록한 목패木札를 꽂았다. 히데요시의 선봉은 나가는 대로 연해 실패하는데, 그동안에 노부카쓰의 격문이 각처로 흩어져서 간핫슈의 호조 우지나오北條氏直를 비롯하여 엣추越中의 삿사 나리마사佐佐成政, 시코쿠四國의 초소카베 모토치카長宗我部의 무리가 의기義旗를 들고 일어선다.

히데요시는 지방 제후가 군사를 제아무리 끌어온다 하여도 겁날 것은 없으나 아직 오사카성의 근거가 잡히기 전에 제후의 연합군과 대항할 때가 이르다 하여 선뜻 손뼉을 뒤집어 노부카쓰에게 강화를 청하였다. 히데요시의 강화사가 고마키산에 들어가 히데요시의 겸사하는 말로 노부카쓰에게 강화를 청하는데 노부카쓰는 마음이 만족하여 그만 강화를 허락하였다.

노부카쓰가 이번에 히데요시를 치러 나선 것은 별로 다른 큰 뜻이 있는 것이 아니라 다만 히데요시가 자기 집의 하찮은 신하로서 자기 집 일에 차치고 포치고 하는 것이 괘심하여 하는데 지나지 못한 일이라 히데요시가 수그러지니 더 뻣댈 것이 없었다. 히데요시가 가와라야다河原矢田에서 만나자 하는 약속을 어기지 않고 그곳에 가서 히데요시를 만나는데, 노부카쓰가 말 등에 걸어앉았을 때에 히데요시는 십보十步 밖에서 말에서 내려 들어와 예를 행하는 것이 자신의 아버지 때에 하던 일과 다름없다.

23. 지난 싸움은 한때의 장난

노부카쓰가 히데요시에게 찰떡같이 돌아 붙으니, 노부카쓰를 앞잡이로 내세우고 뒤떠들던 도쿠가와 이에야스는 품고 있던 알을 빼앗긴 셈이 되어 서운하기 짝이 없다.

"에이, 못난 자식! 못난 자식을 앞잡이로 내세웠다가 내 꼴이 그만 망둥이로구나!" 하고 손을 비비고 돌아앉았는데, 히데요시의 부하가 찾아와서 히데요시의 말로 "지난 싸움은 한때의 장난으로 알고 우리 전보다 더 친절하자" 하며 도쿠가와 이에야스의 아들 하나를 히데요시의 양자로 달라고 조른다.

도쿠가와 이에야스는 입맛이 쓰지만 지금 히데요시의 비위를 거스를 때가 아니라 하여, 시코쿠의 초소카베 모토치카가 같이 히데요시를 치자고 밀사密使를 보낸 것도 거절하고 자기의 열두 살 된 아들 하나를 양자로 보냈다. 히데요시는 이 애 이름을 히데야스秀康로 지어 부르니 히데요시秀吉와 이에야스家康 두 사람의 아들이란 뜻이다.

오사카성의 히데요시 세력이 점점 굳어지니 황실에서는 아시카가 쇼군의 집이 망한 뒤에 오다 노부나가를 쇼군이나 다름없이 믿고 있었다. 그런데 오다 노부나가가 아케치 미쓰히데의 손에 죽으니 조정에서는 노부나가의 유신으로 그 뜻을 받아 황실을 보호할 만한 인물은 히데요시라 여겨 아케치 미쓰히데를 잡아 죽이던 해에 히데요시를 종사위 우근위소장從四位 右近衛少将으로 봉직하게 하였다.

히데요시가 조정에 봉직한 이래로 세력이 오히려 오다 노부나가 시대보다 더 커져서 지방 제후의 으뜸이 되게 되니 조정은 차차로 히데요시의 직품을 돋우어 삼 년 동안에 종이위 대납언從二位大納言으로, 정이위 내대신正二位內大臣으로 올라오다가 이번은 종일위 관백從一品 關白이 되었다.

관백이란 것은 천황 밑에서 만기萬機를 총찰하는 벼슬이니, 덴케이天慶 연간에 섭정攝政 후지와라노 모토쓰네藤原基経의 집이 관백으로 칠백 년 동안을 이어온 일이 있었는데, 그 이후에는 히데요시가 처음이다. 히데요시가 오다 노부나가의 짚신을 신기던 때부터 일본에서 두 번째로 관백이 된 해까지를 햇수로 따지면 스물여덟 해 동안이다. 황실에서 히데요시에게 관백의 벼슬을 내리던 날 히데요시의 성을 도요토미豊臣로 주어서 이제 히데요시는 도요토미 히데요시豊臣秀吉가 되었다.

도요토미 히데요시가 관백이 된 뒤로 당시 조총을 사용하던 기슈紀州의 네고로 잇키根来一揆를 토벌하고, 시코쿠의 초소카베 모토치카의 항복을 받고, 엣추越中의 삿사 나리마사佐佐成政를 굴복케 하여 몇몇 개의 거두를 휘어잡으니, 하마마쓰의 도쿠가와 이에야스의 신세가 외롭게 되었다.

히데요시의 시코쿠 정벌(「豊公四國征討圖」, 요슈 치카노부楊洲周延)

히데요시는 하마마쓰마저 손아귀에 넣으려고 부하를 내놓아 도쿠가와 이에야스를 달래보았지만 이에야스는 이내 듣지 않았다. 그래서 히데요시는 자기 이성異姓 누이를 도쿠가와 이에야스에게 아내로 주겠다고 청혼을 하니, 이 누이는 에도江戶 비슈尾州 지방의 소에다副田에게 시집간 것을 히데요시가 꾀어서 파혼을 치고 소에다에게 누이 대신 오만 석 영토를 베어준 그 누이였다.

도쿠가와 이에야스는 본시 아내와 불합하던 끝에 히데요시가 누이를 준다는 것이 비위에 당기어 먼저 히데요시에게 양자로 주었던 히데야스秀康는 도로 찾아오기로 하고, 히데요시의 누이를 데려왔다. 히데요시는 기어코 이에야스를 교토로 불러들이려 하여 다키카와 다쓰토시瀧川雄利를 보내어 "자기 어머니를 이에야스의 집에 볼모로 내어줄 터이니 오라" 하는 말을 전하였다. 이에야스는 히데요시가 이쯤하는데야 구태여 고집할 것이 없다 하여 단출한 일행을 이끌고 교토에 들어가 히데요시를 찾아보는데, 갑주를 벗어버리고 예복으로 히데요시의 앞에 나가서 관백에게 보이는 예를 보였다.

이에야스가 관백을 보던 날 밤에 히데요시는 미복微服[1]으로 근시 대여섯 사람을 데리고 이에야스의 처소를 찾아와서 평시에 하던 말세로 "내가 미천한 신세로 천하 제후에게 존경을 받게 된 것은 도리어 미안한 일이지만, 천하를 통일하자면 이 지위를 안 가지고는 안되겠으니 이에야스는 내 뒤를 거들어주오" 하고 이에야스의 어깨를 툭 치며 말하였다. 이에야스는 히데요시의 활발한 도량에 탄복하여 "전하殿下!"를 연방 부르며 히데요시에게 마음을 기울였다.

히데요시는 이에야스가 교토에 올라와 있게 된 뒤로 새로 주라쿠다이聚楽第라는 별제別第를 지어주고 히가시야마東山의 고불古佛을 사서 보낸다, 각처 지방의 명물名物을 보낸다 하여 이에야스를 위로한다.

---

1 지위가 높은 사람이 무엇을 몰래 살피러 다닐 때에 남의 눈을 피하려고 입는 남루한 옷차림-편집자

24. 상기에서 바다 밖이 어디냐고?

도쿠가와 이에야스가 교토에 들어가 관백의 덕에 호강을 하고 지내는 것이 지방 제후들의 주목을 끌게 된다. 그중 이에야스를 미워하여 욕하는 집은 간핫슈의 호조北条씨 집이다.

"세상이 망하니까 원숭이 관백이 다 생기는구나. 관백보다도 관백 밑에서 알랑거리는 것들이 더 밉더라. …… 도쿠가와 이에야스인지 이 자식이 관백에게 제일 긴한 척한다지. 개자식 같으니."

호조씨 집에서 이에야스를 욕하는 것은 이에야스가 자기 집과 인척관계가 있는 까닭에 이에야스가 미천한 히데요시 앞에서 무릎을 꿇고 지내는 것이 자기 집의 지체까지 깎기는 일이라 하는 것이다. 이에야스는 호조씨 집에서 자기를 욕하는 것을 번연이[1] 알면서도 호조씨 집을 안고 돌아, 호조씨를 만나면 껄껄 웃어가며 "문벌이야 호조씨 댁 같은 집이 세상에 없지요. …… 간핫슈의 호조씨 댁을 내가 잊

---

1 어떤 일의 결과나 상태 따위가 훤하게 들여다보듯 분명하다.-편집자

을 리야 있겠습니까" 하는 말로 호조씨 댁을 추들어[2] 가며 굽실굽실 할라치면 호조씨는 돌아서며 "그렇게 얌전하고 꿋꿋하던 이에야스가 왜 점점 기생의 서방 같이 되어가니……" 하는 말을 등 뒤로 던진다.

히데요시는 이미 도쿠가와 이에야스를 휘어잡은 뒤로 중원中原 일대가 완전히 평정되니 다시 간핫슈와 오우奧羽, 규슈를 토벌하려 하여 먼저 규슈로 출병하였다. 규슈는 서남 방면에서 사납고 거센 사람이 산다는 지방이다. 이 지방의 주인은 수백 년째 전해 내려오는 시마즈島津씨 집이니 지금 주인이 시마즈 요시히사島津義久와 시마즈 요시히로島津義弘 형제다.

히데요시의 군사가 좌우로 갈라서서 구로다 요시타카黑田孝高의 무리는 분젠豊前으로 쳐들어가고, 초소카베 모토치카의 무리는 분고豊後로 쳐들어가다가 참패를 당하였다. 히데요시는 초소카베 모토치카의 패보를 접하고 곧 기나이畿內, 호쿠리쿠北陸, 주고쿠中國의 군사를 일으켜 이십만 군을 거느리고 규슈로 출발하였는데, 어느 때나 빠르기로 유명했던 히데요시의 군사가 이번은 늘어지게 차리고 나간다.

가다가 명소구적名所舊蹟을 만나면 군사를 쉬게 하고, 호군(犒軍, 음식을 주어 위로함)을 먹이며, 씨름을 붙이며 하여 한 달이 지난 뒤에야 겨우 반칸馬關을 지나게 되었다. 그런 뒤에 군사를 두 패로 갈라 한패는 히데나가秀長가 거느리고 분젠과 분고로 나아가고, 또 한패는 히데요시가 거느리고 치쿠젠筑前과 치쿠고筑後로 나서서 히고肥後를 지나

---

2 추켜들다의 옛말―편집자

사쓰마薩摩에 이르러 가토 요시아키加藤嘉明의 무리가 거느리고 오던 수군水軍과 합하여 다이헤이지泰平寺로 들어가 유진하고 시마즈 요시히사를 위협하니 영악하기로 소문이 난 시마즈 형제는 의외로 항복한다.

히데요시는 항복한 시마즈 형제를 웃는 낯으로 맞아들여 천하의 대세를 타이르고 나서 "규슈의 유명한 가고시마鹿兒島도 구경시키고 쓰시마 요리도 맛 좀 보일 터이오" 하고 흉허물 없이 말하여 시마즈 요시히사의 지도로 히젠히고肥前肥後의 이름난 곳을 찾아보고 치구젠의 하코자키箱埼에 이르러 여러 날 동안을 질탕이 노는 판에 하루는 "저 바다 끝닿은 데가 조선이지?" 하고 부하들에게 물었다. "글쎄요, 저기가 조선인 될는지 명나라가 될는지요" 하고 대답하는 부하들도 의심을 한다.

"글쎄, 조선 사정을 좀 알아야 할 터인데 이 지방에서는 아는 사람이 간혹 있을 터이니 좀 물어보오" 하고 돌아왔더니 이튿날 부하 한 사람이 들어와 말하기를 "이 지방은 조선의 반민叛民이 많이 들어와 사는데 반민 중에서 제 나라 사정을 알 만한 사람은 요시라要時羅라 합니다" 한다.[3]

히데요시는 곧 요시라를 불러들여 조선에서 들어온 내력을 대강

---

3 그때에 요시라에게 조선 사정을 물었다는 것은 본문을 소설식으로 연락시킨 것이지만, 요시라가 『선조실록』이나 다른 기록에는 왜통사(倭通事)라 하였으니 일본 사람의 통사라는 말인지 일본 사람이란 말인지 알 수 없다. 조선 반민의 한 사람으로 기록한 데도 있다. 그때 규슈(九州)나 시코쿠(四國)로 들어가서 살았던 조선 사람은 대개 삼포란(三浦亂)이나 죽도란(竹島亂)에 들어간 사람이라 한다.

묻고 나서 "조선 지방이 얼마나 크냐?" 하고 묻는다.

"삼천리라 합니다!"

"지방 제후가 몇인고?"

"조선은 제후가 아니라 지방을 팔도로 나누어 도에는 도백道伯이라는 감사監司가 여덟이 있습니다."

"감사?" 하고 히데요시는 두어 번 눈을 깜박인다.

"감사에는 어느 집이 그중에 세력이 많은고?"

"감사는 세습世襲이 아니라 사만仕滿4이 되면 갈리니까 어느 집이라고 말할 수는 없는 것이오. 감사 세력으로 말하면 호강하기는 평양감사요, 식록食祿이 많기는 경상감사요, 지체 좋기는 함경감사라 합니다!"

히데요시는 묻던 말을 건너뛰어서 이렇게 물었다.

"조선의 군사가 강하다지?"

"조선 군사가 이전 고려 적까지는 강하였는지 몰라도 지금은 강하고 말고 할 것이 없지요!"

"어찌해서?"

"이씨조선이 되면서부터는 나라를 집으로 만들어서 왕 밑의 신하들이 왕의 집 살림하기에 붙잡혀서 군사 같은 것은 돌아볼 겨를이 없거든요!"

요시라는 이렇게 대답하고 나서 이씨조선의 왕실과 조정 사이에 그동안 관계되어온 일을 히데요시가 묻는 대로 대답하였다. 요시라

---

4 조선시대에 벼슬아치가 그 임기를 채우던 일-편집자

히데요시 시대 조선 유민의 모습(『회본태합기』)

는 조정의 신하들이 왕실의 사속嗣續 문제나 폐비廢妃 사건에 관계가
되어 대대로 내려오며 신하들의 죽음 사태가 났다는 말을 하고, 끝으
로 군안軍案 같은 것은 덮어두었다고까지 말하였다.

히데요시는 요시라에게 조선 사정을 죄다 캐물은 뒤에 "다음날 또
물을 것이 있을는지 모르니 네 나라로 가지 말고 이 지방에 있으라"
하는 말을 이르고 요시라에게 상품을 주었다.

히데요시는 이번에 치구젠의 하코자키로 구경을 왔다가 조선 사정
을 알고 가는 것을 이번 길에 규슈를 얻은 것보다 몇 갑절 반갑게 여
겼다.

25. 간핫슈關八州의 거족

히데요시는 규슈에서 돌아와 교토로 들어온 뒤에 천황을 모시고 주라쿠聚樂 거동 길을 떠났다. 천황의 거동은 오닌應仁 천황 이후에 처음 있는 일이다. 히데요시가 이번에 거동 길을 차린 것은 몇백 년 동안 황실을 잊어버렸던 지방의 제후에게 황실의 존엄을 알리려 함이다. 봉연鳳輦[1]이 주라쿠에서 닷새를 묵는 동안에 관백이 시종侍從들보다 더 가까이 모시고 있었다. 이 뒤로 히데요시는 다시 간핫슈에 출병하였다.

간핫슈는 누구나 알기 쉬운 호조씨 집이 다섯 대를 내려오며 등양騰揚하는 지방이다. 대평원의 옥토沃土 삼백여만 석을 깔고 앉아서 문내에는 상총하총上總下總 고관대작高官大爵의 집이 오십여 성城을 차지하였는데, 뒤로는 후지 아시가라富士足柄의 높은 산이 솟아 있고, 도카이도東海道에서 흘러내리는 오이가와大井川, 후지가와富士川가 천험天險을 그리고, 나가서 멀리 칠십오 리 엔슈요遠州洋로 들어가니, 배가 들

---

1 꼭대기에 황금 봉황을 장식한 임금이 타는 가마-편집자

천황의 주라쿠다이 행차도 중 봉연의 모습(「聚楽第行幸圖屛風」, 조에쓰上越시립총합박물관)

어와 매이는 곳마다 번화한 도시都市가 별 박히듯 하였다.

이번에 호조씨 집을 치러 나선 히데요시의 군사는 아홉 나라 군사를 합하여 이십칠만의 대군이다. 그런데 호조씨 집에서는 히데요시가 간핫슈로 출병했다는 말을 듣고 "우스운 놈이 풋내기 세력을 잡았다고 제가 우리 간핫슈를 치다니. 뜬소문이야" 하고 우기는 사람이 많왔다. 그러나 벌써 히데요시가 군사를 움직여 수군은 수로로 쳐들어오고, 육군은 육로로 쳐들어올 때에 호조씨 집에서는 다시 "탈났네. 히데요시가 이번에 천황께서 하사한 절도節刀를 들고 나섰대여" 하고 눈이 휘둥그러니 겁을 집어먹는 사람이 많았다.

원래 호조씨 집에서 믿고 있는 것은 자기네 세력보다 천험天險이다. "사해 육십여 주의 군사를 끌고 온다 하여도 우리 간핫슈의 성 하나를 치려면 삼 년, 오 년이 간대야 범접을 못할 것이다" 하는 것은 간핫슈의 지리地利를 말하는 것이다. 그런데 히데요시의 군사가 간핫슈를 범한 지 백일 만에 오십여 성을 거의 함락하고, 호조씨 집 주인이 지키는 오다와라小田原를 범하게 되니, 호조씨 집 주인은 호조 우지마사北條氏政와 우지나오氏直 부자이다.

우지마사의 아들 우지나오는 도쿠가와 이에야스의 사위이므로, 히데요시가 간핫슈로 출병할 때에 그때 바로 이에야스는 히데요시와 호조씨 사이에 강화를 붙이려고 발 벗고 나섰다. 그러나 호조씨가 히데요시를 만만히 보고 뻗대는 까닭에 히데요시가 도쿠가와 이에야스의 말을 듣지 않게 되니, 이에야스는 자기의 열두 살 먹은 아들을 히데요시에게 볼모로 보내며 "간핫슈 출병은 아직 참으라"고 애걸하다시피 하였다.

히데요시는 이에야스의 아들이 볼모가 되려고 교토에 온 것을 불러보고 "아직 시골떼기 도련님이로구나. 저 더벅머리 북상투나 좀 모양을 내자" 하고 웃으며 이에야스 아들의 머리를 손수 쓰다듬어 올려 밀기름을 칠해주고, 교토의 사치품으로 의복 호사를 시켜서 나흘 동안 묵이다가 도로 돌려보내며 "너희 아버지와 나 사이에 볼모가 다 무어냐. 돌아가거라" 하고 이에야스의 아들을 놓아보냈다.

도쿠가와 이에야스는 히데요시의 도량에 탄복하며 호조씨 집을 구슬렀다. 천하의 대세가 변하여 간다는 이에야스의 말에 귀가 열린 호조씨는 거의 다 성문을 열고 히데요시의 군사를 받아들인 까닭에 히데요시의 간핫슈 토벌이 쉽사리 되는 것이었다. 간핫슈의 형세가 이쯤 되니 호조씨 집 종가宗家가 되는 우지마사 부자도 부하 무사들이 팔뚝을 뽐내며 장담하는 것도 들은 척 아니하고 근친近親 일족과 함께 오다와라성 밖에 나가 히데요시 앞에 항복하였다.

우지마사氏政와 우지테루氏輝는 이날 자살하고, 우지나오氏直는 히데요시의 진에 머물러 있게 되니, 간핫슈의 왕국을 자랑하던 오십팔 성城, 팔십팔 관館, 구십삼 채砦가 곱게 히데요시의 손바닥 위로 떨어졌다.

이 뒤에 히데요시가 회군回軍할 때 호조 우지나오를 오사카로 데리고 돌아와 오다 노부카쓰가 살았던 집을 내주고 사야마狹山의 일만 석 영토를 주었는데, 이듬해 봄에 우지나오가 홍역紅疫을 하다가 죽으니 호조씨 집 종사宗祀가 끊기었다.

그러나 히데요시가 손을 한번 더 대야 할 곳은 오우 지방이다. 오우란 지방은 동방의 오랑캐 나라라 하는 곳이다. 이전부터 오우 사람들은 황실을 모르는 까닭에 오닌應仁 이전에도 총추포사總追捕使가 여러 번 내려갔으나 가는 대로 쫓겨 왔으니 오닌 이후의 일은 말할 것도 없는 일이다.

이번에 히데요시는 제후를 토벌하여 황실의 존엄을 회복하려 하는 일이다. 오우를 마저 치기로 하고 간핫슈에서 군사를 옮기어 바로 에도江戸로 향하여 오우 지방을 범하니, 이때 당시 오우 지방의 주인공은 눈 한쪽이 궂은[2] 다테 마사무네伊達政宗이다.

다테 마사무네의 군사가 히데요시의 군사를 한바탕 맹렬히 대항하여 보았으나 히데요시의 말마따나 저희가 적은 싸움은 잘 하였을는지 몰라도 워낙 큰 싸움에 들어서야 히데요시의 대군 앞에 발도 못 붙일 일이다. 다테 마사무네는 우쓰노미야宇都宮 밖에 항기降旗를 꽂고 히데요시의 본진인 덴토쿠지天德寺로 찾아와서 머리를 숙일 때에 히데요시는 다테 마사무네를 불러올려 친절한 대우를 하며 "네가 눈이 하나이니까 내게 항복을 하지, 만약 두 눈이 성했다면 나에게 항복을 받을 뻔하였다" 하고 쾌활하게 웃었다.

오우의 다테 마사무네가 끝으로 항복하니 히데요시가 오다 노부나가의 사업을 이어 오사카에 근거를 잡은 뒤에 히데요시의 군사가 규슈에서 시작하여 오우에 이르기까지 육십여 주를 멍석 말듯 한 일이 실로 덴쇼天正 십팔 년 한 해 동안의 일이다.

히데요시의 군사는 천하태평의 개가凱歌를 부르며 각기 본영으로 돌아간 뒤에 히데요시는 각처 제후들에게 영토를 분배하여 주는데, 간핫슈의 칠십만 석 영토가 되는 여덟 나라를 도쿠가와 이에야스에게 베어주고, 이에야스의 이전 영토였던 스루가駿河, 미카와三河, 도토미遠江의 다섯 나라는 오다 노부카쓰에게 주었다.

---

2 궂다에는 눈이 멀다는 뜻이 있다.-편집자

다테 마사무네의 초상(도사 미쓰사다土佐光貞, 도후쿠지東福寺)

그러나 노부카쓰는 오와리尾張의 선영先塋을 떠나지 않겠다고 관백의 명령을 거부하는 것이 히데요시는 괘심하여 오다 노부카쓰는 무쓰奧州 아키다秋田로 정배定配[3]를 보내고 백만 석 직위를 주었다.

3　정배(定配)는 죄인을 지방이나 섬으로 보내 정해진 기간 동안 그 지역 내에서 감시를 받으며 생활하게 하던 일 또는 그런 형벌을 말한다.-편집자

하편 下篇

1. 조선의 통신사

히데요시는 손쉽게 국내를 평정한 뒤에 다시 한걸음을 내쳐서 국외 출정을 도모하니, 히데요시의 국외 출병은 먼저 조선을 범하게 되는 것이다. 천하태평의 개가를 부르고 돌아오는 이듬해 봄에 제후를 오사카성으로 모아들여 조선 출병할 일을 의논하고[1] 먼저 조선에 통

---

1 히데요시가 조선에 출병하려는 그 이유가 대체 무엇인가? 여기에 대하여 말이 많다. 조선 기록으로는 히데요시가 의병(義兵)을 일으킨 것도 아니오, 부득이 치지 않고서는 안 될 것도 없는 경우에 출병을 한 것은 한갓 싸움을 즐기는(貪兵) 히데요시의 심술이라고 유성룡이 『징비록(懲毖錄)』에서 잘라 말하였지만, 일본 기록으로 보면 아사카 단파쿠(安積澹泊)는 천하가 평정되니 군사를 쓸 곳이 없음으로 그 근질근질한 마음을 가라앉힐 수 없어서(不能自克其多心) 군사를 바다 밖으로 꺼내기로 작정한 노릇이라 하고, 라이산요(賴山陽)의 말에는 천하의 뭇 영웅들이라는 것은 어떻게든 물고 뜯고 때리고 치고(搏擊) 해서 제 힘을 제가 죽이고야(自殺其力) 만다 하였으며, 혹은 히데요시가 천하를 얻어놓고 보니 전공(戰功)을 세운 장수들에게 나누어줄 땅이 부족해서 영토(領土)를 좀 더 얻어 보려 한 것이라고도 한다. 또 히데요시가 전국시대를 평정하고 나니 여러 해 동안 싸움에 젖은 무사들을 그냥 두어서는 자중지란(自中之亂)이 일어날까봐 그 무사의 패를 바다 밖으로 몰아내어 힘을 죽여 놓으려 한 계획이라고도 하고, 혹은 외국과의 통상무역(通商貿易)을 위함이라 하는 말을 반대하여 히데요시는 통상무역과 같은 일에 대해서는 지식이 소매(素昧)할 뿐 아니라 장사하는 사람 이상의 영웅한(英雄美)이라고 구구한 추측(推測)도 하는데, 지금 와서 도쿠도미 소호(德富蘇峰) 같은 사람은 히데요시가 원정군을 낸 것은 알렉산더대왕이나 나폴레옹이나 칭기즈칸 같은 패들과 같이 한갓 정복욕(征服慾)에서 나온 것이 아니라 대제

신사通信使를 보낼 일을 결정하였는데, 조선의 통신사절使節은 조선에서 가까운 쓰시마 도수島守에게 맡겼다. 쓰시마 도수는 젊은 소 요시토시宗義智2였다.

소 요시토시는 관백이 주는 국서國書를 받아가지고 본도에 돌아와

국(大帝國)을 건설(建設)하려 한듯 하다는 말은 곧 대륙연장(大陸延長)주의라는 말이니, 이는 히데요시가 그 아들 관백 히데쓰구(秀次)에게 혹은 그 부인 기타노만도코로(北政所)에게 보낸 서신을 가지고 하는 말 같으나 그때 히데요시 시대의 정도쯤으로 대륙연장주의라는 것을 실행하려 했다고는 단언하기 어렵다. 그때 일본이 비록 백인(白人)의 풍조(風潮)를 맛보아서 해외 소식을 접촉하게 되었다 할지라도 외국에 대해 통상 혹은 포교(布敎) 정책에 지나지 못할 것이오, 도리어 전국시대의 기습(氣習, 풍습)으로 공성략지(功城略地)에 가까운 일일 것이며, 그렇지 않다면 히데요시가 당초에 통신화호(通信和好)를 조선에 요구한 것과 같이 조선이나 명나라에 대하여 통신사절이나 자주 교환(交換)하자 한 노릇이 조선에서 거절하는 데 발끈하여 군사를 일으킨 것이 사실에 가까울 것이다. 그런데 그 당시 불을 받고 마는 조선의 사정을 돌아보면, 일본의 전국시대가 평정된 것이 조선에는 불행이었다. 설사 그렇다 하더라도 일본의 전국을 평정한 것이 차라리 보수(保守)에 만족했을 아시카가(足利)씨이거나 그렇지 않으면 성미가 추군추군한 도쿠가와(德川)씨만 같아도 조선에 그렇게 될 불은 떨어지지 않았을 것이다. 일본의 전국이 공교롭게 오다(織田)씨나 히데요시의 손으로 번개 치듯 평정하게 되니 그 파문(波紋)이 조선이나 명나라로 밀려갈 것은 막을 수 없는 일이었을 것이다. 그러면 그때 조선의 형편은 어떠하였나. 고려 말년에 물밀 듯 밀려오는 일본 군사의 세력을 이태조의 손으로 막아내었건만 어쩐지 이태조 자신이 조선 천하를 차지한 뒤로는 도리어 해외(海外)에 대한 방비가 소홀하였다. 외교에 있어서는 다만 명나라 하나만 올려 앉히고, 군사(軍事)라면 북도(北道)로 침입하는 호병(胡兵)을 방비하는 것으로 충분하다고 알아서 북방의 국경만 지켰다. 왕실 안에서는 골육(骨肉) 전쟁만 잦아서 태조 때부터 중요한 재신(宰臣)들이 왕실의 골육전쟁의 와중(渦中)에서 이리 몰리고 저리 몰리고 하다가 죽임 사태가 여러 번 나는 통에 군사상 일과 같은 것은 돌아볼 겨를이 없었다. 더군다나 이씨의 시대를 끝까지 쇠약하게 하는 붕당(朋黨) 싸움이 임진란을 앞에 두고 선조 초년부터 시작되었으니, 실상 이 당시에 조선의 내정은 남이 알기가 겁나는 판이다. 그런즉 선조의 시대가 히데요시의 당년과 마주친 것은 마치 지구(地球)덩이가 운석군(隕石群)의 농후(濃厚)한 층대(層臺)를 횡단(橫斷)하는 시기와 같이 위험하게만 되었다.

2 소 요시토시는 쓰시마 도수로 세습하는 소씨(宗氏)이니 히데요시에게 조선 사절(使節)을 받을 때 그 아버지 소 요시시게(宗義調)와 같이 받았다 한다.

자기 집의 공이 많고 조선 사정에 익달한 다치바나 야스히로橘康廣[3]
를 조선에 보내니, 다치바나 야스히로가 가지고 나오는 국서는 그 뜻
이 "일본이 명나라를 칠 터이니 조선은 이전 고려高麗시대에 원元나라
의 선봉이 되어 일본을 친 일과 같이 지금 조선은 일본의 선봉이 되
어 명나라를 치자" 하는 것이다.[4]

다치바나 야스히로가 조선에 나온 일이 여지없이 실패되어 들어
가니 히데요시는 분이 나서 다치바나 야스히로의 목을 베고 다시 소

---

3 다치바나 야스히로는 유즈야 야스히로(柚谷康廣)로 기록한 데도 있다.

4 히데요시의 국서에 조선이 고려시대에 원나라의 선봉이 되었다는 구절을 풀어 말
   하자면, 원나라를 연장(延長)한 명나라와 일본과의 관계를 그 처음부터 잠깐 설명
   하는 것이 좋을 것 같다. 명나라 한참 이전에 진(秦)나라 그 전에는 동해 바다 속에
   는 사람이 사는 땅이 없이 물만 가득 찬 줄로 알았던 것이, 욕심이 많은 진시황(秦始
   皇) 시대에 서복(徐福)이라는 술객이 진시황을 속여 넘겨 죽지 않는 불사약(不死藥)을
   구해주겠다며 동남동녀(童男童女) 백 인을 얻어서 배에 싣고 들어간 뒤로 회보는 다
   시 없었으나 동해 바다 속에도 사람이 사는 땅이 있는 줄은 알았던 것이다. 그러나
   그 땅의 사람들이 어떻게 하고 살아간다는 것은 이내 몰랐는데, 수(隨)나라 문제(文
   帝) 때에 와서 동해 바다 속에 있는 일본이라는 나라에서 국서를 보냈는데, "해 뜨는
   곳의 천자(日出處天子)가 해지는 곳의 천자(日沒處天子)에게 국서를 보낸다"고 한 것을
   받아 보고 인간에게 천자가 하나뿐으로만 알았던 수나라 사람들은 금방 하늘에서
   해가 둘이 떠오른 것 같이 인간의 재변(災變)이라고 떠들었다. 그 뒤에 당(唐)나라가
   된 뒤로는 일본과 교통이 잦게 되어 일본에서 당나라를 숭배하기를 조선이 명나라를
   숭배하기보다 심하게 하여 오더니, 원(元)나라 때에 이르러 세조 홀필렬(忽必烈)이 동
   정행성(東征行省)을 배치하고, 일본을 칠 때에 원나라의 우부원수(右副元帥) 홍다구
   (洪茶邱)와 고려의 제독 김방경(金方慶)이 군사를 연합하여 일본의 쓰시마(對馬島), 이
   키(壹岐), 치쿠젠(筑前), 치쿠고(筑後)를 쳤지만 별 소득이 없으니까 원나라는 다시 도
   원수 범문호(范文虎)를 내놓아 삼천오백 척의 의병선에 강남군(江南軍) 십만과 고려
   군사 사만을 합하여 두 번째 일본에 들어갔다가 노코(能古), 시가(志賀) 지방에서 무
   서운 패풍(颶風)을 만나 원나라 군사 십만과 고려 군사 칠천을 물속에 장사하고 돌아
   온 일이 있었다. 일본에서 전자를 분에이노에키(文永の役)이라 하고, 후자를 고안노
   에키(弘安の役)이라 하는 것이니, 이번 히데요시의 국서에 쓴 것이 그때 일을 말하는
   것이다.

조선으로 건너온 다이라노 시게노부와 겐소(『회본조선군기繪本朝鮮軍記』, 국문학자료연구관國文學研究資料館, 이하 같음)

요시토시를 불러 "네가 가거라!" 하고 부하 다이라노 시게노부平調信**5**
와 중僧 겐소玄蘇**6**를 같이 보냈다.

소 요시토시 일행이 조선으로 건너와 경성에 들어온 뒤에 예조禮曹
의 융성한 대접을 받으며 여러 날을 묵고 있더니 하루는 이조판서吏

---

5 다이라노 시게노부(平調信)는 야나가와 시게노부(柳川調信)로 부르는데, 시게노부는
   호(號)라 한다.

6 겐소(玄蘇)는 센소(仙巢)라고 부르기도 하는데, 하카다(博多) 쇼토쿠지(聖德寺)의 중
   (僧)으로 쓰시마에 와 있다가 소 요시토시가 책사(策士)로 데리고 나온 것이다. 겐소
   는 선조 13년 경진(庚辰)에도 부산까지 나와서 조선 땅을 밟아본 일이 있다 한다.

曹判書 이덕형李德馨[7]이 찾아와서 재미있는 말로 몇 마디 수어(酬語, 응대)하다가 "일본에서 조선에 통신을 하려거든 일본에 들어가 있는 조선 반민叛民을 잡아 보내면 되리다" 하는 말을 넌지시 던진다. 소 요시토시는 "그것은 아주 쉬운 일이오" 하고 대답하고 곧 다이라노 시게노부를 일본으로 보냈다.

히데요시는 소 요시토시가 통지한 것을 보고 일변 규슈九州 바닷가로 흩어져서 조선 반민 일백육십여 인을 잡아 보냈더니[8] 이듬해 봄에 조선통신사 황윤길黃允吉과 김성일金誠一 일행이 들어왔다. 히데요시는 황윤길 일행을 맞아들여 국서를 읽어보니 교묘하게 글치레뿐이다. 히데요시는 "내가 누구인지 모르는구나. 내가 조선의 글을 보자 하는 것이 아니다" 하고 회답을 써서 황윤길 일행에게 내어주니, 그 뜻이 이러했다.

"수백 년 동안 산란하던 천하를 일 년 만에 평정한 히데요시를 아는가? 우리 어머니가 나를 설 때에 해를 삼키고 나를 낳았다. 관상쟁이가 나를 보고 해 돋는 곳에는 아니 비치는 곳이 없다 하더니 장성하면서부터 내 이름을 천하에 떨쳤다."

대강 이러하여 조선의 겸양謙讓을 숭상하는 사람의 눈에는 쑥스럽기 짝이 없는 말이다.

---

7 이덕형(李德馨)은 한음(漢陰)이니, 한음이라면 더 잘 아는 터이다.
8 조선에 잡혀 나온 사람은 반민의 주령(主領)이라는 사을골(沙乙骨)을 비롯하여 삼보라(三甫羅), 망고시라(望古時羅)의 무리와 또 포로(捕虜)로 잡혀갔던 김대기(金大璣), 공대원(孔大元)의 무리였는데, 반민은 동대문 밖에서 참형(斬刑)을 하였다 한다.

히데요시를 방문한 조선통신사 일행(『회본태합기』)

　황윤길 일행이 조선에 나온 뒤에 왕은 정사正使 황윤길에게 "히데
요시의 위인이 어떻더냐?" 하고 물으니 윤길은 "히데요시의 눈에 정
기 쏘이는 것이 반드시 조선에 출병을 하고야 말 것입니다" 하고 대답
하여 왕은 대신을 모으고 국내의 군비 단속할 일을 의논하다가 다시
부사副使 김성일을 불러 히데요시의 위인을 물었다. 김성일은 "히데요
시의 눈이 쥐눈鼠目 같아 큰 뜻이 없는 인물이올시다" 하고 대답한다.

　왕은 두 사람의 말이 누가 옳은지 알 수 없어서 일본에 대한 일을
대신들에게 미루어 맡겼더니, 대신들은 "태평성대太平聖代에 군사가 다

무엇이냐" 하고 군비에 대한 일은 덮어두는 통[9]에 황윤길을 따라왔던 다이라노 시게노부는 조선에서 적확한 회답을 못 얻고 돌아가는 길에 부산釜山에 와서 배를 타니 조선에서 글치레를 훌륭하게 한 국서를 가져다준다.

다이라노 시게노부는 국서를 받아가지고 쓰시마로 들어가 소 요시토시에게 주었더니, 소 요시토시는 이러한 국서만 가지고 통신사절을 다하였다고 할 수 없다 하여 작은 배를 타고 나는 듯이 조선에 들어와 왕께 보이고 히데요시의 뜻을 말하니, 왕은 "일본이 명나라를 친다 하는 것은 가재蟹가 바다를 건너려 하고, 벌蜂이 거북龜의 등을 쏘려 하는 셈이다" 하고 거절하였다.

---

9 김성일의 말이 조정에 신용된 것은, 그가 부전적(副典籍)인데다 벼슬이 사성(司成)이고 고문관이며 동인(東人)인 탓이다. 그에 비해 황윤길은 벼슬이 첨지(僉知)이고, 무관이며 서인(西人)으로 황의 세력이 김만 못하였고, 또 김성일이 황윤길의 말을 반대하는 것은 황윤길이 일본에서 히데요시를 만나볼 때 몹시 겁을 내는 것이 미웠다 한다. 통신사가 일본에 들어갈 때 서장관(書狀官)으로 허성(許筬)과 차천로(車天輅)도 들어갔다 한다.

2. 태합太閤으로 올라앉아

히데요시가 조선에 통신하는 일이 실패되니 "이래서는 안 되겠다" 하여 관백은 자기 아들 히데쓰구秀次에게 넘겨 내정內政을 맡기고, 자기는 태합太閤[1]이 되어 들어앉아서 온전히 원정군遠征軍에 대한 일만 보기로 하였다.

히데요시가 태합이 되어 들어앉은 날부터 조선 출병을 준비하는데, 십만 석 영토를 가진 제후에게는 큰 배大船 두 척씩을 새로 지어 오게 하고[2], 군사는 일만 석 제후가 백 호戶에 대하여 열 명씩 뽑아내게 하니 '시코쿠四國, 규슈九州에 육백 인, 주고쿠 기슈中國 紀州에 오백 인, 고키나이五畿內에 사백 인, 오미近江와 이세伊勢, 오와리尾張, 미

---

1 태합의 정식명칭은 태합하(太閤下, 다이코카)이다. 태합은 좁은 의미로는 섭정 또는 관백직을 그 후계자에게 물려준 인물을 가리키며, 넓은 의미로는 현직 태정대신(太政大臣)과 좌대신(左大臣), 우대신(右大臣)의 삼공까지를 포함한다. 일본 역사상 가장 유명한 태합은 역시 도요토미 히데요시인데, 본문에 나온 것처럼 아들 히데쓰구(秀次)에게 관백을 물려준 뒤에 태합이 되었다. 일본에서는 히데요시의 성(豊臣)을 붙여서 풍태합(豊太閤)이라고 하는 경우가 많다. – 편집자

2 이때 일본 병선은 예수교 선교사들의 소개로 포르투갈(葡萄牙)의 큰 배(大船巨舶)를 많이 사들였다 한다.

노美濃에 삼백오십 인, 도토미遠江와 미카와三河, 스루가駿河, 이즈伊豆에 삼백 인, 와카사若狹와 노도能登에 삼백 인, 에치고越後, 데와出羽, 무쓰陸奥에 삼백 인' 이러하다.

히데요시는 조선 출병의 군비가 끝난 뒤에 곧 군사를 거느리고 떠나려 하니, 히데요시의 어머니가 "아서라. 내가 이제 살면 얼마나 더 살겠느냐. 죽을 날이 가까운 어미를 버리고 바닷가로 간대서야 내가 잠시인들 마음을 놓을 수 있겠느냐?" 하고 한사코 만류한다.[3]

히데요시는 머리가 파뿌리 같이 센 그 어머니가 만류하는 것을 볼

---

3   히데요시 어머니가 이때까지 살았다는 것이 무라카미 마코토(村上信)의 『풍태합(豊太閤)』에는 없으나 와타나베 요스케(渡辺世祐)의 『풍태합과 그 가족(豊太閤と其家族)』이라는 기록에 보면, 덴쇼(天正) 20년이 곧 분로쿠(文祿) 원년(1592)이었는데, 이 해에 규슈(九州) 사쓰마(薩摩)의 불평당(不平黨) 우메키타 구니카네(梅北國兼)가 난병(亂兵)을 일으켜 시마즈 요시히로(島津義弘) 부자(父子)가 조선에 출병하는 것을 방해하므로 히데요시는 난병을 진압하고 행영으로 돌아와서 칠월 십일일에 어머니 오만도코로(大政所)의 병보(病報)를 받고 나고야 행영에서 배를 타고 교토로 가는 길에 배가 암초(暗礁)에 걸려 죽을 뻔하였다가 겨우 살아났다(垂死幾生) 한다. 또 『히데요시보(秀吉譜)』에는 히데요시가 나고야에서 떠나(發名護屋) 밤낮을 헤아리지 않고(不論日夜) 교토에 가서(赴京而) 그 어머니 동정이 어떠한가를 물으니(問大廳起居何如), 시녀의 대답(侍女曰曰)이 수일 전에 벌써 세상을 떠났다(數日以前旣謝卋矣) 한다. 히데요시가 숨이 콱 막혀서 땅에 넘어지는 것을(秀吉氣息頓絶而仆地) 의원이 약을 먹여놓으니(藥士進藥) 히데요시가 끊임없이 눈물을 쏟으며(秀吉垂淚不止) 정전으로 나아가서 하는 말이(出于全殿謂曰), 내가 이번에 어머님의 종신을 못한 것은(是度不峯萱砌臨死之別) 조선에 원정군을 내었기 때문이다.(是依朝鮮興伐之事也) 애닲다! 가엽기도 하다.(悔恨多端) 그 뒤로 도쿠젠 겐이를 시켜(其後使德善玄以) 다이토쿠지에 가서(赴大德寺) 옥중화상과 의논하여(與玉仲和尙議) 어머니를 다이토쿠지 안에 장사지낼 일을 결정하였는데(藏葬之事大廳于大德寺內) 그 예절이 극진하였다.(其禮甚美) 이렇게 기록하고 다시 말하기를, 히데요시가 그 어머니의 병보를 듣고 교토에 들어간 날이 스무아흐레 날인데, 시녀의 말이 수일 전이라 하였으니 그 어머니가 죽은 날은 칠월 이십칠일이라 하였다. 히데요시 어머니의 나이는 갓 여든(滿八十)이 되는 해라 하였다. 히데요시의 어머니는 이렇게 죽었다 하니 다시 본문에서는 내세울 것이 없이 그만 끝을 맺는다.

때에 이전 나카무라 동네에서 자라날 때 가난한 살림에 애태우던 그 어머니의 일이 다시금 생각나서 지금 만류하는 그 어머니를 떼치고 나서기는 온 전하를 얻는다 하여도 바꿀 수 없다.4 히데요시는 조선 원정군의 본영을 히젠肥前 나고야名護屋에 두기로 하고, 도쿠가와 이에야스와 이시다 미쓰나리石田三成 이하 모든 장수에게 명하여 출정군의 부대를 조직하였다.

일조—組는 일만팔천칠백 인이니, 칠천 인은 고니시 유키나가小西行長, 오천 인은 소 요시토시宗義智, 삼천 인은 마쓰라 시게노부松浦鎭信, 이천 인은 아리마 하루노부有馬晴信, 일천 인은 오무라 요시아키大村喜前=大村嘉前, 칠백 인은 고토 스미하루五島純玄이오. 이조二組는 이만이천팔백 인이니, 일만 인은 가토 기요마사加藤清正, 일만이천 인은 나베시마 나오시게鍋島直茂, 팔백 인은 사가라 요리후사相良頼房이오. 삼조三組는 일만일천 인이니, 오천 인은 구로다 나가마사黑田長政, 육천 인은

---

4 임진년 삼월 십삼일에 히데요시는 출정을 나간다고 발표해놓고 날짜도 물리니 필경은 히데요시가 나서지 아니한 데 대하여 여러 말이 있다. 히데요시가 그 무렵에 안질(眼疾)이 나서 열사흘 날을 스무사흘로 열흘을 물렸으나, 열흘이 지나도 안질이 안 나아서, 또 다시 열흘을 물리어 사월 삼일로 정한 것이라고도 한다. 급기 병선이 떠날 때에 히데요시가 나서지 아니한 것은 그 어머니가 못 가게 말린 까닭이라고도 한다. 혹은 도쿠가와 이에야스와 마에다 도시이에(前田利家)가 만류한 것이라고도 한다. 혹은 여러 장수와 함께 떠나기에 길이 좁아서 나중에 떠나기로 하였다 하기도 한다. 또 시기가 오뉴월경(五六月傾)이 닥쳐와서 풍랑이 험악하여 중시한 것이라고도 한다. 혹은 히데요시가 조선에 나가면 사쓰마의 우메키타 구니카네(梅北國兼)의 난(亂兵)과 같은 일이 일어날까 하여 못 떠난 것이라고도 한다. 혹은 다른 이유가 속 깊이 있다고도 한다. 무슨 이유든지 히데요시가 그때 바로 조선을 나오지는 못하였으나 그 뒤에도 조선을 나온다고 출전 장수들에게 연방 통지는 하였는데, 그 뒤에 나온다고 통지한 것도 역시 조선의 출정 장수들을 성원(聲援)한 데 지나지 못한 일이라 한다.

히데요시와 조선 정벌에 참여한 제후들(「朝鮮征伐大評定圖」, 쓰키오카 요시토시)

오토모 요시무네大友義統이오. 사조四組는 일만육천 인이니, 일만 인은 시마즈 요시히로島津義弘, 일천 인은 모리 가쓰노부毛利勝信, 일천 인은 다카하시 모토타네高橋元種, 일천오백 인은 아키즈키 다네나가秋月種長, 일천오백 인은 이토 스케타케伊藤祐兵이오.

　오조五組는 팔천칠백 인이니, 사천팔백 인은 후쿠시마 마사노리福島 正則, 삼천구백 인은 도다 가즈타카戸田勝隆이오. 육조六組는 일만오천 칠백 인이니, 칠천이백 인은 하치스카 이에마사蜂須賀家政, 삼천 인은 초소카베 모토치카長宗我部元親, 오천오백 인은 이코마 치카마사生駒親 正이오. 칠조七組는 일만오천칠백 인이니, 일만 인은 고바야카와 다카 카게小早川隆景, 일천오백 인은 모리 히데카네毛利秀包, 이천이백 인은 다치바나 무네시게立花宗茂, 팔백 인은 다카하시 나오지高橋直次, 구백 인은 쓰쿠시 히로카도筑紫廣門이오. 팔조八組 삼만 인은 대장大將 모리 데루모토毛利輝元이오. 구조九組 일만 인은 대장 우키다 히데이에宇喜多秀家=浮田秀家이니, 합하여 십오만팔천칠백 인이오.[5]

특별히 구천사백오십 인은 구키 요시타카九鬼嘉隆, 도토 다카토라籐堂高虎, 와키자카 야스하루脇坂安治, 가토 요시아키加藤嘉明의 무리가 거느리고 오사카에서 출발하였다.[6]

이번 군제軍制는 다른 때보다 엄격하여 바다를 건널 때에 말 한 필 사람 하나라도 실수가 있으면 장수를 처벌하고, 바다를 건넌 뒤에도 촌락에 불을 지른다거나 백성을 잡아부리는 데도 어찌어찌 하라는 주의를 시켜, 출정 장수들이 히데요시의 주밀한 계획을 지키게 하였다. 그런 한편으로 행영行營에서 연해 관백 히데쓰구에게 보낸 각서에는 "명년明年이나 내來명년이면 천황의 도읍을 명나라로 옮기고 백百 나라의 조공朝貢을 받을 것이니 그때면 관원들의 식

---

5 이때 진세(陣勢)는 십육조(十六組)로 조직하여 구조(九組)만 먼저 조선에 내보내고 나머지 칠조(七組)는 쓰시마(對馬)와 이키(壹岐)에 주둔해두었다 한다.

6 수군(水軍)의 조직은 오무라 유코(大村由己)의 『천정기(天正記)』에 따르면, 구키 요시타카(九鬼嘉隆) 천오백 인, 도토 다카토라(籐堂高虎) 이천 인, 와키자카 야스하루(脇坂安治) 일천오백 인, 가토 요시아키(加藤嘉明) 칠백오십 인, 구루시마 나가치카(来島長親=康親) 형제 천백 인, 간 마사카게(菅正陰=菅野正影) 이백오십 인, 구와야마 시게카쓰(桑山重勝) 천 인, 구와야마 쇼덴지(桑山小傳次) 천 인, 호리우치 우지요시(堀內氏善) 팔백오십 인, 스기와카 덴사부로(杉若傳三郞) 육백오십 인. 이리하여 구천이백 인인데, 육군이 먼저 떠난 지 며칠 뒤에 쓰시마와 이키에서 떠났다 한다. 그가 육군의 선봉이 사월 십삼일에 부산에 상륙하였고, 수군은 사월 이십칠일에 부산 해면에 도착한 것이 분명하다고 하면 수군이 나중에 떠났다는 것이 맞는 말이다.

조선 정벌군의 출병을 바라보는 태합 히데요시(『회본태합기』)

록食祿이 십 배가 될 것이다" 하는 황잡한 말이 많았다.[7]

　이번에 조선에 출정한 군사는 십오만팔천칠백이었으나 나고야 본영과 이키壹岐, 쓰시마對馬에 주둔한 군사가 십일만이오, 서해西海로 드나드는 군사 삼사만을 합하여 삼십만 군사가 움직였다. 군용금軍用金으로 화강금花降金이니 석천은石川銀이니 하는 돈을 새로 주조하고, 군문

7　일본 기록에는 히데요시가 행영에서 관백 히데쓰구에게 이와 같은 황잡한 서신(書信)을 보낸 것이 여러 장인데, 그 부인 기타노만도코로(北政所)에게도 이러한 서신이 많았다 한다.

의 일반 재정財政은 대장대보(大藏大輔, 재정 책임자) 나쓰카 마사이에長束正家가 맡게 하였다. 그리고 출전 장수의 등용과 상벌賞罰은 치부소보(治部少輔, 행정 담당 관직)는 이시다 미쓰나리石田三成, 형부소보(刑部少補, 사법 담당 관직)는 오타니 요시쓰구大谷吉繼 두 사람에게 맡겼다.

3. 부산에 상륙

오사카에서 떠난 일본 병선이 쓰시마를 거쳐 부산에 들어오기는 사월 십삼일이니, 선조宣祖 이십오 년이라 일본에서는 분로쿠노에키文祿の役라 하고, 조선에서는 임진란壬辰亂이라 하는 것이다. 선봉 고니시 유키나가小西行長가 부산 바다에 안개가 자욱하게 낀 새벽녘에 군사를 상륙시켜 부산 첨사僉使 정발鄭撥의 군사와 맹렬하게 싸워서 선봉 이일운李一雲을 물리치고 부산성으로 쳐들어가니 정발이 활을 들고 앉아서 대항하다가 조총을 맞고 죽는데, 그의 첩 애향愛香도 뒤를 따라 죽는다.[1]

---

1 정발은 부산 첨사로 내려올 때 그 어머니든지 아내든지에게 하직을 하는데, 어머니는 전장에 나간 사나이가 어미 생각일랑 말고 충성을 다하여 난리를 평정하게 하라는 간절한 말에 곁의 사람들까지도 눈물을 흘리게 하였다 한다. 정발이 부산에서 싸울 때에 어떻게나 용맹스럽든지 고니시 유키나가의 진에서 흑의장군(黑衣將軍)을 가까이 말라 하는 경계가 있었다는데, 흑의장군은 정발이 검은 전포(戰袍)를 입었기 때문이라 한다. 싸우다가 화살이 떨어져서 부하들이 물러가자 하니 정발은 "사나이가 죽으면 죽지 남의 대장이 되어서 한 걸음을 물러설 수 있으냐. 나는 운명(運命)을 부산성과 같이 할 터이니 갈 사람은 가거라"라고 말하여 부하들을 흩어 보내는데, 부하들이 울며 돌아섰다 한다. 정발의 첩 애향이 순사(殉死)한 뒤에 정발의 집종(家奴) 용월(龍月)이란 사람이 저 혼자 나서서 대항하다가 죽었다 한다.

「부산진순절도釜山鎭殉節圖」(변박卞璞, 육군박물관)

고니시 유키나가의 군대가 부산을 점령하고 동래東萊를 범하니, 동

래성은 부사府使 송상현宋象賢이 민병民兵을 거느리고 대항하며 좌병

사左兵使 이각李珏에게 구원을 청하였더니2 구원병이 들어오기 전에

동래성이 함락되어 송상현이 잡히게 되었다.3 송상현은 태연하게 걸

상胡床에 걸어앉아서4 꿈쩍 않고 칼을 받으니 첩 금섬金蟾 역시 몸을

피하지 않고 칼을 맞고 죽는다.5

고니시 유키나가가 부산, 동래를 점령하니 뒤를 이어 가토 기요마

사의 군사가 웅천포熊川浦에 상륙하고, 구키 요시타카의 무리가 거느

린 수군水軍만 빼놓고 전부가 상륙하여 동래성으로 모여들었다. 동래

성에 모인 장수들이 경성으로 올라가는 길을 세 갈래로 나누어 중로

---

2 병사 이각(李珏)은 동래성에 들어왔다가 부산이 함락되니까 돌아섰다 하는데, 혹
   은 동래의 구원을 나선 길에 부산이 함락되니 병사는 나는 일도(一道)의 대장인즉,
   밖(外)에서 도내를 지휘할 뿐이라고 하고 군사를 돌려서 소산역(蘇山驛)으로 들어갔
   다 한다.

3 송상현(宋象賢)이 잡히기 전에 일이 급하니까 손에 든 부채(扇)에다 군신의 의는 중
   하고(君臣有義), 부자의 은혜는 가볍다(父子恩輕)는 글을 써서 집종(家奴)에게 주어 본
   집의 그 아버지에게 보냈다 한다.

4 성이 함락되자 송상현은 갑옷 위에 조복(朝服)을 껴입고 북향사배(北向四拜) 한 뒤
   에 걸상에 단정하게 걸어앉았는데, 겐소(玄蘇)가 송상현에게 눈짓을 하여 성 밑의
   빈터(空地)로 피하라는 암시(暗示)를 하였으나 송상현은 모른 체함으로 다이라노 시
   게노부(平調信)가 민망하여 송상현의 옷자락을 잡아당겼으나 꿈쩍도 아니하였다 한
   다. 겐소와 다이라노 시게노부가 이와 같이 송상현을 동정하는 것은, 그 사람네가
   조선에 통신사로 나올 때마다 동래에서 송상현에게 친절한 대우를 받았던 까닭이
   라 한다.

5 송상현이 동래성이 위태할 때에 같이 지내던 신여로(申汝櫓)란 사람은 집으로 가라
   고 권하여 동래에서 떠나게 하였는데, 신여로는 가다가 중로(中路)에서 동래가 함락되
   었다는 소문을 듣고 난리를 당하여 은혜를 저버리는 것은 옳지 못한 행실이라 하고
   도로 동래성으로 쫓아 들어와 금섬(金蟾)이와 같이 순사(殉死)하였다 한다.

「동래부순절도東萊府殉節圖」(변박, 육군박물관)

中路로는 고니시 유키나가의 군사가 나가고, 왼편 길로는 가토 기요마사의 군사가 나가고, 오른편 길로는 구로다 나가마사의 군사가 나가기로 하였다.

조선의 남도는 수백 년 동안 전쟁이란 것은 꿈에도 해보지 못하던 일이라 홀제 칼날을 번득이며 총을 놓으며 쳐들어오는 일본 군사 앞에서 수령守令 방백方伯들이 억지로 민병대나 붙잡아들여 막는다는 것은 모래를 던져 폭포를 막으려 하는 셈이다.

경성에서는 일본 군사가 부산에 상륙하였다는 급보를 받고 조정은 일변으로 도체찰사道體察使[6] 유성룡柳成龍[7]을 내세워서 남로로 장수를 분발하는데, 가운데 길목은 순변사巡邊使 이일李鎰이 내려가고, 왼편 길로는 방어사防禦使 성응길成應吉이 내려가고, 오른편 길로는 방어사 조경趙敬이 내려갔다. 조방장助防將 변기邊璣는 조령鳥嶺 목을 지키게 하고, 조방장 유극량柳克良은 죽령竹嶺을 지키게 하고, 팔도순변사八道巡邊使 신립申砬은 남도를 순회하며 장수들을 지휘하기로 하였는데, 군안을 들여놓고 군사를 부르니 들어오는 군사가 모두 시정市井의 작란군(장난꾼)들이다.

쓰나 못 쓰나 몇 명씩 거느리고 떠난 뒤에 신립이 떠나려 하니 군사도 없고 말도 없어서 군사는 뒤에 보내주기로 하고 대신 집의 말을 빌어 타고 나섰다.

6　전쟁이 났을 때 군무를 맡아보던 최고의 군직-편집자
7　유성룡은 임진란에 가장 애쓴 유서애(柳西厓)라는 이다.

4. 조령을 넘어

　동래에서 올라오는 일본 군사는 세 갈래로 나누어 제일진 고니시 유키나가는 양산梁山, 밀양密陽, 청도淸道를 거쳐 대구大邱, 인동仁同, 선산善山을 지나 상주尙州로 가는 가운데 길로 나섰다. 제이진 가토 기요마사는 장기長鬐, 기장機長에서부터 울산蔚山, 경주慶州, 영천永川, 신녕新寧, 의흥義興, 군위軍威에서 비안比安, 용궁龍宮을 지나 풍진豊津을 건너 문경聞慶으로 가는 왼편 길로 나섰다. 제삼진 구로다 나가마사는 김해金海로 나서 성주星州 무계현茂溪縣에서 강을 건너 지례知禮, 금산金山을 지나 추풍령秋風嶺을 넘어 충청도 영동永同에서 청주淸州로 가는 오른편 길로 나섰다.

　제일진 고니시 유키나가의 군사가 상주에 이르러 이일의 군사와 맞닥뜨렸는데, 이일은 다년간 북병사北兵使로 있으며 호병胡兵과 싸울 때에 명장으로 이름을 천하에 떨친 장수였다. 그러나 명장이라는 이일도 군사의 수효가 워낙 달리어 할 수 없이 군사를 패하고 도망하니, 고니시 유키나가가 상주를 함락하고 군사를 몰아 조령을 넘으려 하였다. 조령 밑에 이르니 험악한 산 위로 삼십 리를 뻗쳐나간 외길목

왕에게 검을 하사받은 신립(『회본조선군기』)

에 군사 하나만 지키고 있어도 관문關門을 두드릴 수가 없이 되었다.

그동안에 순변사 신립은 충청도로 내려와 도내의 군사를 모집한 것이 기병 팔천이다. 신립은 상주에서 이일의 군사가 싸운다는 소문을 듣고, 이일을 구원하려고 충주忠州에서 상주로 가는 길에 조령 관문에서 이일이 패하였다는 소식을 듣고 돌아서려 하니[1] 종사관從事官 김여물金汝岉이 조령을 지키자고 권하였다. 신립은 "우리는 기병이오 저쪽은 보병인즉 기병이 산골에서는 힘을 쓸 수 없으니 충주로 물러

---

1 이때 신립이 조령을 올라섰다가 돌아섰다고도 하고, 부하들이 조령을 지키러 가자는 것을 듣지 않았다고도 한다.

일본 군사에 맞서 싸우는 종사관 김여물의 분전(『회본조선군기』)

가서 야전野戰을 해야 한다” 하고 군사를 물려 충주로 돌아와 달천강
㙜川江을 뒤에 두고 탄금대彈琴臺 밑에 진을 쳤다.[2]

---

2 신립이 조령을 지키지 아니한 것을 명나라 장수 이여송도 한탄하였고, 조선에서는
지금까지 신립의 실수라 한다. 그러나 신립의 그때 경우를 살피지 않고 덮어놓고 실수
라고만 하기는 애매하지 않을까 한다. 신립은 팔도순찰이었으니 팔도를 감시할 책임
을 가진 터에 조령은 지키는 조방장(助防將)이 있은즉, 조령의 관문은 조방장의 군사
몇 명만 지켜도 깨어지지 아니할 천험(天險)인데, 영남(嶺南)의 세 길목으로 올라오는
일본 군사가 조령으로만 오는 것이 아니라 죽령으로도 넘을 터이니 충주에서 진을 치
면 조령과 죽령의 두 길목을 막는 것인즉 조령만을 지키지 아니할 만한 이유가 있었
다. 또 기병의 형세가 산골보다 들판이 나을 뿐 아니라 그때 신립의 군사가 새로 주워
모은 군사여서 신립의 말마따나 죄다 서투른 군사(兵皆白徒)인즉, 예리(銳利)한 일본
군사를 대적하려면 죽을 땅에 다 집어넣고 악전고투(惡戰苦鬪)를 시험할 만한 이유도
있었을 것이다.

조령을 무사히 넘은 고니시 유키나가는 단월역丹月驛에서 군사를 정돈하여 신립의 군사를 두 길로 쳐들어가다가[3] 신립의 진에서 내닫는 기병의 말굽에 전군이 함몰하게 되었다. 마침 죽령을 넘어선 가토 기요마사의 군사가 이르러[4] 신립의 진을 좌우로 치게 되니 온 종일 싸움에 지친 신립의 기병이 쫓기다가 달천강으로 몰려 들어가고 종사관 김여물까지도 물로 뛰어들었다.

신립은 혼자 탄금대로 올라가서 활을 달려 적장을 쏘다가 화살이 떨어져서 강물에 몸을 던졌다.[5]

---

3 일본 군사는 단월역(丹月驛)에서 길을 나누어 대진(大陣)은 곧장 충주성(忠州城)으로 들어가고, 좌군(左軍)은 달천강 기슭으로 물을 따라 내려가고, 우군(右軍)은 산을 끼고 돌아서 동편 상류에서 강을 건넜다 한다.

4 충주에 들어온 가토 기요마사의 군사는 문경(聞慶)에서 고니시 유키나가의 군사와 합하여서 조령을 같이 넘었다고도 하는데, 기요마사가 사월 이십팔일에 충주에 왔다고도 하고, 이십육일에 왔다고도 하니 신립이 패전한 날이 사월 이십칠일이 분명하다 하면 기요마사가 탄금대 싸움에 참여하였는지 못하였는지 또는 조령으로 넘었는지 죽령으로 넘었는지는 명백하지 않다.

5 신립이 싸울 때에 탄금대 위에서 활을 쏘다가 깍지손이 불이 나면 탄금대에서 뛰어내려 달천강물에 손을 적시고 하기를 아홉 번이나 하였다 하여 탄금대에 구초대(九超臺)라는 흔적이 지금도 가시지 아니하였다 한다.

5. 경성이 함락

충주를 점령한 일본 군사는 다시 두 갈래로 갈리어 고니시 유키나가는 여주驪州로 나서서 동편 길로 올라오고, 가토 기요사마는 죽산竹山으로 나서서 남편 길로 올라오게 되었다.[1] 경성에서는 순변사 신립이 조령을 넘어선 일본 군사에 패하였다는 장계狀啓가 올라오니 물 끓듯 소동이 일어나며, 조정은 남삼도南三道의 감사[2]에게 명하여 각기 도내 군사를 거느리고 경성으로 올라오게 하고, 왕자 임해군臨海君은 함경도咸鏡道로 들어가고 순화군順和君은 강원도江原道로 들어가[3] 관동관북關東關北에서 근왕병勤王兵을 모집하게 하였다.

---

1 충주에서 경성을 오는 남편 길은 죽산, 용인으로 통하고, 동편 길은 여주, 양근으로 통하였다 한다.

2 남삼도의 충청감사는 윤선각(尹先覺)이오, 전라감사는 이광(李洸)이오, 경상감사는 김수(金睟)라 한다.

3 이때에 왕은 이조(李朝)의 선조대왕(宣祖大王)이니 태조(太祖) 7년, 정종(定宗) 2년, 태종(太宗) 18년, 세종(世宗) 31년, 문종(文宗) 2년, 단종(端宗) 3년, 세조(世祖) 13년, 예종(睿宗) 1년, 성종(成宗) 25년, 연산군(燕山君) 11년, 중종(中宗) 39년, 인종(仁宗) 1년, 명종(明宗) 22년, 당저즉위(當宁卽位) 25년, 이리하여 태조가 개국(開國)한 지 201년경의 열네 번째 임금이니, 임해군(臨海君)은 맏왕자로서 영중추(領中樞) 김귀영(金貴榮), 칠계군(漆溪君) 황정욱(黃廷彧) 이하 황혁(黃赫), 이개(李墍)의 무리가 따랐다 한다.

그리고 이원익李元翼은 평안平安감사로, 최흥원崔興源은 황해黃海감사로 황평양서黃平兩西의 군사를 일으키게 하고, 일변 대신이 소청疏請하는 대로 둘째 왕자 광해군光海君을 세자世子로 책봉하여 군국대사軍國大事를 맡기고, 왕의 대가大駕는 호종대신扈從大臣 백여 인을 이끌고 서도西道로 파천播遷하니4 경성은 도원수 김명원金命元과 유도대장留都大將 이양원李陽元이 지켰다.

충주에서 동편 길로 접어든 고니시 유키나가의 군사는 여주에서5 양근을 지나 경성 동대문 밖에 이르니 성안이 조용하다.6 유키나가

4　호종대신은 영의정(領議政) 이산해(李山海)를 비롯하여 유성룡(柳成龍), 윤두수(尹斗壽), 이항복(李恒福)의 무리라 한다. 왕이 경성을 출발할 때에 윤두수는 북도가 군사가 강하고 구석지니 함경도로 가자고 하고, 이항복은 의주로 가서 명나라로 들어가자 하는 것을 유성룡이 두 사람의 의견에 반대하였는데, 북도는 교통이 불편하고 만약 명나라로 왕의 대가가 들어간다고 하면 조선 땅은 우리 소유(所有)가 아니니 못한다고 하고 왕의 앞에서 물러나간 뒤에 유성룡이 이항복을 보고 "어찌하여 왕이 조선을 떠난다는 말을 입 밖에 낸 말이오. 만약 이 말이 퍼지면 인민이 소동될 것이니 어찌하려고 그런 말을 경솔하게 하오" 책망하니 이항복이 사과하였다 한다. 그리하여 왕의 일행은 서도로 가기로 결정하고 왕의 대가가 개성에 들어간 때에 왕은 남대문루(南大門樓)에서 개성의 부로(父老)들을 불러 위로하며 각기 소회(所懷)를 말하라 하니, 부로들의 말이 "이번 외란(外亂)은 대신 이산해와 국척(國戚) 김공량(金公諒)이 안팎으로 정사를 그르쳐서 외병(外兵)을 불러들인 것이니 우선 이러한 무리를 斥고 정정승철(鄭政承徹)을 불러드리소서" 하고 말하여 왕은 곧 강화(江華)에 귀양 가 있던 정철을 불러들이고, 대신을 갈아서 이산해 대신 최흥원(崔興源)을 영의정으로, 윤두수로 좌의정(左議政), 유홍(俞泓)으로 우의정(右議政)을 삼았다 한다.

5　여주에는 조방장 원호(元豪)가 뱃길을 끊어놓는데, 강원감사 유영길(柳永吉)이 원호를 부른 까닭에 고니시 유키나가의 군사가 강을 건너왔다 한다.

6　경성에서는 왕의 대가가 궁문(宮門)을 떠나 서대문(西大門) 밖에 나선 뒤에 곧 민란(民亂)이 일어나서 남대문 안 창고(倉庫)에 불을 질러 연기가 하늘까지 치미는 것을 호종대신들이 보고도 왕에게는 말을 못하였다 하고, 혹은 그 즉시로 관민이 일어나 공사노비(公私奴婢) 문서가 있는 장례원(掌隸院)과 형조(刑曹)를 불 지르고, 궁성(宮省)을 태우고, 내탕고(內帑庫)를 헐어 재물을 빼내고, 창경궁(昌慶宮), 창덕궁(昌德宮), 경복궁(景福宮)에 불을 놓아 나라에서 전해오는 보기(寶器)와 문서를 재가 되게 하였다 한

선조가 한양을 버리고 몽진蒙塵하는 모습(『회본조선군기』)

는 웬일인지 몰라서 동대문 왼편의 수문水門을 깨뜨리고 성안에 들어

서도 누구 하나 내닫는 사람이 없다. 유키나가는 더욱 의심하여 길거

리에서 물건을 파는 장사 하나를 붙잡아놓고 성안 형편을 물으니 왕

의 대가가 사흘 전에 파천하여 성안이 비었다고 한다. 유키나가는 그

제야 마음 놓고 성안의 큼직한 집을 골라 군사를 쉬게 하니 이때 도

다. 왕이 경성을 떠나던 사월 삼십일 새벽에 큰비를 맞으며 성문을 나섰다고 하기도
하고, 사현(沙峴)을 넘어 석다리(石橋)를 지나니 큰비가 쏟아졌다고도 하니, 그때에 큰
비가 온 것은 사실인즉 호종대신들이 불 지른 연기를 보도록 급히 불을 지른 것 같지
는 않다.

원수 김명원은 군사를 몰고 한강漢江으로 나아가서 남대문으로 통하는 길만 지키느라고 동대문으로 들어오는 것은 모르는 일이다.

유키나가가 경성을 점령한 이튿날, 가토 기요마사의 군사가 한강에 이르러 제천정濟川亭에 결진한 김명원의 군사와 밤낮 이틀을 맹렬히 싸워서 물리치고 남대문 밖에 이르니 성안은 벌써 유키나가가 점령하였다. 기요마사는 유키나가에 선손을 빼앗긴 것이 분하여 성안에 들어오지 않고 남대문 밖에 유진하였는데[7] 동래에서 오른쪽 길로 올라오던 구로다 나가마사는 용인 광교산光敎山에서 남삼도감사의 연합군에게 포위되었다가 겨우 빠져 올라왔다.[8]

구로다 나가마사의 군사가 올라온 뒤에 대장 우키다 히데이에宇喜多秀家의 진은 경복궁 안에 두고 여러 장수가 대장의 진에 모여 서로

---

7 가토 기요마사가 고니시 유키나가를 시기하여 성안에 들어오지 않고 남대문 밖에 유진하였다는 것은 그 두 사람 사이가 좋지 못하다는 관계는 다음에 말할 기회가 있음으로 여기에서 그만두겠다. 두 사람이 경성에 들어온 날짜가 고니시 유키나가는 오월 이일 술시(戌時)에 들어오고, 가토 기요마사는 오월 삼일 술시에 들어왔다 하니, 그러면 기요마사가 남대문 밖에 있는 것이 아니라 경성에 들어온 것이며, 또는 그의 군사가 한강에서 김명원의 군사와 밤낮 이틀을 싸웠다 하면 유키나가보다 온 하루를 나중에 왔다는 것이 그럴 듯한 말이다.

8 그런데 우키다 히데이에(宇喜多秀家)는 오월 팔일에 경성에 들어오고, 구로다 나가마사와 오토모 요시즈미(大友義純)는 오월 칠일에 경성에 들어왔다는데, 오른편 길로 올라오던 구로다 나가마사는 영동(永同)을 지나 청주성(淸州城)을 파하고 다시 용인 광교산에서 남삼도감사의 연합군과 싸웠으면 이 날짜에 경성에 오지 못했을 것이니, 구로다 나가마사가 경성에 들어온 날짜가 맞는다면 용인 광교산 싸움은 그의 군사가 아닌지도 모를 일이다. 남삼도 연합군이 용인에 이르러 북두문산(北斗門山) 위에 일본 군사가 진을 친 것을 보고 이광이 치려 하니까 중위장(中衛將) 권율(權慄)의 말이 "여기서 경성이 머지 아니하니 곧장 한강(漢江)을 건너 임진(臨津)의 요해처를 막을 것이오. 적은 적군(小敵)과 싸우고 있을 것이 아니요" 하는 말을 이광이 듣지 않았다 하니 "적은 적군"이라는 것이 누구의 군사인지 알 수 없다.

로 들어간 왕의 일행을 추격하기로 하는데, 고니시 유키나가와 구로다 나가마사의 무리는 서도로 향하고, 가토 기요마사는 동북도로 들어가 왕자 일행을 쫓기로 하였다.⁹

왕의 일행은 경성이 함락되던 날 개성開城에서 떠나 평양平壤으로 들어간 뒤에 일변 명나라에 구원을 청하였으니¹⁰ 이번에 일본 군사가 조선을 치는 것은 명나라 때문에 조선을 치는 것인즉 명나라에 구원병을 청할 만하다는 것이다. 이때 명나라에서는 히데요시의 원정군이 움직이는 것을 알고 있었으니, 히데요시가 관백을 내어놓고 원정을 도모할 때에 류큐琉球 국왕이 사신을 보내어 히데요시의 동정을

9　가토 기요마사(加藤淸正)가 왕자 일행을 쫓아서 함경도로 들어간 데 대하여 일본 기록은 모두 큰 의혹을 일으켰다. 그 큰 의혹이란 것을 말하기 전에 적은 의혹이 또 있는 것이, 기요마사는 고니시 유키나가와 항상 서로를 시기하여 동래(東萊)에서부터 유키나가가 가는 길로는 아니 가려고 다른 길을 잡았고, 충주에서도 다른 길을 잡았고, 경성에 와서도 성안과 성 밖에서 갈라져 있음으로 유키나가가 서도(西道)로 가게 되니 기요마사는 북도(北道)로 갔다는 것이다. 혹은 기요마사가 개성(開城)에 가서 히데요시의 명령으로 함경도로 갔다 하니 그러면 기요마사가 임진강 싸움에서도 참여하였을 터인데, 이 싸움에 그가 나섰다는 말은 아직 찾아볼 수 없는 것이다. 그리고 일본 기록의 큰 의혹이란 것은 왕의 대가가 서도로 파천하였는데, 처음부터 끝까지 화친을 주장하는 고니시 유키나가가 서도로 들어가고 싸움을 주장하는 가토 기요마사가 북도로 들어갔느냐 하는 것이다. 왜 기요마사가 곧장 왕의 대가를 쫓아 서도로 들어가서 압록강(鴨綠江)을 건너 명나라로 쳐들어가지 못하였는가 하는 것이다. 그래서 혹시 기요마사가 이 길을 내어놓고 북도의 왕자 일행을 쫓아간 것은 왕자 일행을 정령코 왕의 대가로 잘못 안 것이라고 수시로 변명해놓은 데도 있다. 그리고 일본 군사가 임진을 건너 개성에 들어간 뒤에 히데요시의 명령으로 장수들을 각도(各道)로 분발(分發)할 때에 기요마사를 함경도로 보낸 것이라고도 하고, 또는 그의 자의(自意)로 간 것이라고도 한다.

10　명나라로 구원을 청할 때에 만약 명나라에서 구원병을 보낸다 하면 요광(遼廣) 군마(軍馬)를 보낼 것이니, 요광 군마는 사나운 호달(胡㺚)의 종족이라 조선에 나오면 횡포(橫暴)가 심하여 더 소란할 것이라고 보내지 못한다는 것을 이항복(李恒福), 이덕형(李德馨)의 무리가 끝까지 우겼다 한다.

선진先陣을 차지하기 위해 다투는 유키나가와 기요마사(『회본조선군기』)

밀고하였다.

또 류큐국에 들어가 장사하는 명나라 사람 진신陳申[11]이 돌아와서 일본이 조선을 선봉으로 하여 명나라를 치게 되었다 말하고, 뒤를 이어 일본에 포로로 잡혀가 있는 허의후許儀後[12]에게서 들어온 밀고가 진신의 말과 같음으로, 명나라는 일본보다 조선을 의심하고 있었는데, 일본 군사가 부산에 상륙하였다는 소문을 들은 지 얼마 못 가서 조선 왕이 경성을 버리고 평양으로 와서 구원을 청하였다.

명나라 조정은 조선에서 구원을 청하는 것이 일본의 선봉이 되어

---

11 진신은 진갑(陳甲)이라고도 한다.
12 허의후는 허의준(許儀俊)이라고도 한다.

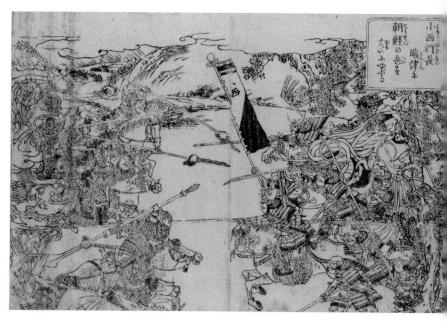

임진강에서 조선 군사를 곤경에 빠뜨린 고니시 유키나가(『회본조선정벌기繪本朝鮮征伐
記』, 국문학자료연구관國文學研究資料館, 이하 같음)

들어오는 것이 확실하니, 평양에서 구원을 청하는 것이 조선 왕이 아
니라 일본의 선봉으로 들어오는 조선 장수가 하는 노릇이라 의심하
여 청원사 한응인韓應寅이 변명하는 것도 곧이듣지 않고 요동순안사
遼東巡按使 임세록林世祿을 평양에 보내어 조선 사정을 묻게 되었다. 명
나라 조정에서 먼저 알아야 할 것은 평양에서 구원병을 청한 것이
조선 왕인지 아닌지를 아는 것이다. 조선 왕은 임세록을 대동관大同館
으로 불러보고 구원에 대한 일을 간곡히 부탁하고 보냈다.

　그동안에 서도로 향하여 오는 고니시 유키나가의 군사는 임진臨津
에 이르러 임진강의 뱃길이 끊겨 강가에 초막草幕을 치고 십여 일 동안을 힐난[13]하게 되었다. 임진강에는 경성에서 패한 도원수 김명원을 비롯하여 남도에서 패군한 장수들이 지키고 있는 곳이라 한 번도 실패하지 아니한 신할申硈 같은 장수는 패군한 도원수의 지휘를 우습게 아는 터이다. 그래서 도원수의 말리는 말도 듣지 않고 강 건너편에서 고니시 유키나가의 군사가 공연히 달아나는 것을 보고 늙은 장수 유극량柳克良을 충동하여 군사를 전부 이끌고 강을 건너 유키나가의 군사를 쫓다가 장수니 군사니 할 것 없이 전부를 임진강에 쓰러박고[14] 유키나가에게 뱃길을 애였다.[15]

---

13 힐난은 난을 피해 머물러 있다는 뜻으로 추정된다.-편집자

14 임진강을 지키는 장수들은 도원수 김명원을 비롯하여 거의 남도에서 패하고 쫓겨 온 패들이었는데, 임진강에서 실패하던 날 도원수의 절제도 받지 말라는 왕의 명령을 받고 온 제도순찰사(諸道巡察使) 한응인(韓應寅)의 군사가 와서 임진강 저편에 주둔하고 있던 고니시 유키나가의 군사가 공연히 초막(草幕)에 불을 지르고 물을 건너가는 것을 보고 신할(申硈)이 내달려서 강을 건너 쫓으려 하는 것을 늙은 장수 유극량이 한사하고 말렸다. 신할이 패군지장(敗軍之將)이라고 옥음을 주며 목을 베겠다는 통에 유극량이 골이 나서 내가 총각 때부터 종군(從軍)을 하였지만 죽기를 무서워하여 적군을 쫓지 않은 일이 없다면서 자기가 앞장을 서서 강을 건너니까 와 하고 군사들이 함께 건너갔다. 강을 건너가자 고니시 유키나가와 구로다 나가마사의 복병을 만나 유극량과 신할이 죽고 군사들은 쫓기다가 전부가 임진강으로 쓸려 들어갔다 한다. 일본 군사가 임진을 건넌 뒤에 개성으로 들어가니 히데요시는 장수들을 각도로 분발(分發)하였는데, 평안도는 고니시 유키나가(小西行長), 함경도는 가토 기요마사(加籐淸正), 황해도는 구로다 나가마사(黑田長政), 강원도는 모리 요시나리(毛利吉成), 경상도는 모리 데루모토(毛利輝元), 전라도는 고바야카와 다카카게(小早川隆景), 충청도는 후쿠시마 마사노리(福島正則)와 초소카베 모토치카(長宗我部元親), 경기도는 우키다 히데에(宇喜多秀家)로서 히데에의 본영은 경성에 두기로 하였다고 『풍태합정외신사(豊太閤征外新史)』에는 기록하였는데, 『선조실록(宣祖實錄)』에는 하치스카 이에마사(蜂須賀家政)는 충청도에 있고, 고바야카와 다카카게는 개성에 있고, 시마즈 요시히로(島津義弘)는 강원도에 있고, 모리 데루모토는 전라도에 있다 하였으니 일본 장수의 분포된 기록이 서로 다른 데가 있다.

15 표준어 빼앗기다의 잘못된 표현-편집자

6. 평양성 점령

　고니시 유키나가의 군사가 임진강을 건널 때에 구로다 나가마사, 고바야카와 다카카게, 오토모 요시즈미의 무리가 따라와서 개성을 점령하고 봉산鳳山에 불을 지르고 황해일도를 짓밟으며 그 한끝이 평양 대동강大同江 남안에 닿았다. 대동강은 바로 평양성을 싸고 도는 물이라, 물 한 줄기 사이에 막힌 왕의 대가는 평양성에서 움직이게 되었다.

　호종대신들 가운데 유성룡은 왕의 대가가 평양을 지켜야 한다고 주장하였으나 윤두수尹斗壽1, 김명원, 이원익2, 정철鄭澈3의 무리가 왕에게 권하여 대가를 영변寧邊으로 옮기게 하고4 평양성은 장수끼

1　윤두수(尹斗壽)는 오음(梧陰)이라면 더 잘 알 것이니, 그는 호종대신들 가운데 왕이 가장 신임하는 신하라 한다. 왕의 대가가 경성을 출발하여 벽제역(碧蹄驛)에 이르렀을 때 왕은 찬 칼(佩刀)을 풀어서 오음과 그의 아우 월정(月汀) 윤근수(尹根壽) 두 사람에 주며 경(卿)의 형제는 내 곁을 떠나지 말라 하였다 한다.

2　이원익(李元翼)은 오리(梧里) 이정승이라는 자로 세 치 도포(道袍)를 입었다는 키가 작기로 유명한 한이오.

3　정철(鄭澈)은 정송강(鄭松江)이라는 이다.

4　왕이 평양성을 떠날 때 평양 백성들이 한사코 대가를 놓지 않으려 하여 왕은 비밀

평양성에 당도한 구로다 나가마사와 오토모 요시즈미(『회본조선정벌기』)

리 지키게 하였다. 평양감사 송언신宋彦愼은 대동문을 지키고, 병사
이윤덕李潤德은 부벽루浮碧樓를 지키고, 자산군수慈山郡守 윤유준尹裕俊

리에 평양성을 피하기로 내정(內定)을 하는데, 대신의 거의 전부가 북도로 인도하고
유성룡 단독으로 서도를 주장하니, 왕을 북도로 인도하는 대신들은 경성을 벗어날
때 자기네의 가속(家屬)을 전부 강원, 함경의 동북도로 피란을 보냈음으로 왕을 모
시고 북도로 들어가 자기네 가속과 함께 모이려 하는 것이다. 유성룡의 주장은 북도
는 험악한 산속이라 사면으로 교통이 불편하니 명나라와 가장 교통이 편리한 서도
로 인도한 것이라 한다. 그런데 함경도의 영흥부사(永興府使) 이희득(李希得)이 북도
에서 인심을 얻었다 하여 왕비(王妃)와 궁빈(宮嬪)의 일행은 먼저 북도 길로 들어가
다가 북도에서 기요마사의 군사가 들어갔다는 소문을 듣고 길을 돌려 서도로 향하
였다 한다.

은 장경문長慶門을 지키고, 도원수 김명원은 연광정練光亭에 있게 되어 장수들이 자주 이곳에 모이게 되었다. 하루는 유성룡이 윤두수와 함께 연광정에 갔다가 대동강 건너편에서 일본 기병 십여 명이 양각도羊角島 근방으로 내려가서 강물을 건너려고 시험하는 것을 보게 되었다.

유성룡이 도원수 김명원에게 "대동강의 얕은 목을 단속하게 하오" 하고 말하니 김명원이 "그런 일은 병사가 할 일이지오" 하고 병사에게 미루었다. 그것을 보고 유성룡은 화가 나서 "무능한 도원수**5**를 믿다가는 평양성이 또 탈나겠다. 명나라 구원병을 속히 불러야 하겠다" 하고 곧 일어서서 영변 길을 떠나니, 유성룡은 명나라 군사가 나오면 명나라 장수를 접대할 책임을 맡고 군사상軍事上 일은 간섭이 없는 터이다.

유성룡이 영변 행재소行在所에 이르니 왕은 박천博川으로 옮기었다. 유성룡은 말에서 내리지도 않고 곧 박천으로 달려가서 왕을 뵙고 명나라 소식을 물으니 왕은 "소식이 아직 없다!" 하고 대답하고 나서 평양 일을 묻는다. 유성룡이 "올 여름이 가물어서 대동강 물이 자꾸 줄어가니까 일본 군사가 얕은 목으로 건너올 염려가 있습니다" 하고 아뢰니 왕은 물이 얕은 목을 방비하는 방법이 무엇이냐고 물어서, 물밑으로 마름쇠菱鐵를 깔아야 한다는 말을 듣고 지방관을 불러 "이 고을에 마름쇠가 있느냐?" 하고 물으니 군기고軍器庫 속에 수천 개가 있다 한다.

---

5 도원수 김명원은 한강에서 실패한 죄를 특전(特典)으로 속하여 도원수를 갈지 않고 임진강을 지키게 한 것인데, 임진에서 또 실패하고 평양을 지키게 되었음으로 유성룡의 말이 무능한 도원수라 하는 것이다.

일본 군사에게 쫓겨 강물로 뛰어든 별장 고언백과 조선 군사(『회본조선정벌기』)

왕은 곧 지방관에 명하여 박천 고을의 마름쇠를 평양으로 보내었으나 마름쇠가 평양에 들어가기 전에 일본 군사가 대동강을 건너섰다.

유성룡이 평양을 떠난 뒤에 김명원은 별장 고언백高彦伯을 시켜 밤중에 강을 건너 일본 군사를 치라고 하였다. 고언백이 밤중에 떠난다는 것이 연해 지체가 되어 겨우 강을 건너설 때는 새벽녘이 되어서 몰래 친다는 것이 들켜서 고언백의 군사가 쫓기는 때에 급하니까 군사 몇 명이 강물로 뛰어들어서 죽지 않고 건너온 것이 일본 군사에게 길을 가르쳐준 것이 되어 이튿날 새벽에 일본 군사가 대동강을 건너셨다.

평양성을 지키던 장수들은 고언백의 군사가 쫓길 때에 일본 군사에게 길을 가르쳐주는 것을 보고 미리 성안 백성을 성 밖으로 내보내고, 군기軍旗는 풍월루風月樓 못 속에 집어넣고, 장수들은 순안順安으로 강서江西로 달아났음으로 고니시 유키나가는 곱게 평양성을 점령하였다.

7. 명장 조승훈의 실패

이때 박천 행재소에는 명나라의 사신 송국신朱國臣이 나오니, 명나라에서 사신이 다시 나온 것은 먼저 나왔던 명나라 사신이 조선 왕인지 아닌지를 알고 들어간 일이 명나라 조정의 의심을 일으키게 되어 다시 사신을 보낸 것이다. 명나라 사신이 왕을 대할 때에 대신들이 사신의 마음을 움직여 구원을 보내도록 하고, 다시 유몽정柳夢鼎을 명나라로 보내어 병부상서兵部尚書 석성石星에게 조선 사정을 간절히 말하였다.

석성이 유몽정의 말을 명나라 황제에게 아뢰고 지휘사指揮使 황응양黃應暘[1]을 조선으로 내보내 조선 사정을 조사토록 하였다. 황응양이 조선에 나올 때는 왕이 의주義州 용만관龍灣館에 주필駐蹕[2]한 때이다.[3]

---

1 황응양은 황응창(黃應鯧)이라고도 한다.

2 왕이 거둥하는 중간에 어가(御駕)를 멈추고 머무르거나 묵던 일—편집자

3 왕이 의주에 이른 뒤에 왕은 비빈(妃嬪) 이하 왕자 왕녀를 이끌고 압록강을 건너 명나라에 내부(內附)하기로 결정하였는데, 명나라 조정에서는 조선 왕이 국경으로 들어오면 어느 땅에다 어떠한 조치를 할는지가 문제가 되었다 한다. 그러나 윤두수가 나서서 왕께 간하기를 조종(祖宗)의 묘사(廟社)와 국내의 신민(臣民)을 누구에게 다 부

왕이 명나라 사신을 용만관으로 맞아들일 때 자꾸 울어서 황응양의 귀에는 왕의 울음소리가 독 속에서 우는 소리처럼 우렁차게 들렸다. 황응양이 왕의 앞에 나와 예를 마치고 나서 "히데요시가 조선에 보낸 격문檄文이 있느냐?" 하고 묻는 말에 왕은 겨우 눈물을 거두고 좌우를 돌아보니 호종대신 이항복李恒福4이 "있습니다!" 대답하며 소매 속에서 봉서封書 한 장을 꺼내어 왕에게 바쳤다.5 이 봉서는 작년에 통신사 황윤길 일행이 히데요시에게 받아 가지고 나온 국서였다. 왕은 봉서를 명나라 사신에게 내려주니 사신은 히데요시의 국서를 보고 나서 이 국서를 자기에게 빌려 달라 하여 왕의 허락을 받았다.

황응양이 히데요시의 국서를 가지고 들어간 뒤에 명나라 조정은 "조선 구원이 늦었다"고 후회하여 일변 조선을 구원하기로 하고 요동부총병副摠兵 조승훈祖承訓에게 명하여 요동병 오천을 거느리고 조선으로 나오니, 조승훈은 요좌遼左의 맹장이다. 조승훈이 군사를 이끌

탁하고 필부(匹夫)의 행동을 할 수 있느냐 하였고, 이덕형은 요동(遼東) 관전보순무어사(寬奠堡巡撫御史) 학걸(郝杰)에게 구원을 청하는 편지를 하루에 여섯 번을 하였다고도 하고, 혹은 자기가 요동에 건너가 학걸을 닷새 동안에 세 번(五日三至)을 찾아보았다고도 한다.

4 이항복(李恒福)은 호가 백사(白沙)인데, 오성부원군(鰲城府院君)을 봉한 까닭에 오성(鰲城)이라면 더 잘 안다. 오성은 상명(詳明)하기로 그 당시에 유명하니 왕의 대가가 궁궐을 나설 때에 비바람이 몹시 쳐서 지척(咫尺)을 분변(分辨)하기 어려운 밤에 오성이 등롱불을 켜들고 왕의 앞에서 인도하였다 한다.

5 왕의 대가가 돈의문(敦義門, 경성 서대문) 밖을 나선 뒤에 승문원(承文院)의 이수겸(李秀謙)이 문 밖으로 쫓아와서 대신 유성룡의 말고삐를 붙잡고 승문원 안에 문서를 어찌할 것인지 묻자 유성룡은 그중에서 긴급한 것만 수습하여 가지고 오라 하였다는데, 이때에 승정원(承政院) 승지(承旨)로 있던 이항복이 어찌하여 이 문서를 지니게 되었는지 오성이 주밀한 것은 이 한 가지 일만 보아도 알 수 있다.

명장 조승훈의 군사를 공격하는 일본 군사들(『회본조선군기』)

고 압록강鴨綠江을 건너와 평양으로 향하는 길에 가산嘉山에서 하루
를 쉬며 접빈사接賓使 유성룡에게 "평양성에 일본 군사가 그저 있느냐
없느냐?" 하고 묻는 것은, 명나라 군사가 압록강만 건너서면 일본 군
사가 달아날 줄로 안 것이다.

조승훈은 평양성에 일본 군사가 아직 들어 있다는 말을 듣고 놓칠
까 겁을 내어 군사를 재촉하여 평양성 밖에 이르러 밤을 지내고 이
튿날 새벽에 보통문으로 들어가니 성안이 고요하다. 명나라 군사들
이 의심하며 대동관까지 빠져나간 때에 좌우 방벽房壁 사이로 조총
탄환이 쏟아진다. 조승훈은 그제야 겁이 나서 먼저 말머리를 돌리는

데, 선봉 사유史儒[6]가 총알을 받고 죽는다. 명나라 군사들이 다투어 성을 벗어나기에 절반이나 죽으니 조승훈은 군사를 거두어 가지고 줄곧 요동으로 달아나며 "내가 명나라에 들어가 군사를 더 많이 이끌고 돌아올 터이다" 하고 압록강을 건너셨다.[7]

---

6 사유(史儒)는 사유(史游)로 기록한 데도 있는데, 왕의 대가가 선천(宣川)에 이르렀을 때 명나라 장수 대조변(戴朝弁), 참장(參將) 곽몽징(郭夢徵), 유격장군(遊擊將軍) 사유의 무리가 명나라 군사 일천을 이끌고 들어와 선천 임반관(林畔館)에 주둔하고 있으며, 오래지 않아 총병(摠兵) 조승훈이 나온다고 말하더니 이번에 이 패들이 평양성에 선봉으로 들어가다가 사유와 대조변이 죽었다 한다. 그런데 처음으로 사유의 무리가 나온 것은 구원병으로 나온 것이 아니라 명나라에서 조선을 의심하여 조선의 내정을 알려 한 것이라 한다.

7 조승훈이 평양에서 패하여 들어간 뒤에 명나라 조정에서는 조승훈에게 벌(罰)을 씌어 관직(官職)을 빼앗았음으로 두 번째 조선에 나올 때는 백의종군(白衣從軍)으로 따라 나온 것이라 한다.

8. 이순신의 거북선

조승훈의 군사가 달아날 때에 고니시 유키나가가 뒤를 쫓지 아니함[1]은 경성에 본진을 둔 대장 우키다 히데이에의 지휘였다. 우키다 히데이에는 수로水路로 올라오는 구키 요시타카九鬼嘉隆의 무리가 충청, 경기 해안을 지나 황해 바다에 병선을 맨 뒤에 수륙군과 형세를 합하여 의주를 범하려 하는 것이었으나 구키 요시타카가 거느린 수군은 전라 해안에 들어설 겨를 없이 경상 해안에서 잦아진다.[2]

처음 구키 요시타카의 수군이 경상 해안에서 경상우수사右水使 원균元均의 군사와 싸워서 곤박하게 하니 원균이 전라좌수사左水使 이순신李舜臣에게 구원을 청하였다. 이순신이 전라수군을 거느리고 경

---

1 고니시 유키나가가 평양 이북으로 나서지 아니한 데 대하여 여러 말이 있다. 일본 군사가 평양 이북으로 나서는 때에는 곧 압록강을 건너 명나라를 범하는 것이므로 히데요시가 나오기를 기다린 것이라는 말이 일본 기록으로는 가장 유력한데, 혹은 강화를 주장하는 고니시 유키나가, 소 요시토시의 무리가 강화를 하려 한 것이라고도 하고, 조선의 향도관(鄕導官)으로는 고니시 유키나가, 겐소, 소 요시토시였는데 이 패들이 평양 이북은 길이 서툴러서 지체한 것이라고도 한다.

2 잦아진다. 거칠거나 들뜬 기운이 가라앉아 잠잠하게 된다.─편집자

상 해안에 들어선 뒤로[3] 순신의 손으로 발명한 거북선龜船을 사용하여[4] 구키 요시타카의 군사를 전멸시키고 본영을 한산도閑山島로 옮겨서 경상, 전라, 충청의 삼도 수군을 통제統制하게 되었음으로 일본 수군은 경상 해안에서만 죽기가 바빴다.

---

3 원균이 처음에 거제도(巨濟島)에서 싸우기 시작하여 구키 요시타카의 무리를 대항하다가 병선(兵船) 일백이십 척과 수군 육천을 잃고 비장(裨將) 이영남(李英男)과 이운용(李雲龍)의 무리와 곤양(昆陽) 바다로 와서 상륙하였다. 이영남이 권하여 전라좌수사 이순신에게 구원을 청하였으나 이순신의 부하들은 각기 맡은 경계가 있은즉, 내 구역을 버리고 남이 맡은 구역으로 구원을 나갔다가 만약 불행하면 조정의 죄를 당할 것이라고 말려서 지체하는 동안에 원균에게서는 오륙 차(次)나 재촉이 오니 이순신은 조정에 보하고 일별로 전라우수사 이억기(李億祺)와 구원하기를 약속하고, 이순신이 먼저 떠나와서 고성(固城) 견내량(見乃梁)에서부터 싸움을 시작하였다 한다.

4 거북선은 세계 철갑선(鐵甲船)의 원조라 하는 것이니, 용의 머리와 거북의 꼬리(龍頭龜尾)라 하는 것으로, 대개 그 형체가 거북 같이 되어 있다. 내부(內部)의 장치는 좌우 포판(左右舖版) 밑으로 각기 열두 간(間)이 있어서 두 간에는 철물(鐵物)을, 세 간에는 병기(兵器)를 장치하고, 열아홉 간은 군사가 거처하게 하였다. 또 좌우 포판 위로 한 간이 있어서 선장(船將)이 거처하고, 우포판 위로 한 간이 있어서 장교(將校)들이 거처하게 되어 있으며, 갑판(甲板) 위에는 십자형의 작은 길(細路)이 구문(龜門)과 같이 그려 있어서 그 길로는 군사들이 통행하게 하였다. 그 길가 위로는 송곳과 창(錐刀)을 꽂고 싸울 때면 갑판을 거적(編茅)으로 덮어서 적군이 갑판에 뛰어오르면 창이나 송곳에 찔리니 발을 붙일 수 없게 하였고, 전후좌우로는 화살이나 총알이 나가는 구멍을 뚫어 군사들이 배 속에서도 총과 활을 놓게 하고, 적군을 만나면 거북의 입에서는 유황염초(硫黃焰硝)의 연기를 안개 피우듯 내뿜어서 적군의 길을 흐려버리고, 이십팔 척(尺) 되는 쇠사슬에 네발갈구리(四爪鉤)를 매어서 적군의 배를 끌어 잡아당겨서 장병겸(長柄鎌)으로 배를 깨두드리거나 때로는 거북선이 바다 속으로 텀벙 들어가서 장병겸으로 적군의 배 밑을 뚫기도 하였다. 이순신은 이 거북선을 사용하여 옥포(玉浦), 당포(唐浦), 견내량(見乃梁), 부산(釜山), 당항포(唐項浦), 또는 노량(露梁)의 대첩(大捷)이 있었고, 어느 때든지 적군을 만나기만 하면 만나는 대로 이기고, 한 번도 실패가 없었다 한다. 그런데 반세기 이전까지 조선에 보존하였던 거북선이 두 척이 있었는데, 한 척은 전라좌수영에, 한 척은 통영 통제영(統制營)에 있어서 그 형체가 서로 같았으나 다만 전라좌수영에 있는 것은 거북의 머리 밑에 귀두(龜頭)라는 머리가 또 있어서 머리가 둘인 것만이 조금 달랐다 한다. 그런데 이때 아직 삼도수군통제영(三道水軍統制營)이 설립된 것은 아니다.

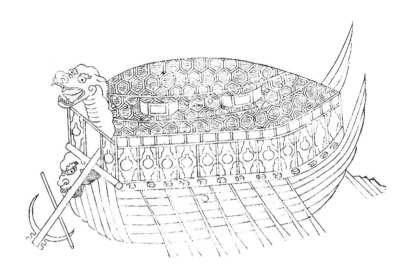

「이충무공전서李忠武公全書」에 기록되어 있는 전라좌수영귀선

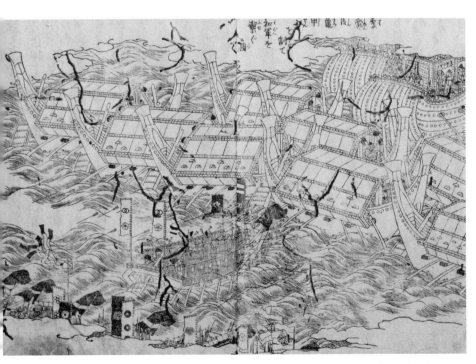

일본 수군을 물리치는 이순신의 거북선(『회본태합기』)
여기에 묘사된 거북선은 실제 형태와 차이가 있다.

히데요시는 구키 요시타카의 무리가 연해 실패하는 것을 알고[5] 다시 수군을 경상 해안으로 보내어 구키 요시타카의 무리를 후원하고, 다시 경상도 내의 진주성晉州城이 천하의 제일이라는 말을 듣고 호소카와 다다오키細川忠興, 가토 미쓰야스加藤光泰, 기무라 시게코레木村重茲, 하세가와 히데카즈長谷川秀一의 무리 일곱 장수에게 명하여 이만명을 거느리고 진주성을 치라 하였다.[6]

5 일본 수군이 연해 실패하는 데 대하여 일본 기록에는 히데요시가 수군 단속(注意)을 잘못하였다고 공격한 내용이 있다. 일본이 물나라(水國)이면서도 병선(兵船) 제도가 오히려 대륙(大陸)이라는 명나라만 못한데다가 수군으로 말하면 노부나가(信長) 시대에 혼간지(本願寺) 싸움에서 써보았던 오다 노부나가의 수군과 또는 모리(毛利)씨의 수군을 가지고 규슈(九州)나 간토(關東) 싸움에서 약간 써본 그 제도를 가지고 조선에 내어보냈으니 주밀한 히데요시의 솜씨로는 큰 실책이라 한다.

6 이 싸움이 진주의 첫 번째 싸움이라는 것으로서 당연히 본문(本文)으로 기록할 만한 일이 되나, 본문은 당초에 자수제한(字數制限)의 관계로 줄이기(縮小)로만 주장한 까닭에 부득이 이 싸움도 주에서 기록하게 되었다. 진주목사(晉州牧使)는 김시민(金時敏)이 었는데, 일본 군사가 진주를 쳐들어올 때에 곤양군수(昆陽郡守) 이광악(李光岳)과 이만 군사를 합하여 성을 지키고, 병사(兵使) 유숭인(柳崇仁)은 일천 기(騎)를 이끌고 성 밖에 나가 싸우다가 군사를 패하고 쫓겨 와서 성문을 열어 달라 하는 것을 병사가 성안에 들어오면 주장(主將)이 바뀌므로 군심(軍心)이 소동할 터이니 못한다 하여 유숭인이 홀몸으로 사천으로 달아나서 사천현감(泗川縣監) 정득열(鄭得悅)과 나가서 싸우다 죽고, 김시민은 조대곤(曹大坤), 김면(金沔), 의병장 최강(崔堈), 이달(李達)의 무리와 시월 삼일부터 십일까지 이레 동안 맹렬하게 싸워서 일본 군사 이만을 함몰하고 김시민은 총알에 몸을 다쳐서 김해부사(金海府使) 서예원(徐禮元)이 진주가목사(假牧使)로 뒤를 잇게 되었다 한다. 히데요시는 진주성의 패보를 듣고 진주에 패한 것은 일본 장수의 위엄을 손상(損傷)한 것이라고 야단을 치는 통에 진주성을 치러갔던 일곱 장수의 한 사람인 하세가와 히데카즈(長谷川秀一)는 번민하다가 분사(憤死)까지 하였다 한다.

9. 조선 군사의 세력

경성에 본영을 둔 대장의 진에서는 경상 해안에서 수군의 형세
가 연해 꺾이고, 남삼도 각처에서는 의병이 벌떼같이 일어났다. 전
라도에서는 김천일金千鎰[1], 고경명高敬命[2], 최경회崔慶會이며, 경상도
에서는 곽재우郭再祐[3], 정인홍鄭仁弘[4], 이대기李大期, 유종개柳宗介, 김
면金沔, 장윤張潤이며, 충청도에서는 조헌趙憲[5]이 승장僧將 영규靈圭와

1 　김천일(金千鎰)은 그 부인 양씨(梁氏)의 내조(內助)로 재물을 많이 얻어서 그 지방
　　사람들에 흩어준 까닭으로 의병을 모을 때에 일이 수월하게 되어 한 달 동안에 사오
　　천의 군사를 모집하였다 한다.

2 　고경명(高敬命)은 그 둘째아들 고인후(高因厚)와 함께 금산(錦山) 싸움에 죽으니 맏
　　아들 고종후(高從厚)가 복수군(復讐軍)을 일으켜 싸우다가 진주성이 함락될 때 죽었
　　다 한다.

3 　곽재우(郭再祐)는 출전할 때면 반드시 붉은 전포를 입은 까닭에 홍의장군(紅衣將
　　軍)이라는 칭호를 들었다 한다.

4 　정인홍(鄭仁弘)은 영남 선비로 유명한 조남명(曺南冥)의 문인으로 그 당시는 충의가
　　놀랍다고 조정에서 창의장(倡義將)까지 제수하였으나 광해조(光海朝) 시대에 영의정
　　(領義政)으로 있다가 광해조와 함께 몰린 까닭에 세상에서 대단치 않게 여긴다.

5 　조헌(趙憲)은 조중봉(趙重峯)이라면 더 잘 알 것 같다. 그때에 의병을 일으키기는 조
　　헌이 맨 처음으로 나섰다는 것이다. 영규(靈圭)의 승군과 합하여 청주(淸州)에 들어
　　온 일본 군사를 쳐서 쫓아내고 다시 칠백의사(七百義士)를 이끌고 금산(錦山) 싸움에
　　쫓아갔다가 조헌 이하 칠백의사가 한 사람도 살아오지 못하였다 한다. 영규도 조헌과

형세를 합하니, 승군僧軍은 서도에서 서산대사西山大師 최휴정崔休靜
이 일으킨 것이다.

왕의 대가가 영변에 주필하였을 때 묘향산妙香山 속에 숨어 있던
서산대사를 불러내어 십육종도총섭十六宗都摠攝을 제수除授하고 각처
의 승군을 일으키게 하였더니, 서산대사의 지휘로 처영處英은 강원도
내의 승군을 일으키고, 사명당四溟堂 임유정任惟政[6]은 전라도 내의 승
군을 일으켜 영규를 도왔다. 도총섭 서산대사의 본영은 순안順安 법
흥사法興寺에 두고 각처의 의병과 군량을 대어주게 된 것이다.

대장 우키다 히데이에는 조선의 형세가 이러함으로 서도에 들어간
장수들의 전열을 정비하여, 고니시 유키나가는 평양 이북으로 나서
지 못하게 하고, 고바야카와 다카카게는 경성과 평양을 근거지로 하
여 황해 일도에 세력을 모아서 개성을 지키게 하고, 구로다 나가마사
는 백천百川을 지키게 하고, 오토모 요시즈미大友義純는 봉산을 지키게
하였는데, 명나라 장수 조승훈이 패하여 들어간 뒤로 평양성의 고니
시 유키나가의 군사가 조선 장수들에게 포위되어 형세가 위태하다.

함께 금산에 출전하였다가 조헌이 죽는 것을 보고 "내가 어찌 혼자 살 수 있겠느냐"
고 부르짖으며 온종일 싸우다가 영규도 필경 죽었다 한다.

6 사명당 임유정은 그 당시는 송운(松雲)이라는 자(字)로 행세하였기 때문에 일본에서
는 송운이라고 해야 더 잘 안다. 사명당이란 중의 호는 그 뒤에 왕께서 하사(下賜)한
이름이라 한다. 이때 전라좌수사 이순신의 진에는 도내(道內)에서 모집한 승군(僧軍)
이 사백여 명이 있었는데, 승장(僧將)으로 순천(順天) 중 삼혜(三惠)는 시호별도장(豺
虎別都將), 흥양(興陽) 중 의능(義能)은 유격별도장(遊擊別都將), 광양(光陽) 중 성휘(性
輝)는 우돌격장(右突擊將), 광주(光州) 중 신해(信海)는 좌돌격장(左突擊將), 곡성(谷城)
중 지원(智元)은 양병용격장(揚兵勇擊將)으로, 대개 이러하다 한다.

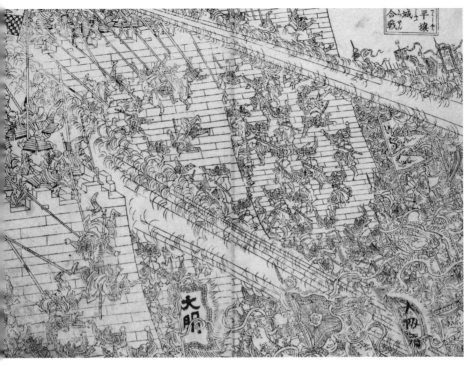

평양성을 공격하는 조명 연합군(『회본조선정벌기』)

 도원수 김명원을 비롯하여 순찰사 이원익, 이빈李薲의 무리는 순안
에 진을 치고, 별장別將 김응서金應瑞는 방어사防禦使 박명현朴命賢과 용
강龍岡, 강서江西, 삼화三和, 승산甑山의 네 고을 군사를 모집하여 이십
칠둔二十七屯을 버리고 평양 서편으로 쳐들어오고, 수사水使 김억추金億
秋는 황해 일대의 수군을 거느리고 대동강을 범하고, 별장 임중林重의
이천 정병은 평양성을 에워쌌다.

 임중의 뒤를 이어 도원수 김명원의 군사를 비롯하여 각처의 군사
가 형세를 합하여 세 길로 들어가 평양성을 에워싸고 성 밖에 나서

는 고니시 유키나가의 군사 수천을 죽이니, 고니시 유키나가는 두려워서 황해 일대에 주둔한 여러 장수에게 구원을 청하여 황해 일대에 주둔한 일본 장수들이 군사를 이끌고 평양으로 모여들었다.[7] 도원수 김명원이 평양성에 구원병이 들어옴을 보고 세 길 군사를 지휘하여 평양성 치기를 맹렬히 하였으나 세 번 싸운 것이 모두 이롭지 못하여 군사를 물렸다.

---

[7] 이때 평양성을 에워싼 군사의 세력이 굉장하여 왕의 행재소에서는 조선 군사의 세력으로도 넉넉히 조선 안의 일본 군사를 물리칠 만하니 명나라에 구원병을 청하여 내올 것이 없다고 말하는 사람도 있었다 한다.

10. 이여송의 대군

고니시 유키나가가 평양성을 점령한 뒤로 명나라 장수 조승훈을 쫓아 보내고 김명원의 군사를 물리쳤으나 남삼도의 수륙군이 연해 실패하여 응원이 끊기고, 조선 군사의 세력은 차차로 깨어나니 만약 명나라 구원병이 다시 나오면 평양성을 보전하기 어려울 것을 근심하였더니 하루는 명나라 유격장군遊擊將軍 심유경沈惟敬이 순안에 들어와서 고니시 유키나가에게 면회를 청하였다.

심유경은 명나라 조정에서 병부상서 석성이 강화사講和使로 보낸 것이다. 명나라 장수 조승훈이 패하여 들어간 뒤에 석성은 일본 군사의 세력이 강성함을 알고 일본과 조선을 강화에 붙이려 하여 은 만 냥銀萬兩과 세습할 백작伯爵을 상품으로 걸고 강화사를 구하였는데, 심유경이 지원하고 나선 길이다. 심유경은 시정市井의 무뢰배無賴輩로서 자기 일가인 심가왕沈嘉旺이 일본에 들어가 여러 해 동안 있다 나왔음으로 심유경이 심가왕에게 일본 사정을 알아가지고 이번 길을 나서게 된 것이다.[1]

---

1 심유경은 일본에서 심우우(沈宇愚)라고 기록하기도 하였는데, 본래 절강(浙工) 사람으로서 북경(北京)에 들어와 떠돌아다니며 협기((夾妓) 진담여(陳澹如)라는 기생을 상관하여 진담여의 집을 드나들었다. 진담여의 집종((僕)인 정사(鄭四)라는 사람이 망명

고니시 유키나가는 심유경의 면회를 허락하고 소 요시토시, 겐소와
함께 군사를 거느리고 성북城北 강복산降福山 밑으로 나가 심유경 일행
을 맞아들였다.[2] 심유경은 삼사 인의 종자를 인솔하고[3] 평양성 보통문
普通門으로 들어오는데, 그가 탄 말 뒤에는 누런 베보자기黃布로 싼 문
서 뭉치를 등에 걸어 맨 아이 하나가 따라온다.[4] 심유경이 자약한 태도
로 고니시 유키나가에게 강화에 대한 이해[5]를 말하는데, 고니시 유키나

(亡命)하여 섬 속(海島中)에 들어가 있다가 나왔는데, 이 사람이 일본 구경을 하였는지
심유경에게 일본 이야기를 해주었다 한다. 그러자 명나라 조정에서 일본의 강화사를
구하게 되니까 병부상서 석성(石星)의 집을 다니는 진답여의 아버지가 석성의 첩장인
(妾丈人) 원무(袁茂)를 소개하여 심유경을 석성에게 천거하였다 한다.

2 고니시 유키나가의 일파로 소 요시토시와 겐소의 무리는 처음부터 조선과의 강화
를 주장하였다. 고니시 유키나가는 부산에 상륙하던 날부터 소 요시토시와 겐소를
내놓아 동래부사 송상현에게 강화를 하게 하라고 권하였다 한다. 또 충주에 들어와
서도 소 요시토시와 겐소의 편지를 경성의 이덕형(李德馨)에게 보내어 강화를 하자고
청하였음으로, 이덕형이 죽산(竹山)까지 갔다가 충주가 함락되었다는 말을 듣고 돌아
왔다 한다. 또 평양 대동강 남안(南岸)에 이르렀을 때에도 소 요시토시와 겐소의 편지
를 조선국 예조판서 이공각하(禮曹判書李公閣下)라고 써서 강가에 꽂아놓은 것을 가
져다 보고 이덕형이 역사(力士) 박성경(朴成景)을 데리고 대동강 중류(中流)로 나가서
소 요시토시와 겐소를 만나 강화에 대한 일을 의논하다가 그만둔 일이 있었다 한다.
이와 같이 고니시 유키나가는 강화를 주장하는 까닭에 실상 고니시 유키나가는 그때
에 조선을 치기 위해 나온 것이 아니라 강화를 위해 나왔다 표방하고 심유경의 일행
을 반가이 맞아들였다 한다.

3 심유경이 평양성 안에 들어간 때에 심가왕(沈嘉旺)도 따라갔다 한다.

4 심유경 일행이 평양성 안에 들어가는 행색(行色)과 고니시 유키나가와 만나는 장면
을 조선 장수들이 산에 올라가서 내려다보았다 한다.

5 심유경이 의주에 처음으로 들어온 것은 구월이었는데, 직제학(直提學) 오억령(吳億
齡)이 심유경을 보고 아무리 해도 강화가 안 될 터이니 명나라에서 속히 산동(山東)
군사를 내게 하라 하였다. 그러자 심유경은 안 되지 않는다고 말하며, "내가 이번에
저희들 보고 너희가 무슨 까닭에 명색 없는 군사(無名之士)를 끌고 나왔느냐고 토죄
(討罪)하고, 썩 물러가거라 호령하여 만약 아니 물러간다면 그때에는 산동 군사뿐 아
니라 천하의 군사가 모두 출동할 터이오" 하고 큰소리를 하였다 한다. 또 이원익(李元
翼)이 심유경을 만나보고 이번에 나온 주의(主意)를 물으니까 "아무 주의도 없소. 그

가는 "명나라에서 강화를 주장할 바에는 명나라가 먼저 일본의 관백 히데요시가 요구하는 것을 허락하게 하라"6 하니, 심유경은 "하다뿐이냐? 지금 명나라와 조선의 일은 내 손에 달렸으니 염려 마라" 하고 장담을 한다. 고니시 유키나가는 일본에 대한 일은 자기가 맡아 하겠노라 약속하고7 심유경을 진중에서 하루 묵여 보냈다.

심유경이 떠날 때에 고니시 유키나가에게 하는 말이 "내가 이번 명나라에 다녀오는 동안이 오십 일은 걸릴 터이니 내가 오기 전에는 서로 싸우지 말아야 할 것이니, 평양성 십 리 밖에 목표木札를 꽂아 경계를 정하고 일본 군사는 목표 밖에 나서지 말고, 조선 군사는 목표 안에 들어서지 못하게 하라" 하는 부탁을 하고 떠났다.

그러나 왕의 행재소에서는 명나라 구원병이 한 번 나왔다 패하여

저 나는 사람의 생명을 구원하려 하오" 하고 대답하였다 한다. 심유경이 엄청나게 큰 소리만 한다 하여 왕이 그의 위인을 신하들에게 물으니 신하들의 대답이 "키가 후리후리 크고 수염이 점잖아서 신수(身首)가 깨끗한데다 호변(好辯)이어서 변사(辯士)는 될 만합니다" 하고 대답하였다 한다. 심유경과 고니시 유키나가가 말할 때에 통역(通譯)은 일본 진중에 포로(捕虜)가 되어 있던 장대선(張大膳)이라는 사람이 하였다 한다.

6 이때의 강화문(講話文)은 일본 중 덴케이(天荊)의 글로 썼다는데, 관백 히데요시의 요구라는 것은 그 무엇이었든지 분명하지가 않아서 여러 사람의 기록을 종합하여 보면, 명나라 황제가 일본의 왕을 봉한다(求封王)는 것, 일본이 명나라에 대하여 조공을 하게 하되(許貢) 영파(寧波, 지금의 절강성 영파시)를 거쳐서 하겠다는 것, 명나라 황제의 집딸(皇女)을 일본 황실에 보낸다는 것, 이러한 종류이다. 그런 중에 끝까지 말썽이 된 것은 황실의 딸에 대한 것이다. 이때 명나라에서는 강화를 주장하여 심유경이 평양에 나올 무렵에 찬획(贊劃) 원황상(袁黃裳)에 앞서 풍숙굉(馮叔紘)이란 사람은 함경도로 들어가 가토 기요마사에게 강화를 청한 일이 있었다 하는데, 혹은 기요마사가 경성에 들어온 뒤의 일이라도 한다.

7 그런데 고니시 유키나가는 물론 이때의 강화를 히데요시에게 권하였다 한다.

고니시 유키나가와 강화 회담을 하는 심유경(『회본조선정벌기』)

들어간 뒤로 다시 구원병은 나오지 않고 심유경의 일행이 나와서 강
화를 붙인다고 떠드는 것이 일 같지 않아서 다시 정곤수鄭崑壽를 명
나라 조정에 보내어 구원병을 청하였다.**8** 정곤수가 명나라에 들어간
때는 감숙성甘肅省 영하寧夏에 출정出征하였던 이여송李如松의 군사가
돌아온 때이다.

---

8 정곤수(鄭崑壽)가 명나라에 들어가니 명나라 조정에서는 의논이 불일(不一)하여 명
   나라 국경만 방비하고 조선으로 많은 군사를 보낼 것이 없다 하고 주장하는 사람이
   많은 것을 병부상서 석성이 우겨서 조선으로 많은 군사를 내게 되었다 한다.

명나라 조정은 정곤수의 말을 듣고 일변 이여송의 군사를 조선 구원병으로 보내기로 결정하고, 병부우시랑兵部右侍郎 송응창宋應昌을 경략經略으로 하여 병부원외랑兵部員外郎 유황상劉黃裳과 주사主事 원황袁黃은 찬획군무贊劃軍務로 요동에 주둔하게 하고, 제독提督 이여송9으로 대장을 삼았다. 이여송이 사만 군을 거느리고 조선으로 출발하니 중협장군中協將軍 이여백李如柏은 친병이 일천오백이오, 좌협장군左協將軍 양원楊元은 친병이 이천이오, 우협장군右協將軍 장세작張世爵은 친병이 일천오백이니, 이들 군사를 삼영三營으로 나누어서 거느렸다.

도지휘사都指揮使 자강自强은 선부병宣府兵 일천이오, 계요참장薊遼參將 이방춘李芳春은 마병馬兵 일천이오, 유격장군遊擊將軍 고책高策은 마병 이천이오, 산동통령山東統領 전세정錢世禎은 마병 일천이오, 소송통령蘇松統領 척금戚金은 보병步兵 일천이오, 중영中營장군 주홍모周弘謨는 군사가 천 명이오, 계진薊鎭장군 방시휘方時輝는 마병 일천이오, 하양河陽장군 고승高昇은 마병이 일천이오, 왕명王明은 마병 일천이니, 합하여 아홉 장수의 일만 명은 중협대장 이여백이 통솔하였다.

---

9 이여송(李如松)이 조선 종족이라는 전설(傳說)에 따르면, 그 고조(高祖)가 되는 이영 (李英)이 함경도 사람으로서 명나라에 들어가 붙어(內附) 가지고 철영위지휘첨사(鐵 嶺衛指揮僉事)로 세습을 하더니, 이여송의 아버지 이성량(李成樑)이 대장이 되어서 여 진(女眞)과 달단(韃靼)의 종족을 토멸(討滅)하여 명나라의 이백 년 이후로 처음 되는 큰 공을 세웠다 한다. 그리하여 이성량의 아들인 이여송, 이여백(李如柏), 이여정(李如 楨), 이여장(李如樟), 이여매(李如梅)가 모두 명나라 조정의 공신(功臣)으로 기록되었다 한다. 조선에 구원병을 이끌고 나온 장수는 이여송, 이여백, 이여매, 이여오(李如梧)라 한다.

조선으로 출병하는 명나라 원군(『회본조선군기』)

　　요양부총병遼陽副摠兵 왕유익王有翼은 마병 일천이백이오, 계진薊鎭부
총병 왕유정王維禎은 마병 일천여요, 의주참장義州參將 이여매李如梅는
마병 일천여요, 요진참장遼鎭參將 이여오李如梧는 마병 오백여요, 요통
총병 양소선楊紹先은 마병 일천여요, 요동동로부총병遼東東路副摠兵 손
수렴孫守廉은 마병 일천여요, 보진조병保眞調兵 갈봉하葛逢夏는 마병 이
천이니 합하여 일곱 장수의 칠천칠백 인은 원임부총병原任副摠兵 조승

훈**10**이 거느렸다.

절강浙江유격장군 오유충吳惟忠은 보병 일천오백이오, 부총병 왕필적王必迪은 마병 일천이오, 우영병참장右營兵參將 조광목趙光牧은 마병 일천이오, 탁주涿州참장 장응충張應忠은 마병 일천오백이오, 산서山西참장 방철邦哲은 보병 일천이오, 대동영총령大同營統領 곡수谷燧는 마병 일천이오, 보정保定장군 양심梁心은 마병 일천이니 합하여 일곱 장수 팔천 인은 우협대장 장세작이 통솔하였다.

이 밖에 장기절張奇切이 마병 일천, 조문명趙文命이 마병 일천, 고철高徹이 마병 일천이며, 이평李苹의 마병 팔백과 시조경施朝卿의 마병 일천이 뒤를 따르고, 요동지휘사遼東指揮使 장삼외張三畏는 의주에 있어서 군량을 수운水運하기로 하였다.

---

10 조승훈(祖承訓)은 평양성에서 패군하고 들어간 뒤에 혁직(革職, 직무를 갈아 바꿈)을 당하여 이번에 백의종군(白衣從軍)으로 따라 나왔다 한다.

11. 고니시 유키나가의 패군

　그동안에 평양성에서는 명나라 강화사 심유경이 다녀간 뒤로 고니
시 유키나가는 심유경이 부탁한 것을 지키며 성 밖 십 리에 목표를
꽂고 싸움을 중지한 지 오십 일이 지나도 심유경의 회보回報가 없었
다. 그러다 섣달 초생에 심유경이 찾아와서 고니시 유키나가에게 하
는 말이 "조금 더 있으면 명나라 황제의 조칙을 받아가지고 나올 것
을 언약한 날이 지나기에 기다릴까봐 나왔으니 한 번 더 들어가면 일
이 된다"고 말하며 강화에 대한 초본抄本을 꺼내어 고니시 유키나가
에게 보이고 평양성에서 이틀을 유留하다가 떠났다.

　이달 그믐께 명나라 총병 사대수査大受가 순안에 와서 유키나가에
게 기별하기를 "명나라 황제가 강화를 허락하여 심유경이 곧 나올
터인데, 자기가 먼저 온 것"이라 한다. 고니시 유키나가는 의심 없이
이십 기의 군사를 순안으로 보내어 사대수를 맞아들이기로 하였다.
그러나 사대수는 이여송의 전초前哨였다.

　이여송이 대군을 거느리고 산해관山海關을 넘을 때에 평양에서 돌
아오는 심유경을 만나서 "네가 강화를 팔고 다닌다지. 네 말은 듣기

싫다" 하고 심유경을 잡아 경략 송응창의 진에 가두고[1] 압록강을 건너 안주安州에 이른 때에 사대수를 전초로 평양에 보낸 것이다. 사대수는 순안에 이르러 평양성에서 나온 고니시 유키나가의 기병을 불러들여 술을 먹이다가 전부를 도륙하였는데, 그중에 세 사람이 빠져 달아나 평양성에 들어가니 유키나가는 비로소 심유경에게 속은 줄로 알고 일변으로 싸움 준비에 분주하였다.

이날 이여송의 대군은 숙천肅川에서 밤을 지내고 새벽에 떠나 평양으로 쫓아 들어오니 이날이 정월 초나흗날이다. 이여송의 대군이 평양성을 에워싸고 대포화전大砲火箭으로 성을 치며[2] 낙상지駱尚志와 오유충의 군사가 먼저 보통문과 칠성문七星門 턱에서 성을 넘기 시작하는데 앞의 군사가 떨어지면 뒤의 군사가 떠받치며 성안으로 들어간다.

그런데 이미 이여송이 군사는 벌써 서문으로 들어와, 이여송은 말을 달려 성안을 한 바퀴 돌아나오다가 유키나가의 군사가 쏘는 총알에 말이 맞고 거꾸러지니 다시 말을 바꾸어 타고 군사를 지휘하여 대포와 독연毒烟으로 유키나가의 군사를 함부로 죽인다. 유키나가는

1 심유경이 요동에서 이여송의 진에 잡혔을 때 경략 송응창은 심유경을 죽이려 하였는데, 이여송과 찬획들이 말려서 심유경을 죽이지는 아니하였으나 혹독한 형벌을 하여 진중에 가두었다고도 하고, 혹은 이여송이 심유경을 죽이려 하는 것을 참장(參將) 이응시(李應試)가 말려서 송응창의 진에 가두었다고도 한다.

2 조선 장수 이일(李鎰)과 별장(別將) 김응서(金應瑞)가 이날 함구문(含毬門)으로 들어갔다 한다. 이일이 상주(尙州)에서 패하여 문경(聞慶)으로 들어가서 강원도 산골 길을 좇아 평양성에 들어갔을 때 평양성 안의 백성들은 큰 장수가 들어왔다고 반겨 맞았다 한다.

대포화전으로 평양성 공략에 나선 조명 연합군(『회본조선군기』)

이여송의 군사를 대적하지 못하여 군사를 끌고 내성內城으로 들어가 이왕에 장치裝置한 토벽土壁 구멍으로 조총을 쏘아 명나라 군사 수천 명을 죽이니 이여송이 군사를 거두었다.

이날 싸움을 치르기 전에 유키나가의 군사 이만이 겨우 육칠천이 남았음으로 유키나가는 봉산의 오토모 요시즈미에게 구원을 청하였다. 오토모 요시즈미는 평양성이 함락되었다는 말을 듣고 벌써 군사를 거두어서 경성으로 달아났다.[3] 고니시 유키나가는 이 밤에 군사를 이끌고 평양 내성을 벗어나 배천으로 들어가 그곳에 주둔한 구로

---

3 오토모 요시즈미는 이때 먼저 달아난 까닭에 행영에서 히데요시가 벌을 내렸다 한다.

평양성에서 퇴각하는 고니시 유키나가(『회본조선군기』)

다 나가마사와 함께⁴ 군사를 거두어서 개성으로 들어가, 그곳을 지

---

4 구로다 나가마사는 황해도에 들어가던 처음에 연안(延安)을 점령하려고 연안성을
   치는데, 연안성을 지키는 초토사(招討使) 이정암(李廷馣)이 화전(火箭)을 쏘아 방어함
   으로 연 사흘을 두고 싸우는 중에 연안성이 위태하니까 이정암이 나무를 쌓아놓은
   (積薪) 곳에 올라가 누워서 군사들에게 불을 질러달라고 말하였다. 그러자 동남풍(東
   南風)이 일어나 부장(部將) 조신옥(趙信玉)의 무리가 내달려 나무에 불을 질러 성 밖
   으로 던지는 통에 구로다 나가마사가 패하였다. 나가마사는 다시 해주(海州)와 평산
   (平山)에 주둔한 군사를 끌고 와서 닷새 동안 계속해서 맹렬하게 싸웠으나 마침내 이
   정암에게 패하여 연안성은 건드려보지 못하고 배천성을 점령하고 있었다. 이정암이
   연안성의 첩서(捷書)를 조정에 보할 때 어떻게 싸웠다는 사실은 기록하지 않고 다만
   어느 날 적군이 성을 치러왔다가 어느 날 물러갔다고 하였는데, 조선에서는 성을 지
   키기는 쉬운 일이지만 자기의 공을 말하지 아니하기는 어렵다고 하였다 한다.

키려 하는 고바야카와 다카카게에게 권하여 황해 일대에 주둔한 군사를 전부 거두어서 경성으로 들어왔다.

평양성을 빼앗기고 황해 일대에 주둔한 군사가 전부 경성으로 들어오니, 경성의 대장 우키다 히데이에는 평양성이 실패한 것을 원정군의 본영인 히젠 나고야 행영에 보하고 일변으로 조선 각도에 흩어진 장수들을 경성으로 불러들였다.[5]

---

5 이때 경성으로 몰려든 장수는 본문에 기록한 장수들 외에 우봉(牛峯)의 모리 히데카네(毛利秀包), 마전(麻田)의 초소카베 모토치카(長宗我部元親), 광주(廣州)의 도다 가즈타카(戸田勝隆＝戸田氏繁), 영평(永平)의 시마즈 요시히로(島津義弘), 춘천(春川)의 시마즈 다다토요(島津忠豊), 삭녕(朔寧)의 이토 스케타케(伊藤祐兵), 삼척(三陟)의 모리 요시나리(毛利吉成)라 한다.

명나라 장수 이여송의 군사[1]는 개성을 지나 파주坡州에 들어오고, 조선 장수 김명원, 이빈의 진에서는 임진에서 정월 이십칠일 밤에 명나라 장수 사대수와 조선 장수 고언백高彦伯이 경성의 동정을 알아보려고 벽제관碧蹄館에 이르니, 이 밤에 일본 진에서는 다치바나 무네시게立花宗茂의 군사가 야경夜警에서 돌아오다가 여산령礪山嶺 밑에서 사대수의 군사와 충돌이 되어 명나라 군사 백여 명이 죽고, 사대수가 쫓기었다.

이튿날 이여송이 마병 이천과 보병 수만을 이끌고 벽제관으로 쫓아와 일본 군사와 싸우는데, 일본 군사는 고바야카와 다카카게가 번조番組로 조직한 이만여 명의 군사였다. 삼천 명, 이천오백 명씩 여섯 번조로 나눈 번조병이 차례로 나와 명나라 군사를 치기에 사시巳時에서 신시申時까지

---

1 고니시 유키나가가 평양에서 달아난 이튿날 아침에 이여송은 고니시 유키나가가 밤사이에 달아난 것을 발견하고 조선 장수들이 잘못하여 그를 놓쳤다고 이일에게 책망하기를 "이일은 장수 재목이 아니오, 오히려 이빈(李贇)이 장수 재목"이라고 하였다는데, 이것은 이여송이 고시니 유키나가가 도망한 허물을 조선 장수들에게 덮어씌운 것이라 한다.

벽제관에서 이여송을 추격하는 고바야카와 다카카게(『회본태합기』)

네 시간을 싸우는 통에 명나라 군사가 반수 이상 죽었다.

이여송은 군사가 자꾸 죽으니까 그만 싸움을 거두고 파주로 들어와서 남은 군사를 수습하여 이튿날 동파東坡로 물러가려 하는 것을 조선 장수 유성룡, 유홍俞泓, 이빈의 무리가 못 가게 만류하였다. 이여송은 "아니다. 내가 패하여 가는 것이 아니라 어제 싸움에 명나라 군사보다 일본 군사가 더 많이 죽었는데, 이곳은 땅이 질어서 진을 옮기려 한다" 하며 큰소리를 하나 기운이 아주 꺾여 일본 군사를 피하려 하는 것이다.

조선 장수들은 "간밤에 비가 와서 동파는 파주보다 땅이 더 질다"고 말하며 붙잡으니 이여송은 더 할 말이 없으니까 명나라 조정에 보하려는 주본奏本을 꺼내어 유성룡에게 보인다. 유성룡이 받아본 주본에는 그 뜻이 "경성에 있는 일본 군사의 수효가 이십만이니 적은 군사로 많은 군사를 대적할 수 없다" 한 것이며, 또 "자기는 신병身病으로 조선에 있을 수 없는 즉, 다른 장수로 내어보내게 하라" 한 것이다.

유성룡은 주본을 보고 나서 깜짝 놀라 손을 들어 경성을 가르키며 "저 경성 안에 어찌 이십만의 군사가 있다 하오" 하고 말소리를 높이니, 이여송은 "내가 어찌 경성 안에 들어 있는 군사의 수효를 알겠소. 조선 사람들의 말이 그러합디다. 그려" 하고 우물쭈물하던 차에 명나라 장수 장세작이 들어와 이여송을 장막 밖으로 불러내더니 그 길로 군사를 출동하여 임진강을 건너서 개성으로 들어가더니 연일 비가 와서 명나라 군사가 떠나지 못하게 되었다.[2]

마침 함경도에 들어간 가토 기요마사의 군사가 양덕陽德, 맹산孟山을 지나서 평양으로 들어간다 하는 소문이 퍼졌다. 이여송은 명나라 군사의 형세가 평양을 빼앗기면 함정에 든 셈이라 하여 개성에는 왕필적의 군사만 머물러 두고 전군을 이끌고 평양으로 물러갔다.

2　이여송의 군사가 임진강을 건널 때 연일 큰 비가 올 뿐 아니라 임진강 연로(沿路)에는 산이고 들이고 할 것 없이 모두 병화(兵火)에 타버려서 말을 먹일 꼴(芻)이 없음으로 말이 모두 주리고 병이 나서 수천 필이 죽었다 한다.

13. 함경도의 민란

평양성에 고니시 유키나가의 군사가 물러간 뒤에 왕의 대가가 평양으로 들어오려 하여 의주 용만관에서 움직여 정주定州로 들어오고, 경성에는 일본 군사가 새로 들어오니, 나고야 행영의 히데요시는 평양성의 패보를 받고 다시 육만 군이 출동하여 이시다 미쓰나리石田三成, 마시타 나가모리增田長盛, 오타니 요시쓰구大谷吉繼의 무리 일곱 장수를 경성으로 보냈는데, 눈 한쪽이 궂은 다테 마사무네伊達政宗도 자원하고 따라나왔다.[1]

이시다 미쓰나리의 무리가 거느리고 새로 들어온 육만 군사는 남산南山 밑에 본진을 두고—이시다 미쓰나리의 무리가 벽제관 싸움 전에 들어온 것이라 한다—함경도에 들어갔던 가토 기요마사의 군사가 걷히어 들어오니, 당초에 가토 기요마사가 나베시마 나오시게鍋島直茂

---

1 이번에 나온 장수들이 벽제관 싸움 이전이든 이후든 간에 나오게 된 본의는 나온다, 나온다 하던 히데요시가 나온다는 기한에 나왔다 한다. 이중 소위 삼봉행(三奉行)은 히데요시 대신 나왔다는데, 삼봉행은 이시다 미쓰나리(石田三成), 마시타 나가모리(增田長盛), 오타니 요시쓰구(大谷吉繼), 이 세 사람이라 한다.

해청창에서 대치하고 있는 한극함과 가토 기요마사(『회본태합기』)

와 함께 함경도에 들어간 것은 왕자 일행을 추격하기 위함이다.

기요마사가 처음 곡산谷山으로부터 노리현老里峴을 넘어 철령鐵嶺 북 방에 나타났을 때 북병사 한극함韓克諴이 육진六鎭 군사를 거느리고 기요마사의 군사를 쫓아 나서니, 기요마사의 군대는 이미 해정창海汀 倉으로 들어가 함경감사 유영립柳永立과 남병사 이혼李渾의 군사와 싸 움이 시작되었다. 북병사 한극함이 거느린 육진 군사는 싸움에 조련 이 많고, 기사騎射의 장기를 가진 유명한 군사이다.

육진 군사가 해정창에 들어선 뒤에 기요마사의 군사는 포위를 당 해 해정창 곡식 곳간 속으로 들어가 겨우 몸을 숨기게 되었는데, 함경감사의 군사와 남병사의 군사는 그 한끝이 풀리기 시작하니 이는 북도의 민란民亂이 일어난 까닭이다. 북도 사람은 이씨조선이 되면서부터 조정의 배척을 받아 수백 년 동안 나라 일에는 참견을 못하게 막혀 있었음으로 그동안 품었던 불평이 이번 외란을 기회로 하여 백성들이 반기反旗를 든 것이다.

난민이 일어난 곳마다 지방관을 죽이거나 포로로 잡아 일본진으로 보내거나 하여 함경일도가 물 끓듯 소란하니 감사 유영립이 먼저 본영本營으로 돌아가려고 군사를 물리는데, 북병사 한극함은 다잡아 놓은 기요마사를 놓고 갈 수 있느냐고 만류하나 감사는 "산돼지山猪 잡으려다 집돼지도 놓치겠소" 하고 급히 본영으로 돌아갔다. 그러자 남병사 이혼도 군사를 풀어 가지고 슬그머니 갑산甲山으로 들어갔으나 남병사는 갑산에서 난민에게 잡혀 죽고, 함흥咸興 본영으로 돌아가던 감사도 중로에서 난민에게 쫓겨 백운산白雲山의 깊은 골짜기로 달아나다가 잡혀 죽었다.[2]

감사와 남병사의 군사가 떠난 뒤에 북병사 한극함도 해정창에서 군사를 풀어 가지고 경성鏡城 본영으로 돌아가니 곤경에 싸여 있던 기요마사의 군사가 숨을 고르고 일어나게 되었다. 나베시마 나오시게의 군사는 함흥 감영으로 쫓아 들어가고, 기요마사의 군사는 회령會寧으로 쫓아 들어가니, 회령은 왕자 일행이 들어간 고을이다. 회령 고을은 북도에서 수천 리를 깊이 들어간 지방인데, 두 왕자 일행이 기

---

2 함경감사 유영립(柳永立)은 일본 군사에게 잡혀 죽었다고도 한다.

조선의 두 왕자를 사로잡은 가토 기요마사(『회본조선군기』)

요마사의 군사가 북도를 범한 뒤로 회령으로 들어가 있게 되었다.

이왕에 조정에서 죄인罪人을 귀양 보내려면 회령으로 보내어 죄인의 손으로 땅을 개간開墾하게 하였는데, 그들이 개간한 곳이 훌륭한 농촌이 되었다. 농촌 주위로는 성까지 둘러싸여서 아늑한 동네였음으로 왕자 일행은 이곳으로 들어가 죄인들과 함께 섞여 있었는데, 기요마사의 군사가 회령을 범하게 되니 회령 아전衙前 국경인鞠景仁[3]이 난민을 충동하여 왕자 일행을 잡아 기요마사의 진으로 보내었다.

---

3 국경인(鞠景仁)은 전주(全州) 사람으로 회령으로 유배(流配)간 사람이라 한다.

북평사 정문부가 의병과
함께 왜군을 물리치고
함경도를 회복하다
(「창의토왜도倡義討倭圖」,
고려대박물관)

　기요마사의 진으로 잡혀간 두 왕자 일행은 김귀영金貴榮, 황정욱黃廷彧,
황혁黃赫, 이개李漑, 윤탁연尹卓然의 무리 이백여 인이다. 기요마사는
두 왕자를 잡아온 국경인에게 북도판형사北道判刑使[4]를 시켜서 북도를
다스리라 하였다.

　기요마사는 왕자를 데리고 안변성安邊城으로 들어와 함경도의 이십

4　국경인의 무리가 왕자를 잡아 일본 군사에게 주고 상(賞)을 청하니까 기요마사는 "너
　　희가 어찌 이러한 일을 할 수 있느냐"고 호령을 하고 상을 주지 않았다는 말도 있다.

이 군郡을 나누어 나베시마 나오시게와 반씩 점령하고[5] 각 고을로 성대城代를 보내어 지키게 하며, 국경인을 비롯하여 경성鏡城의 국세필鞠世弼과 명천明川의 정말수鄭末守의 무리가 그들을 후원하도록 하였다. 한편으로 북평사北評事 정문부鄭文孚[6]가 함경도 내의 유생儒生을 일으켜 정붕수鄭鵬壽와 최배천崔配天의 무리로 의병을 모집하고 강문우姜文佑로 선봉을 삼아 난민의 괴수 국세필과 국경인의 무리를 잡아 죽이고, 남북주보南北州堡에 격서를 날려 일시에 삼사만 명의 군사를 모아서 각처의 난민을 진압하였다.

그렇게 함경일도를 거의 회복하여 종사관 원충서元忠恕와 고령첨사高嶺僉使 유경천柳擎天, 만호萬戶 한인제韓仁濟의 무리와 형세를 합하여 단천성端川城과 길주성吉州城을 에워싸니, 길주성 성대 가토 세이베에加藤淸兵衛와 단천 성대 가토 요자에몬加藤與左衛門이 연하여 안변 본영으로 구원을 청하였다.

---

5 가토 기요마사의 본진은 안변성(安邊城)에 두고 길주성(吉州城), 채동성(采東城), 단천성(端川城), 이원성(利原城), 북청성(北靑城), 선하성(船賀城) 등 일곱 곳에는 그의 관할로 성대(城代)를 두었고, 나베시마 나오시게(鍋島直茂)의 본진은 함흥성(咸興城)에 두고 금산성(金山城), 덕원성(德原城), 문천성(文川城), 고원성(高原城), 영흥성(永興城), 정평성(定平城), 홍원성(洪原城) 등 일곱 곳에는 그의 관할로 성대를 보내게 되었다 한다.

6 정문부(鄭文孚)는 도내(道內)의 군사(軍事)를 참모(參謀)하는 평사(評事)가 되어 북도에 내려가 있었다. 그는 본래 글을 잘하여 북도에 있는 동안 제자(弟子)가 많았음으로 그가 난민에게 잡혔다가 제자의 힘으로 구하여 나오고, 의병 수만을 모은 것도 제자들의 힘이라 한다. 그리하여 그가 북도에서 성공한 뒤에 조정에 누가 그의 공로를 천거한 이가 없어서 겨우 길주목사(吉州牧使)로 있다가 그것도 내어놓고 이리저리 돌아다니다가 그가 시(詩) 지은 것을 가지고 누가 조정에 모함하여 옥(獄)에서 죽었다 한다.

그러나 본영의 가토 기요마사는 길주와 단천의 위급함을 알고도 겨울 한철 깊은 눈으로 인하여 구원에 나서지 못하여 길주, 단천의 성이 정문부의 군사에게 에워싸인 지 백여 일 동안 군사는 전멸이 되고, 성안에 양식이 떨어진 때에 가토 기요마사가 구원에 나섰다.

그런데 이때는 경성의 대장 우키다 히데이에가 평양성에서 실패한 뒤로 각처의 군사를 경성으로 모아들이던 때이다. 가토 기요마사는 대장의 명령을 받고 일변으로 길주, 단천으로 쫓아가서 두 성의 성대를 구원하여 가지고 경성으로 올라오니7 경성에서는 이미 명나라 장수 이여송의 군사를 벽제관에서 물리쳤으나 다시 행주산성幸州山城에서 큰 싸움이 일어났다.

---

7 기요마사가 경성에 들어오던 날 비가 어떻게나 많이 쏟아지는지 군사들이 거적자리를 우장(雨裝)으로 두르고 떨어진 삿갓(笠)을 쓰고 허위대며 남대문 밖에 이르러 남의 집 처마 밑에 들어서서 밤새도록 퍼붓는 비를 피하는데, 백성들은 왕자를 잡아가지고 오니 저러한 천벌(天罰)을 받는 것이라고 말하였다 한다. 기요마사의 군사가 남대문 밖에 유진한 뒤에 이신(李藎)이 왕자가 있는 곳을 찾아가보고 와서 하는 말이, "청파(青坡) 돌다리(石橋) 머리(頂)에서 다리 밑 천변(川邊) 길로 가서 십여 집(十餘家)을 지나가니까 은행나무가 있는(有一銀杏樹) 큰 집이 있는데, 이 집이 기요마사가 들어 있는 집이라고 하기에 들어가 보니까 비단 장막을 치고 보료를 깔고 한 방에서 기요마사와 왕자가 같이 거처하는데, 거처가 매우 화려했다"고 기록한 데가 있다.

14. 행주산성 싸움

    전라순변사 권율權慄[1]이 평양성이 회복되었다는 기별을 듣고 자기는 경성을 회복하려 하여 남도의 군사 이만을 이끌고 수원水原에 이르러 벽제관 싸움이 일어난 것을 알고 양천강陽川江을 건너 고양高陽 행주산성으로 올라가 웅거하고 강화江華에 있는 창의사倡義使 김천일金千鎰에게 연락하여 경성을 위협하였다.

    경성의 일본 장수들은 권율의 대군을 치려하여 기무라 시게코레木村重茲의 무리 여러 장수가 이만 군사를 이끌고 행주산성을 치다가 권율의 군사에게 참패를 당하여 군사가 전몰하고 쫓겨 왔다. 고니시 유키나가와 가토 기요마사가 다시 이만오천 군사를 거느리고 행주산성으로 쫓아나가니, 권율의 대군은 이미 파주산성坡州山城으로 옮겼

---

1 권율(權慄)은 영의정 권철(權轍)의 아들이다. 임진란에 부산과 동래가 함락되어 조정에서 남도로 장수를 분발할 때에 왕이 "권율이 장수 재목이라는데 지금 어디에 있느냐"고 물어서 권율을 광주목사(光州牧使)로 제수하였다. 이때 남도의 수령(守令)으로 가는 사람은 모두 죽을 땅(死地)에 들어가는 줄 아는 판에 권율이 부랴부랴 광주로 떠나는 것을 보고 승정원 승지(承旨) 한 사람이 "어찌하여 이다지 속히 떠나느냐"고 물으니 권율은 "나라 일이 급한 때에 위태하다고 어찌 시각을 지체할 수 있느냐" 하고 곧 떠났다 한다.

행주산성 싸움(『회본조선정벌기』)

음으로 비어버린 산성에 불만 지르고 돌아왔다. 행주산성 싸움2을
치르고 나니 경성에 있는 일본 군사의 수효가 오만 명이 조금 더 되
나 한 가지 견디기 어려운 것은 양식이 떨어진 것이다.

벽제관 싸움에서 이여송의 아우 이여매가 용산창龍山倉의 곡식 수
만 석에 불을 질러 태운 뒤로 나고야 행영에서 보내는 곡식 배는 경
상 해안에서 이순신의 수군이 빼앗고, 임진강으로 들어오는 곡식 길

---

2 일본에서는 유성룡의 『징비록』이 전해지기 전까지는 행주산성 전투에서 조선군이 아
   닌 명나라 군대가 이긴 것으로 생각했다고 한다. 또 행주산성 전투도 안남성(安南城)
   전투로 불렀다고 한다.─편집자

은 도원수 김명원이 끊고 하여 경성의 일본 군사의 형세는 굶게 되었다. 남삼도의 수다한 의병보다도, 북도의 정문부의 순사보다도, 평안도의 용강장사龍岡壯士 김응서보다도, 황해도 연안성延安城에서 구로다 나가마사를 혼낸 이정암李廷馣보다도, 또 서산대사의 승군보다도, 명나라 구원병보다도 양식이 떨어진 것이 겁난다.

일본 군사의 형세가 이쯤 된 때에 강화를 붙인다고 드나들던 심유경이 경성에 나타났다. 이여송이 평양으로 물러간 뒤에 일본 군사의 세력이 단단한 줄 깨닫고 강화를 붙이려 하여 요동 송응창의 진에 잡아가두었던 심유경을 불러낸 것은 일본 장수들에게 강화를 청하려 함이다.

심유경이 경성에 들어와 고니시 유키나가를 만나고 다시 이시다 미쓰나리를 만나서 일본에게 강화를 청하는 말이 "일본에서 조선의 포로를 돌려보내고 일본 군사가 전부 경성에서 물러가면 조선의 남삼도를 히데요시의 영토로 허락하여 주겠다" 하는 것이다.[3] 일본 장

---

3   이때 강화에 대한 약속은 심유경과 고니시 유키나가가 용산(龍山)에 모여 하였다고 하니, 고니시 유키나가의 진이 용산에 있었는지 모를 일이다. 이때에 강화에 대한 약속이란 것이 무엇이었는지 모르나 조선의 포로라는 말은 필경 기요마사의 진에 있는 왕자 일행일 것이다. 그런데 이때에 조선에서는 심유경이 일본 장수들에게 강화를 하려 하는 것을 어디까지 반대하여 강화가 못되게 발거리를 놓느라고 심유경이 고니시 유키나가에게로, 또 가토 기요마사에게로 연방 보내는 서신(書信)이 잦은 데서 윤두수(尹斗壽)는 심유경의 중요한 서신이면 기요마사와 유키나가에게 겉봉(皮封)을 바꾸어 보내서 두 사람 사이에 분쟁이 일어나게 하였다는데, 그중에서 한 가지 예를 들어 보자. 심유경이 유키나가에게 보내는 편지를 겉봉을 바꾸어서 기요마사에게 보냈는데, 거기에 사달이 날 내용이 있었다. 명나라에서 히데요시의 관백을 빼앗아서 유키나가를 봉할 것이라는 말이 있고, 또 기요마사에게 가는 편지를 유키나가에 보낸 것도 역시 이와 같은 수수께끼 같은 말들이 있어서 그때의 강화 조건의 정체(正體)가 무

수들은 두말없이 심유경의 말에 허락을 하고, 일변 군사를 경성에서 거두어 경상 해안으로 내려가기로 나고야 행영에 보하고 경성을 출발하였다.[4]

일본 군사가 경성을 떠난 이튿날, 경성에는 평양으로부터 이여송이

엇이었는지 도무지 모를 일이다.

4 이때 경성에서 출발한 일본 군사의 수효가 모두 합하여 오만삼천백이라 하니 당초 조선에 나온 구조(九組)의 육군 수효가 십오만팔천칠백으로, 작년 시월경에 진주성(晉州城)을 치느라고 호소카와 다다오키(細川忠興)의 무리 일곱 장수가 거느리고 나온 별동대(別動隊) 이만여 명과 이번에 삼봉행(三奉行)이 거느리고 나온 군사 육만여 명, 또 삼봉행을 따라 나온 다테 마사무네(伊達政宗)의 군사는 그 수효를 알 수 없으나 지금 남은 군사의 수효를 따져보면, 그동안 조선에 나온 일본 육군만의 죽은 수효는 거의 이십만으로 계산이 된다. 그런데 일본 군사가 경성을 출발한 것은 히데요시의 명령으로 한 것이라고도 하고, 히데요시 대신으로 나온 삼봉행의 지휘로 한 것이라도 하는데, 혹은 히데요시의 명령으로 모리 데루모토(毛利輝元)가 먼저 이만 군사를 이끌고 물러나게 하고 나머지 군사는 경성을 경위(警衛)하게 하였다 한다. 만약 그렇게 되었다 하면 계사(癸巳) 사월 십구일에 일본 군사가 경성을 떠나고 그 이튿날 이십일에 명나라 이여송의 군사가 경성에 들어왔다는 것은 의심이 나는 일이다. 또 히데요시가 평양의 패보를 듣고 나고야 행영에 주둔한 군사를 빼놓고 다시 군사를 모집하여 조선에 보내려 했으나 군사를 뽑을 수가 없어서 내가 불행히 적은 나라에서 나서 군사가 부족하니 어찌 하랴 하는 한탄을 하고 경성의 군사를 물리게 한 것이라도 한다. 어떻든 경성을 떠나기는 떠났는데, 떠날 때 경성 안에 있는 조선 사람을 어떻게 처분할 것인지가 문제가 되었다 한다. 만약 조선 사람을 그냥 두고 떠나면 떠나는 즉시로 명나라 진중에 기별할 것이니 죄다 죽이고 가자, 혹은 경성에서 내쫓고 가자 하는 것을, 이시다 미쓰나리의 말이 죽이면 행진(行陣)하는 도중에 인부(人夫)를 누구를 쓴단 말이냐. 그런 즉 경성 각 진영(陣營)에 불을 지르고 연기 속으로 빠져나가자고 주장하였다 한다. 그러면 일본 군사가 경성을 떠날 때에 몰래 빠져나간 듯도 하고, 혹은 일본 군사가 물을 건너갈 때에 한강 위에 항기(降旗)를 꽂고 부산으로 물러가서 주둔하고 상령(上令)을 기다리겠다 하는 방(榜)을 붙이고 갔다고도 한다. 그러면 명나라에 항복을 하였다는 말인지, 또는 일본 군사가 남도로 내려갈 때에 우키다 히데이에와 고니시 유키나가의 진 앞에 심유경과 두 왕자와 왕자 일행 김귀영(金貴榮)의 무리가 각기 말을 타고 나가며 조선의 젊은 사나이들을 뽑아 개가(凱歌)로 노래를 부르게 하며 조령(鳥嶺)을 넘었다고도 한다. 그런데 심유경은 일본 군사가 남도로 내려간 뒤에 이여송을 따라 남도로 내려가서 부산에 갔다기도 한다.

거느린 명나라 군사가 들어오고 파주산성에 웅거한 권율의 대군이 들어와서 경성이 회복되었다. 경성이 회복된 뒤로 권율은 대군을 거느리고 일본 군사를 추격追擊하려 하는데, 이여송이 조선 군사가 추격하는 것을 방해하여 유격장군 척금戚金을 한강으로 보내어 한강의 나룻배津船를 통행하지 못하게 잡아매었다.⁵ 유성룡이 이여송에게 권하여 일본 군사를 추격하라 하니 이여송은 겨우 이여백을 보내려 하였으나 여백이 한강을 건너가서 병이 났다고 칭탈하고 돌아왔다.

---

5 일본 군사가 경성을 물러갈 때에 경성의 광경을 일본 기록으로 보면, 사나이, 계집, 소와 말(男女牛馬)이 비록 한구덩이에서 썩으나(雖司處曝) 송장을 치울 사람이 없어서 (死拘收之無人) 냄새 천지(臭氣掩天塞地) 속에다 진을 치고(陳其中而) 삼월부터 사월까지 지나오니(自三月至四月) 따라서 더운 김에 냄새가 더 퍼져서(隨得暖氣臭氣彌增) 지독한 냄새에 중독으로(被侵臭氣) 사람이 모두 병이 나서 죽고 만다(人皆病死畢)고 하였는데, 유성룡의 『징비록』에도 이와 같은 몇 가지 틀림이 없는 기록이 있다. 경성이 회복된 뒤에 경성 백성의 생활이 말이 못되게 곤란하였으니, 그는 병화를 당하면서부터 해마다 흉년(凶年)이 들어서 곡식이 귀한 탓이라 한다. 경성이 회복된 그 이듬해 갑오년(甲午年)의 곡식 값은 큰 말(大馬) 한 필을 가져야 쌀 서너 말(米三四斗)을 바꾸고, 여간 큰 소(大牛) 한 마리는 쌀 서되(三升), 고운 무명(細木) 한 필이면 좁쌀(栗米) 서되를 바꿀 수 있는데, 그나마도 조선 사람끼리는 바꿀 곡식이 없어서 마소(馬牛)를 가진 사람이면 명나라 진에 들어가서 명나라 군사와 바꾸었다 한다. 그리고 국고(國庫)가 비어서 조정에서는 터놓고 벼슬을 팔게(買官爵) 되었는데, 삼품(三品)에는 백 석(百石), 오품(五品)에는 삼십 석(三十石), 가선(嘉善) 당상(堂上)에는 열 섬, 스무 섬 하고 값을 불러놓아도 계사 갑오년(癸甲之年) 무렵에는 사는 사람이 없었다 한다. 경성 안의 송장은 수구문(水口門) 밖에 쌓인 것이 성의 키보다 두어 길이나 더 높은 것(高於城數仞)을 중들(僧徒)을 불러 다 묻었다 한다. 이때 조선 안에 송장이 이렇게 많이 쌓인 것은 한갓 병화에 죽은 것뿐만 아니라 흉년에 굶어죽기도 하고, 예역(癘疫)이라는 유행병에도 죽기도 많이 하였다 한다. 경성이 회복된 뒤에 명나라에서 산동곡식(山東穀) 십만 석이 새로 나와 명나라 군사의 군량으로 쓰고, 백성에게는 전라도 피곡(皮穀) 천 석을 올려다가 기민(飢民)에게 주어서 백성들은 솔가루(松葉末)에 쌀가루(米粉)를 섞어 물에 타서 마셨다 한다. 이여송이 경성에 들어올 때 유성룡이 같이 와서 이여송의 처소를 소공주책(小公主宅)에 잡아주었는데, 그 집 자리가 남별궁(南別宮)으로 지금 조선호텔이라 한다.

조선 왕궁을 불태우고 퇴각하는 왜군(『회본조선군기』)

　　이여송은 일본 군사의 추격을 그만두려 하더니 경략 송응창이 일
본 군사가 경성을 떠나간 것을 알고 이여송에게 추격을 재촉하였다.
이여송은 겨우 일본 군사의 뒤를 따라 조령을 넘어가서는 "일본 군사
가 이미 멀리 가니 쫓을 수 없다" 하는 말로 송응창에게 보하고 명나
라에서 새로 나온 사천총병四川總兵 유정劉綎을 성주로 보내어 지키게
하고, 오유충吳惟忠은 선산으로 보내고, 조승훈과 갈봉하는 거창으로

보내고, 낙상지駱尚志와 왕필적王必迪은 경주로 보내고 이여송은 경성
으로 돌아오니 이미 왕의 대가가 평양으로부터 돌아왔다.[6]

　일본 장수들은 부산 해안으로 내려온 뒤에 울산 서생포西生浦에서
시작하여 동래, 김해, 웅천, 거제 해안으로 빠져나가며 십육둔十六屯을
버렸다.[7]

---

6 왕의 대가(大駕)가 경성에 들어온 뒤로 궁궐과 종묘(宗廟)가 불에 타 없어졌음으로 정
　릉동(貞陵洞)의 월산대군(月山大君) 구택(舊宅)을 행궁(行宮)으로 쓰고, 심의겸(沈義謙)
　의 집을 동궁(東宮)으로 쓰고, 심연원(沈連源)의 집을 종묘로 정하였다 한다.

7 이때에 가토 기요마사의 진은 울산 서생포(西生浦)에 있고, 고니시 유키나가의 진은
　웅천(熊川)에 있었다 한다. 조선 장수로는 도원수 김명원이 의령(宜寧)에 진을 치고 있
　었다는데, 이 해 유월에 권율(權慄)이 도원수가 되어 영남으로 내려갔다 한다.

15. 진주성 싸움

일본 군사가 경상 남해안으로 내려온 뒤에 경상도 내의 경주와 진주에서 싸움이 있었으니, 작년에 가토 기요마사가 동래에서 경성으로 올라갈 때에 경주성을 함락하고 부하 사카가와 우네메坂川采女에게 오백 군을 거느리고 성을 지키게 하였더니, 경상좌병사 박진朴晉[1]이 이번에 경주성을 치게 된 것이다.

박진은 작년에 밀양 작원鵲院에서 실패하고는 다시 일어설 근력이 없게 되었으나 평양성이 회복된 뒤로 근방의 민병을 모집하여 수천 명을 거느리고 경주성을 치다가 사카가와에게 참패를 당하고 안동安東으로 달아나서 숨어 있었다. 그러는 동안에 화포장火砲匠 이장손李長孫이 비격진천뢰飛擊震天雷라 하는 대포를 발명하였음으로 박진은 비격진천

---

1 박진(朴晉)은 문무겸전(文武兼全)한 장수라 한다. 그가 어려서 공부할 때에 어떻게 총명(聰明)하였는지 한 번 읽은 책을 덮어놓고 읽은 것을 물으면 응구첩대(應口輒對)로 글자 한 획이 틀림없이 대답하였고, 활쏘기를 배울 때에 팔뚝이 약하여 대쪽(竹片)으로 팔뚝을 버티고 쏘게 되었으나 나가는 화살은 과녁을 틀림없이 맞히는 까닭에 천양장군(穿楊將軍)이라는 칭호를 들었다 한다.

경주성 안으로 진천뢰를 던져넣는 경상좌병사 박진(『회본조선군기』)

뢰를 가지고 경주에 이르러 성안으로 던졌다.[2]

　사카가와의 군사들이 진천뢰가 공중에서 떨어지는 것을 보고 의심하여 들여다보다가 진천뢰가 굉장한 소리를 내며 수다한 철환鐵丸이 터져 나와 삼십여 인을 한 번에 죽이고, 연해 진천뢰가 날아 들어오

2　경주 싸움을 준비할 때에 안강(安康) 열여섯 고을(十六邑)의 군사를 모집하여 권응수(權應銖), 판관(判官) 박의장(朴毅長)으로 선봉을 삼아서 밤길 사십 리를 걸어서 경주성을 쳤다 한다. 그때 경주성 안에 들어 있던 일본 군사의 수효가 본문과는 딴판으로 많았다 한다.

니 사카가와는 성을 버리고 서생포로 도망하였다.

경주성의 사카가와가 패한 뒤에 일본 장수는 연합하여 진주성을 치게 되니, 진주성은 작년 시월 경 히데요시의 명령으로 호소카와 다다오키, 가토 미쓰야스의 무리 일곱 장수가 이만 군을 거느리고 치다가 목사牧使 김시민金時敏과 곤양군수昆陽郡守 이광악李光岳의 솜씨에 참패가 되었음으로, 히데요시는 진주성의 참패는 일본 무사의 위엄이 꺾이는 일이라 하여 이번에 일본 장수가 경상 해안으로 모인 기회에 진주성을 치게 한 것이다.[3]

총대장인 우키다 히데이에와 모리 데루모토의 지휘로 수십여 명의 장수가 육만 군을 거느리고 진주성을 치는데, 고니시 유키나가와 가토 기요마사가 선봉으로 들어가서 진주성을 두들겼다. 진주성 안에는 성장 서예원徐禮元과 병사 최경회崔慶會를 비롯하여 창의사 김천일이며, 김해부사 이종인李宗仁이며, 충청병사 황진黃進이며, 의병장 장윤張潤이며, 복수장復讎將 고종후高從厚며, 거제 현령縣令 김준민金俊民의 일류 명장이 모여 들었으나[4] 군사는 겨우 이만 명에

---

3 이번에 진주성을 두 번째로 치게 된 일은 가토 기요마사의 발의(發議)로 한 일이라고
   도 한다.
4 이때 진주성에 모여든 군사는 본문에 기록된 외에 해미현감(海美縣監) 정명신(鄭名
   臣), 의병부장(義兵副將) 오유(吳有), 웅의병장(熊義兵將) 이계련(李繼璉), 비의병장(飛
   義兵將) 민여운(閔汝雲), 표의병장(虎義兵將) 강희보(姜希甫), 전라병사 선거이(宣居怡),
   조방장(助防將) 홍계남(洪季男) 이러하였는데, 전라병사 선거이는 성안의 군사 수효가
   워낙 부족하니 성을 버려두자 하는 것을 그때 진주성 안의 주장(主將)이 되다시피 한
   김천일이 그럴 수는 없다고 우겼음에도 선거이가 슬그머니 퇴병(退兵)하는 통에 조방
   장 홍계남의 군사도 물러섰다 한다.

가토 기요마사가 만든 귀갑차가 진주성의 돌을 빼내자 성벽이 무너지는 모습(『회본태합기』)

지나지 못하였다.

그래서 대구에 주둔한 명나라 장수 유정에게 구원병을 청하였더니[5] 일본 장수들은 진주성에 구원병이 들어오기 전에 급히 치기로 하고 밤낮으로 아흐레 동안에 백여 번을 범하였으나 성 위에서는 끓는 물을 내려붓고 큰 돌멩이와 나무토막을 굴려내려 범접을 못하게 하였다. 그러나 가토 기요마사의 계교로 군사 몇 명을 생쇠가죽生牛皮으로

---

5   이때 성주(星州)에 병영(兵營)을 두고 있던 영우장성(嶺右長城)이라 하는 정기룡(鄭起龍)이 명나라 장수 유정의 군사와 합하여 전주로 들어오라고 하였다 한다.

싸서 수레로 운반하여 성 밑에 대고 쇠갈고리로 성 돌을 빼내기 시작하였다. 연일 장마에 젖은 성벽이라 성 돌 몇 개가 빠지며 성 한구석이 무너지니 군사들이 성으로 기어올라 아우성을 치며 일본 대군이 일시에 성안으로 몰려 들어가니 성을 지키던 장수들의 죽음은 말할 것도 없고[6] 이만 군사[7]와 성안 백성 사오만 명을 합하여 당일에 칠만여 명의 사람이 함몰되었다.[8]

진주를 함락한 일본 장수들이 촉석루矗石樓에 모여 승전 축하를 하던 날 밤에 관기官妓 논개論介가 남강南江 언덕에 있는 촉석 위에서 춤추는 것을 일본 장수 한 사람이 쫓아가서 잡으려 하다가 논개가 안고 남강에 몸을 던져 장수와 미인 두 사람이 얼싸안고 같이 죽은 일도 있었다.

---

6   진주성이 함락되던 날이 계사년 유월 이십구일이라고 하는데, 이날 대장 황진(黃進)이 총을 맞고 죽으니 의병장 장윤(張閏)이 대장으로 나섰다가 마저 죽고 성이 함락되니 주장 김천일은 북향재배(北向再拜) 한 뒤에 아들 건상(乾象)과 함께 서로 안고 남강에 몸을 던지니 김천일의 뒤를 따라 병사 최경희 이하 여러 장수가 모두 남강으로 뛰어들었다 한다.

7   군사의 죽음으로 수효가 드러난 것은, 최경희의 군사가 육백 인, 황진의 군사가 칠백 인, 장윤과 이계련의 군사가 각기 삼백, 민여운과 강희보와 군사가 각기 이백 인으로, 이러하던 것이 여러 군사와 함께 함몰되었다.

8   정기룡의 본집이 진주성 안이었음으로 정기룡의 어머니와 아내 강씨(姜氏), 누이가 모두 백성들과 함께 촉석루 밑으로 나아가서 남강에 몸을 던졌다 한다.

16. 자다가 도망

일본 군사가 경상 해안으로 물러간 뒤로 이여송과 송응창의 무리가 명나라 조정에 보하여 일본으로 강화사를 보내게 되었다.[1] 일본에 들어가는 강화사는 서일관徐一貫, 사용재謝用梓 두 사람으로 정하여 심유경과 함께 일본에 보내었다.

심유경은 부산에 이르러 고니시 유키나가와 이시다 미쓰나리의 무리와 함께[2] 부산에서 떠나 히젠 나고야에 들어가 화약칠조和約七條를 정하니, 그 대개가 "명나라와 일본 사이에 통신화호通信和好할 것, 조선에는 일본 군사든 명나라 군사든 전부 거두어갈 것, 조선의 남삼

---

1 이때 명나라에는 석성, 송응창, 이여송의 무리가 모두 강화를 주장하였다 한다. 그런데 이때 심유경이 부산의 일본 진에 있는 동안에 조선에서는 심유경과 고니시 유키나가 사이에 강화를 만드는 것이 한강 이남은 일본의 영토로 정하고, 한강 이북은 명나라 판도(版圖)로 집어넣기로 한다고 큰 소동이 일어났다 한다. 그리고 이때 일본에서는 히데요시 이하 삼봉행들도 강화를 하려 하였는데, 히데요시의 의향은 알 수 없으나 삼봉행의 강화 조건은 일본에서 명나라에 대하여 아시카가(足利) 시대의 국교(國交)를 회복하자는 데 지나지 못한 일이라 한다.

2 명나라 사신 서일관의 일행이 오고 오월 일일에 부산에서 떠나는데 고니시 유키나가, 소 요시토시, 삼봉행 세 사람까지 동행하였다는데, 이번 길에 심유경도 따라갔다고도 하고, 그냥 부산에 있었다고도 한다.

강화를 위해 일본에 들어가는 명의 사신들(『회본조선군기』)

도는 히데요시의 영토로 정할 것, 조선의 포로를 일본으로 돌려보낼 것" 이러한 것이다.[3]

---

3   이때의 소위 화약칠조(和約七條)라는 것은 (1) 명나라 황제의 딸을 일본 황실에 보낼
    것 (2) 명나라가 일본에 대하여 전과 같이 통상(通商)을 회복할 것 (3) 명나라 대신(大
    臣)들의 서약(誓約)을 교환(交換)할 것 (4)조선의 사도(四道)를 일본 영지로 할양(割讓)
    할 것 (5) 조선이 왕자와 대신을 일본에 볼모(人質)로 보낼 것 (6) 가토 기요마사의 진
    에 포로로 있는 두 왕자의 일행을 놓아보낼 것 (7) 조선의 모든 대신들이 서사(誓詞)
    를 할 것, 이러하다고 기록한 데가 있다.

그리하여 심유경 일행이 돌아오는 길에 히데요시는 고니시 조안 小西如安**4**을 안동眼同하여**5** 명나라에 보내고, 일변 조선 왕자 일행을 돌려보내며**6** 경상 남해안에 주둔한 사십육둔四十六屯 군사를 전부 거두어들였는데**7**, 부산에서 농사를 짓는 사둔四屯의 군사만 머물게 하였다.**8**

고니시 조안(小西如安)은 나이토 조안(內藤如安)이라기도 하고, 후지와라 조안(藤原如女)이라기도 하고, 또 고니시 히다노카미(小西飛驒守)라 하여 고니시히(小西飛)라고도 한다.

5 안동(眼同)하다. 사람을 데리고 함께 가거나 물건을 지니고 가다. - 편집자

6 명나라 사신인 서일관의 일행이 유월경 부산에 돌아와서 그 즉시로 왕자 일행이 놓여왔다. 놓여올 때 왕자 일행이 고니시 유키나가의 진으로 옮겨가 있었다 하니 그동안 왕자 일행의 일은 어찌 되었는지 분명하지 않다. 혹은 히데요시가 가토 기요마사에게 명령하여 왕자 일행을 돌려보내게 되었다 한다.

7 일본 군사를 거두어 들어가기는 계사 윤(閏) 구월 구일부터 이십일일까지의 일이라는데, 모리 데루모토(毛利輝元)는 이 해 삼월에 병으로 먼저 들어가고 그의 아들인 모리 히데모토(毛利秀元)가 대신 있었다 한다.

8 부산에 머물러 있는 사둔(四屯)이란 것이 누구누구의 진이었는지 분명히 알 수 없으나 고니시 유키나가와 가토 기요마사의 진이 머물러 있었던 것만큼은 확실하다 할 수 있다. 이를 증명(證明)하려 하면 이 뒤로 승장(僧將) 사명당(四溟堂)이 기요마사를 만나본 것과 병사(兵使) 김응서(金應瑞)가 고니시 유키나가와 교섭한 것, 또 명나라 장수 유정(劉綎)이 고니시 유키나가와 강화를 하려 한 것을 몇 마디씩 기록하는 것이 좋지 않을까 한다. 그때 조선 장수들이 일본 장수를 찾아보고 교섭하고 한 것은 어떻게든지 무조건으로 일본 군사가 다시 조선을 못 나오게 하자 한 것이오, 명나라 장수 유정은 역시 명나라 강화파(講和派)에 가담하여서 일본의 강화파 고니시 유키나가의 무리와 어떠한 조건 하에서 강화를 하려 하는 까닭에, 조선 장수들은 할 수 있는 대로 이러한 강화를 방해하려 한 것이다. 남해안에 주둔한 일본 군사가 걷히어 들어갈 때에 명나라 장수 유정은 성주(星州)에 있었는데, 그 뒤로 고니시 유키나가와 자주 교섭을 하게 됨으로 경상좌병사 박진(朴晉) 같은 사람은 유정을 보고 강화를 말라는 부탁을 한 일도 있었고, 유정이 그 이듬해 갑오(甲午) 삼월경에 성주에서 남원(南原)으로 진을 옮긴 뒤에도 유정과 고니시 유키나가 사이에는 서로 서신(書信)이 잦았다 한다. 유정이 기요마사에게 보낸 서신에도 명나라에서 유키나가를 일본 관백에 봉하여 주겠다는 말이 있었다 한다. 이러한 말을 가지고 조선 장수들은 유카나가와 기요마사 사이에 이간(離間)을 붙여서 강화를 깨뜨리려 하여 이 해 사월경에 사명당이 기요마

. 자다가 도망 215

사를 만나보려고 세 번이나 서생포를 찾아갔는데, 처음에는 거절하다가 겨우 기요마사가 부하 기하치(喜八)라는 사람을 내놓아 사명당과 문답을 하더니, 나중에는 사명당을 맞아들여 면회를 하게 되었는데, 이때 사명당과 기요마사 사이에 문답한 것을 일본 기록에는 송운문답(松雲問答)이라 한다. 사명당이 기요마사를 대한 때는 날이 저문 뒤인데, 사명당 일행은 이겸수(李謙受), 장희춘(蔣希春), 통변(通辯) 김언복(金彦福) 이러한 몇 사람이오, 기요마사의 곁에는 일본 장수들의 진중에 으레 따라다니는 진승(陳僧)이라는 중 몇 사람이 있었는데, 기요마사 진의 진승은 닛신(日眞), 자이타(在田), 덴유(天佑) 이러한 중들이었다 한다. 김언복의 통변으로 사명당과 기요마사가 문답하는 가운데 기요마사가 자꾸 조선의 내정을 물을라치면 사명당은 이러한 대답은 피하며 장군 같은 자격으로 어찌하여 관백 히데요시의 부하가 되었단 말이오, 그러지 말고 히데요시를 조처하고 장군이 관백 노릇을 하오, 하는 등의 말을 하고, 기요마사는 명나라 장수 유정의 일을 연해 묻고 하였다. 사명당이 기요마사에게 군사를 물려서 들어가라고 꾸짖으니까 기요마사는 "아니오. 조선 군사는 약해서 싸울 수 없으니 이번에 나는 명나라로 쫓아 들어가서 명나라 북경에 불을 지를 터이다" 하고 대답하였다 한다. 그런데 수군통제사 이순신 같은 이는 사명당이 기요마사의 진에 드나들며 이러쿵저러쿵 하는 것을 아주 대기(大忌, 몹시 꺼려하고 싫어함)하여 사명당이 기요마사와 문답을 하였다는 기록을 얻어 보고는 분통(憤痛)함을 참을 수 없었다고 『난중일기(亂中日記)』에 기록하였다. 그때 기요마사가 유정의 일을 궁금해한 것은, 유정이 유키나가와 친한 까닭에, 유키나가가 유정과 붙어서 무슨 일을 의논하는 것을 시기한 까닭이다. "유정이 어찌하여 전라도로 진을 옮겼답니까" 하고 기요마사가 묻는 말에 사명당은 "도원수 김명원의 진이 성주(星州)로 옮겨오느라구요" 하고 대답하고 나서 유정과 유키나가 사이에 그동안 하여온 일을 가지고 기요마사를 어떻게 충동하였는지 기요마사는 "유키나가와 소 요시토소, 그자들은 섬 속(絕島中)에서 소금장사를 해먹던 놈들이라오" 하는 말까지 나오게 하였다는 것이다. 본래 좋지 못한 기요마사와 유키나가 사이를 사명당이 그 사이에 끼어들어서 기요마사를 충동하는 한편으로 유키나가에게는 경상우병사 김응서가 들어서서 발거리를 놓았다. 당초에 김응서는 유키나가의 편지가 여러 번째 와서 만나보자 하는 까닭에 처음에는 부하 이홍발(李弘發)을 대신 보내 유키나가와 수작하게 하던 일이 차차로 김응서 자신이 나서게 되었다. 그래서 유키나가를 만나보고 유정과 유키나가 사이에 강화로 언론하는 것을 방해하게 하는데, 유키나가의 말이 "일본이 명나라와 화친하려는 일이 다 되었는데, 왜 조선에서 명나라를 부추겨 일이 못 되게 하느냐" 하고 물으면, 김응서는 "어서 일본 군사를 조선 땅에 하나도 두지 말고 전부 거두어 들어가오. 그러면 저절로 강화는 되는 것이 아니오" 하는 대답을 하여 가며 기요마사의 말을 슬그머니 꺼내놓으면 유키나가는 "어째서 조선에서는 기요마사에 대해서는 그리 친절하오. 기요마사의 진엔 조선의 옥관자(玉貫子)를 붙인 양반(兩班)과 점잖은 대사(大師)님네만 드나든답니다. 그려" 하고 유키나가가 말하는 것은 자기가 기요마사를 시기하는 사색(辭色-말과 얼굴빛을 함께 이르는 말)을 드러내보이는 것이라 한다. 이렇게 조선 장수들은 유

왕자 일행이 돌아오고 일본 군사가 물러가니 명나라에서는 여전히 조선 안에 군사를 머물러 두고 경략 송응창 이하 모든 장수는 불러 들이고, 요계총독遼薊總督 고양겸顧養謙을 경략으로 하여 조선의 일을 처리하게 하였다. 고양겸은 강화를 하기 위하여 나선 사람이라 참장 參將 호택胡澤을 조선에 보내 강화를 전고傳告하기 위해 호택이 경성에 서 석 달 동안 유련留連하며 애를 쓰는 통에 조선에서는 마지못해 강 화를 허락하고, 허정許頊을 강화사로 명나라 조정에 보내게 되었다.

그동안에 심유경 일행을 따라 명나라에 들어간 고니시 조안은 명 나라 조정으로부터 일본 사신은 요동을 지나 더 들어오지 못하게 금지를 당한다.[9] 고니시 조안은 괴상히 여기며 요동에서 유하게 되

키나가와 기요마사 사이와 유정과 유키나가 사이를 서로 불합(不合)하게 하여 강화가 못 되도록 하였다 한다. 이때 조선에서도 강화를 주장하는 사람으로서는 성혼(成渾), 유성룡, 전라감사 이정암(李廷馣)의 무리 몇몇 사람이 있었으나, 강화를 주장하는 이 사람네의 말에는 왕도 듣지 않았다 한다. 왕은 이 해 정월에 김수(金晬), 최립(崔岦)의 무리를 명나라 조정에 들여보내 작년 여름에 명나라 강화사가 일본에 들어간 동안 에 일본 장수들이 진주성(晋州城)을 함락한 일과 유키나가와 유정 사이에 강화를 하 려고 통모(通謀)한 일을 보하여 강화를 방해하였다. 명나라에서 강화를 주장하는 파 에서는 주견(主見)이 두 패로 갈려서 석성은 군사를 거두어간 뒤에 봉왕(封王)을 하자 하고, 송응창은 먼저 봉왕을 한 뒤에 군사를 거두어가게 하자고 각각 주장하니, 일본 의 강화사 고니시 조안(小西如安)이 북경에 들어간 뒤에 명나라 조정에서는 진운붕(陳 雲鵬)과 심가왕(沈嘉旺)을 철병사(撤兵使)로 조선에 내보냈다. 그래서 철병사는 부산 에 내려가 고니시 유키나가를 보고 철병을 권고하였다 한다. 철병사가 조선의 이해용 (李海龍), 이언서(李彦瑞)와 함께 고니시 유키나가의 진을 찾아 웅천(熊川)으로 가서 만 났는데, 유키나가의 곁에는 중 겐소와 치쿠케이(竹溪)가 늘어앉고 이언서의 통변으로 권고하여 이 해 유월 이십육일에 유키나가의 군사가 반쯤은 걷혀 들어가고 기요마사 의 군사는 먼저 들어갔다 한다.

9 심유경이 고시니 조안과 함께 일본에서 나온 뒤에 고니시 유키나가의 진에서 묵다가 이 해 칠월경에 명나라로 들어가는데, 이때 행구(行具)에는 히데요시에게서 작성한 화약칠조(和約七條)와 히데요시의 항표(降表), 책봉번왕(冊封藩王)의 유가 들어 있었

었는데, 명나라 조정에서는 화약칠조 가운데 일본과 명나라 사이에 통신화호의 조문이 명나라 조정의 의견과 달라 다시 조약을 고치게 되고[10] 일변으로 명나라 군사를 거두어들이게 되는 데에 대해서는 경략과 총대장만 불러들이고, 군사는 여전히 조선에 머물게 둔다는 것이다.

고니시 조안은 명나라 조정에 대하여 속히 일본에 통신사를 보내어 조약을 완전하게 할 것과 일본 군사는 이미 조선을 떠났으나 명나

다 한다. 이때 심유경이 먼저 북경에 들어가 조약을 고친다 한 것은 심유경이 요동에 있는 고니시 조안에게 통지한 말인데, 내용에 있어서는 그런 게 아니라 심유경이 가지고 갔던 히데요시의 납관문(納款文)이 위조(僞造)라고 명나라 조정에서 의혹이 일어난 일이라기도 하고, 혹은 황녀(皇女)에 대한 일이라는데, 복건순안사(福建順女寺) 유방예(劉芳譽)가 일본에 있는 조선 사람 염사근(廉思謹)의 서신을 보니 명나라 황녀를 일본으로 보낸다는 것을 일본에서는 확실히 믿고 있다는 것을 명나라 조정에 보하였는데, 심유경이 명나라 조정에 대해서는 일본 황실의 딸을 명나라로 보내게 되었다고 말하여 온 것이 뒤집혀서 심유경이 이 일을 변명하는 동안에 고니시 조안을 요동에서 여러 달 동안을 묵게 하였다 하기도 한다.

10 고니시 조안은 이 해 십이월 칠일에야 비로소 북경에 들어가서 천자(天子)에게 보이는 습례(習禮)를 홍로사(鴻臚寺)에서 열나흘 동안 한 뒤에 대궐에 들어가니 병부상서 석성(石星)을 비롯하여 내각학사(內閣學士) 조지고(趙志膏)의 여러 동관(諸僚) 십여 명이 둘러앉아서 열여섯 가지 조건(十六條)을 가지고 고니시 조안에게 문답을 하였다. 그 조건 중에는 명나라에서 일본 왕을 준봉(準封)한 뒤에 일본 군사는 한 사람도 조선에 머물지 말 것, 봉왕하는 외에는 별도로 공시(貢市, 조공)는 허락지 아니할 것, 수호(修好)를 한 뒤에는 일본이 조선과 같이 번속(藩屬)이 되어 서로 침범하지 말라는 것, 이러한 몇 가지가 그때 조건의 가장 중요한 조문이 되었다. 또 문답하는 중에 "어찌하여 히데요시가 왕을 봉하여 달라느냐"고 하고 물으니 "오다 노부나가(織田信長)가 피살된 뒤로 일본 왕이 없어져서 히데요시가 왕이 되려 하는 것이니 명나라에서는 이전에 영락제(永樂帝)가 아시카가 요시미쓰(足利義滿)에게 왕을 봉한 예(例)로 히데요시를 왕으로 봉하고 남만(南蠻), 류큐(琉球), 조선(朝鮮)과 같은 예로 대우하여 달라고 하는 것입니다" 하고 대답하였다. 고니시 조안은 이때에 모든 행동이 그저 "네! 네!" 하고 굴복하여서 히데요시의 본의(本意)와는 딴판인 것도 승낙하여서 사절을 욕되게 하였다고 일본 기록에서는 논박(論駁)을 많이 하였다.

명의 조정에 들어간 고니시 조안(『회본조선군기』)

라 군사는 조선에 머물러 두는 것에 대해 질문을 하고, 명나라를 떠나 부산으로 나왔다.[11]

---

11 고니시 조안이 일본에서 떠나 명나라에 들어갔다가 북경에서 돌아서던 날이 을미(乙未) 정월 이십일일경이라 그동안 일 년 반(一年半)이 걸렸다는데, 이때 고니시 조안이 책봉사와 함께 북경에서 떠났다고도 하고, 또 먼저 북경에서 떠나와서 부산에서 책봉사를 기다려서 다시 일 년 동안을 부산에서 묵었다고도 한다.

그러자 명나라에서는 유정과 오유충의 보병 만 명만 조선에 머물러 두고 군사 전부를 거두어갔으나 일 년이 지나도 통신사는 보내지 아니함으로 고니시 조안이 연해 심유경에게 통신사를 재촉하였더니, 심유경이 명나라 조정에서 겨우 사신을 얻어가지고 나왔는데 통신사가 아니라 책봉사冊封使였다.

명나라 책봉사는 이종성李宗誠12이오 부사副使는 양방형楊邦亨인데, 명나라 사신이 부산에서 자던 날 밤에 명나라 복건福建 사람 하나가 일본에서 나왔다. 책봉사 이종성이 복건 사람을 불러 일본의 내정을 물으니 그 사람 말이 "일본의 히데요시가 명나라의 책봉을 받으려 하는 것이 아니니 만약 책봉사로 들어갔다가는 봉변을 하리라" 하고 대답한다. 이종성은 그렇지 않아도 일본에 들어가는 것을 위태스럽게 여기던 끝에 복건 사람의 말을 듣고 겁이 나서 이 밤에 의복을 변장하고 달아났다.13

---

12 이종성(李宗誠)은 李宗城으로 기록한 데도 있다.

13 이종성이 달아난 데 대해 여러 가지 말이 있다. 심유경이 책봉사 이종성 일행과 같이 부산까지 와서 책봉사 일행은 부산에 떼어놓고 먼저 일본에 들어가 히데요시를 봉왕할 장소를 정하고, 히데요시가 봉왕을 받들 절차를 차려주고 하는 동안에 이종성이 달아난 것이라는데, 이종성이 히데요시를 대하기가 무서워서 달아났다기도 하고, 바다를 건너기가 겁이 나서라기도 하고, 혹은 이종성이 계집을 좋아해서 부산에서 묵는 동안에 계집을 많이 상관하는 중에 소 요시토시의 아내이고 고니시 유키나가의 딸의 인물이 어여뻐서 그 계집을 통간하려다가 소 요시토시에게 들켜서 도망한 것이라고도 한다. 혹은 사용재(謝用梓)의 조카가 되는 사륭숙(謝隆叔)이 일본에서 나와 심유경은 이제 다시 나오지 아니할 것이라고 이종성에게 말한 까닭이라고도 하고, 또 심유경이 일본에서 들어가서 납공(納貢), 통상(通商), 할지(割地), 황녀(皇女) 이 네 가지 조건으로 말썽이 되어서 심유경이 잡혀 갇혔다는 풍설(風說)을 듣고 놀란 일이라기도 한다. 어찌하였든 이종성은 자격도 상당하고 지식도 많았다는데, 이렇게 슬그머니 달아날 바에는 자기에게 어떠한 급박한 사정이 있었다는 것은 확

심유경은 자다가 책봉사를 잃어버리고**14** 도로 명나라 조정으로 들어가 책봉사를 잃어버린 일을 보하니, 조정에서는 양방형을 상사上使로 하고 심유경을 부사副使로 하여 보낸다.

실한 일일 것이다.

14 이종성이 달아난 때가 이 해 사월 삼일인데, 심유경이 일본에서 나온 뒤라고도 한다. 상사를 잃어버린 부사 양방형이 겁이 나서 덜덜 떠는 것을 심유경은 걱정 말라고 큰소리로 안위시켰다 한다.

17. 강화가 깨어져

심유경이 상사와 함께 다시 조선으로 건너와 경성에 들어오니, 고니시 조안에게서 기별이 오기를 "조선에서도 이번에 사신이 들어가야 한다" 하였다. 심유경은 다시 조선에서 사신을 얻어내는데, 조선에서는 대신들 가운데 성혼, 이정암, 유성룡의 일파는 강화를 주장하나, 정인홍鄭仁弘, 이이첨李爾瞻, 유영경柳永慶의 일파는 강화를 배척하여 얼마 동안을 힐난하다가 겨우 황신黃愼을 정사로, 대구부사大邱府使 박홍장朴弘長을 부사로 하여 명나라 사신과 함께 일본으로 들어가게 되었다.

두 나라 사신이 한 배에 올라서 오사카에 이르러 히데요시를 만나보는데[1] 책봉사 양방형이 먼저 명나라 황제의 조칙을 히데요시에게

---

1 책봉(册封) 장소는 오사카(大阪)로 되었다 하고, 이 해가 일본의 게이초(慶長) 원년 병신(丙申)이었다. 황신 일행이 이 해 윤 칠월에 오사카에 들어가서 구월에야 히데요시를 보았다 한다. 그런데 책봉사는 유월 십육일경 부산에서 떠났음으로 황신 일행은 책봉사보다 먼저 떠났다고도 하고, 나중에 떠났다고도 한다. 또 이때 심유경은 책봉사와 같이 들어가서 책봉할 때에 양방형이 책봉하는 절차를 일일이 지도하였다고도 하고 혹은 심유경은 고니시 유안과 부산에 처져 있다가 이 해 섣달 열이틀에 들어갔다고도 하고 이듬해 정월에 갔다고도 한다. 만약 심유경이 책봉사보다 훨씬

전하니2 이 조칙은 "명나라 황제가 히데요시를 일본 왕으로 책봉한다"는 것이다. 히데요시는 조칙을 읽고 나서 얼굴이 빨개지며 "나는 이러한 조칙을 받으려 한 것이 아니다" 하고 명나라 사신에게 조칙을 도로 내주었다.3

나중에 들어갔다 하면, 히데요시의 책봉에 대한 일이 실패로 되니까 다시 들어갔는지도 모를 일이다.

2 책봉사가 히데요시에게 전한 조칙이란 것은 명나라 조정에서 만들 때에 공론(公論)이 만들었다는 것이다. 히데요시의 책봉 표문(表文)에 그 아내와 아들은 어찌하여 달라는 말이 없으니 왕의 아내와 아들은 그냥 둘 수가 있느냐는 사람도 있고, 자기가 해달라는 대로만 해주자는 사람도 있어서 왕비나 왕자에게는 봉한 것이 없이 히데요시에게만 순화왕(順化王)을 봉하고 히데요시의 신하는 일체로 도요토미(豊臣)이라는 성을 주어서 도요토미 유키나가(豊臣行長), 도요토미 미쓰나리(豊臣三成), 도요토미 나가모리(豊臣長盛), 도요토미 히데에에(豊臣秀嘉), 도요토미 요시쓰구(豊臣吉繼) 등 이렇게 열 사람에게는 대도독(大都督)을 배(拜)하고, 도요토미 이에야스(豊臣家康)로부터 도요토미 요시토시(豊臣義智)까지 열 사람(十員)에게는 아도독(亞都督)을 배하고, 도요토미 겐이(豊臣玄以) 이하 열한 사람(十一員)에게는 도독지휘(都督指揮)를 배하고, 도요토미 요시히로(豊臣義弘) 이하 여섯 사람(六員)에게는 아도독지휘(亞都督指揮)를 배하였다. 또 중 겐소(玄蘇)는 일본 선사종(禪師宗)을 제수(除授)하고 중 히다메(日爲)와 치쿠케이(竹溪)는 그 공훈(功勳)이 겐소와 같다고 포장(褒奬)하고, 특별히 도요토미 유키나가에게는 세서해도(世西海道)라는 가자(加資)를 내리고 영원히 천조연해의 번리(永爲天朝沿海藩籬)가 되어 조선과 더불어 대로 좋게 지내라(與朝鮮世世修好)는 조칙을 내렸다. 이 밖에 대도독첩지(大都督箚符) 열다섯 장(張), 아도독첩지 스무 장, 도독지휘첩지 서른 장, 아도독지휘첩지 쉰 장이며, 왕 이하 모든 신하들이 입을 관복(冠服)을 지어 보낸 것이라 한다.

3 이때 히데요시가 돌연 책봉을 거절하게 된 것은 무슨 까닭이었을까? 지금까지 풀 수 없는 수수께끼라 한다. 혹은 히데요시의 양자 관백 히데쓰구(秀次)가 이 해 칠월경에 자인(自刃)하여 죽은 뒤로 히데요시의 심기(心機)가 비틀어진 까닭이라고도 하고, 또 그때 오사카에 큰 지진(大地震)이 일어나서 히데요시가 진재(震災) 통에 정신이 빠졌던 까닭이라고도 하여 대체 알 수가 없다는데, 또 한 가지 의심나는 것은 그때에 히데요시가 정녕코 책봉을 거절하였다 하면 책봉에 대한 서류(書類)를 하나도 받아둘 리가 없을 터인데, 그때 명나라 황제가 책봉하였다는 칙서(勅書)가 다이쇼(大正) 10년경 간토대진재(關東大震災, 1923) 이전까지 도쿄도서관(東京圖書館)에 들어가 있던 자체가 전하여 오는 것이 더욱 의심나는 일이다. 그때 오사카에서 지진이 일어나서 책봉할 궁궐이 무너져 궁궐 가옥(假屋)을 짓기에 한 달 반 만에 그 역사(役

그리고 다시 조선 사신을 대하여 "너희 나라 왕자를 놓아보낸 뒤에 그 즉시로 회사回辭가 있어야 할 터인데 이때까지 있는 것은 무례한 일이다" 하는 말로 책망하고 나서 두 나라 사신에게 싸잡아 하는 말이 "강화는 깨어졌다. 내가 이때까지 명나라 조정에 속아온 일이 분해서라도 군사를 또 보내어서 분풀이를 하고 말겠다"4 하고 두 나라 사신을 몰아낸다.

심유경 일행이 행영에서 몰려나온 뒤에 심유경이 고니시 유키나가를 찾아가니5 유키나가는 심유경을 맞아들이며 좋은 낯으로 대하나

事)가 끝났기 때문에 칠월에 들어간 황신 일행이 구월이 되어서야 히데요시를 본 것이라고도 한다. 그때 황신이 오사카의 지진 상황을 조정에 보한 것을 보면, 오사카성에 들어가 보니 땅이 꺼져서 늙은 소나무(松)의 끝만 보이게 된 곳이 많고, 그 근방으로 죽은 사람이 수천이 된다 하며, 성안에는 후시미노미야(伏見宮)가 엎어져서 관백 궁녀 사백 인이 압사(壓死)하였다고 기록되었다.

4 히데요시가 황신에 대하여 책망한 것이, 조선의 죄목을 하나, 둘, 셋, 넷 하며 조목 조목 드는 가운데, 명나라와 강화하려 하는 것을 조선에서 발거리를 하는 것도 한 가지 조목으로 들었다 한다.

5 고니시 유키나가는 가토 기요마사보다 부산에서 나중에 들어갔다는데, 혹은 유키나가가 먼저 들어가서 히데요시에게 기요마사를 참소(讒訴)하여, 기요마사는 히데요시에게 견책(譴責)을 당하고, 이 해 병신년 유월 구일에 부산에서 들어가 히데요시에게 변명하려 하였으나 히데요시가 지진으로 정신이 없는 판이어서 변명할 기회를 이내 못 얻었다는 말도 있다. 히데요시의 책봉이 깨어진 뒤에 두 나라 사신이 부산에 나오기는 황신 일행은 이 해 동짓달 이십일일 저물게, 그리고 책봉사 일행은 섣달 칠일에 부산에 상륙하였다. 이때 고니시 유키나가가 따라 나와서 황신을 보고 히데요시가 필경 출병할 것이니 조선에서는 우선 왕자를 히데요시에게 볼모로 보내면 일이 없으리라고 권하는 것을 황신은 아무 대답도 아니하였다 하니, 그러면 고니시 유키나가가 황신 일행을 따라 나왔는지 책봉사 일행을 따라 나왔는지 그 나온 시기가 분명하지 않다. 그리고 심유경은 이번 길에 부산에 상륙한 뒤로 명나라 들어가지 않고 조선에 있었다고도 하고 상사 양방형이 들어간 뒤 한 달이 지나서 들어갔다가 다시 조선으로 나왔다고도 하는데, 이때에 또 수수께끼 같은 장면이 나서게 되었다. 심유경이 양방형을 먼저 북경으로 들여보내고 부산에서 고니시 유키나가와 같이 한 달 이상을 궁글다가 북경에 들어가서 명나라 조정에 히데요시의 사은표(謝恩表)라는 것을 올렸

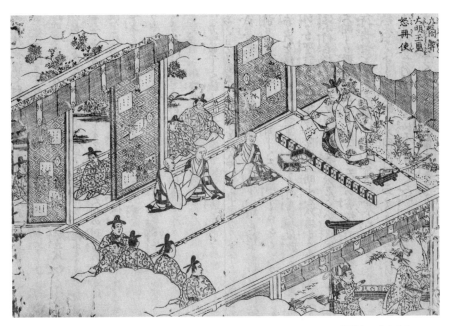

명의 조칙에 격노한 히데요시(『회본조선군기』)
일본 국왕에 봉한다는 조칙의 내용에 격노한 히데요시가 조칙을 찢고 있다.
하지만 당시의 국서가 현재 남아 있기 때문에 이 그림의 묘사는 잘못된 것이다.

강화에 대한 일은 일절 말이 없다. 두 나라 사신이 실패하고 나온 뒤
에 조선에서는 히데요시의 원정군이 다시 나올 것을 깨닫고 수륙군

으니, 대체 그때의 그 히데요시의 사은표라는 것이 어찌된 것이냐 하는 것이다. 히데
요시가 본문과 같이 책봉을 거절하였다 하면 명나라에 대하여 격문(檄文)을 보냈다
고 하면 모르되 어찌하여 사은표를 보냈으며, 또 명나라에서 히데요시에게 책봉을
하고 사은표까지 받고 하였으면 강화가 확실하게 되었는데, 어째서 히데요시가 다시
출병을 하고 명나라가 다시 출병을 하였는지 의심나는 일이다. 더구나 그때 히데요시
의 사은표라는 글이 명나라의 『신종실록(神宗實錄)』에 기록되어 전하여 온다.

을 단속하여 도원수 권율은 각도에서 군사 이만삼천씩을 뽑아 남삼도의 길목을 지키게 하였다.

그리고 남원부사南原府使 최렴崔廉은 별장 신호申浩를 시켜 전라도 일곱 고을의 군사를 모집하여 교룡산성蛟龍山城을 수축하고, 체찰사 이원익은 김해부사 백사림白士霖을 지휘하여 현감縣監 곽준郭趙과 함께 남삼도의 의병을 거느리고 경상과 전라의 인후咽喉 목이 되는 황석산성黃石山城을 지키도록 하였다. 또 삼도수군통제사 이순신은 한산도에서 해면海面을 경계하고, 조정은 권회權恢의 무리를 명나라에 보내어 구원병을 청하였다.

18. 정유재란

정유丁酉 정월 초생初生에 히데요시의 원정군이 다시 출동하니1 이
번 총대장은 고바야카와 히데아키小早川秀秋로 하고, 선봉은 전과 같이
가토 기요마사와 고니시 유키나가였으나 선봉의 차서次序만 바꾸어서
가토 기요마사는 일만 인, 고니시 유키나가는 칠천 인이다. 이비二備는
소 요시토시宗義智 일천 인, 마쓰라 시게노부松浦鎭信 삼천 인, 아리마
하루노부有馬晴信 이천 인, 오무라 요시아키大村喜前 일천 인, 고토 스미
하루五島純玄 칠백 인이오. 삼비三備는 구로다 나가마사黑田長政 오천 인,
모리 요시나리毛利吉成, 모리 가쓰나가毛利勝永 이천 인, 시마즈 도요히

---

1 이때는 임진 후 여섯 해가 되는 해이니 조선의 선조 30년이오, 일본의 게이초(慶長)
   2년이오, 명나라의 만력(萬曆) 25년이오, 서력 기원 1596년이다. 이 해의 난을 일본에
   서는 게이초노에키(慶長の役)라고 하고, 조선에서는 정유재란(丁酉再亂)이라 한다. 이
   해에 히데요시가 다시 조선에 출병한 데 대하여 출병한 그 이유를 또 알 수 없다는
   것이다. 히데요시가 이 해 정월 초하룻날부터 조선으로 군사를 분발하고 이월 이십일
   부로 발표한 선전문(宣戰文)에는 조선을 징벌(懲罰)한다는 것으로 표어(標語)를 세웠
   으나 세상의 비판으로는 히데요시 한 사람의 감정으로 한 노릇이라는 것이다. 이때
   히데요시의 명으로 출병한 군사를 히데요시가 분김(홧김)에 냈다 하여 분병(憤兵)이
   라는 명칭이 일치한다.

거짓 정보를 흘리기 위해 경상우병사 김응서를 찾아온 요시라(『회본태합기』)

사島津豊久 팔백 인, 다카하시 모토타네高橋元種 육백 인, 아키즈카 다네나가秋月種長 삼백 인, 이토 스케타케伊藤祐兵 오백 인, 사가라 나가야스相良長女 팔백 인, 와키자카 야스하루脇坂安治 일천이백 인이오.

사비四備는 나베시마 나오시게鍋島直茂, 나베시마 가쓰시게鍋島勝茂 일만이천 인이오. 오비五備는 시마즈씨島津氏 일만 인이오. 육비六備는 초소카베 모토치카長宗我部元親 삼만 인, 도토 다카토라藤堂高虎 이천팔백 인, 가토 요시아키加藤嘉明 이천사백 인, 구루시마 미치후사来島通総 육백 인, 간 미치나가菅達長 이백 인, 나카가와 히데시게中川秀成 일천오백 인이오. 칠비七備는 하치스카 이에마사蜂須賀家政 칠천이백 인, 이코마 가즈마사生駒一正 이천칠백 인, 다치바나 무네시게立花宗茂 오천 인,

모리 히데카네毛利秀包 일천 인, 다카하시 나오지高橋直次, 쓰쿠시 히로카도筑紫廣門 일천 인, 아사노 요시나가淺野幸長 삼천 인이오.

대장大將 모리 히데모토毛利秀元 삼만 인, 대장 우키다 히데이에宇喜多秀家가 일만 인이니 합하여 십사만일천일백 인을 총대장 고바야카와 히데아키와 참모장參謀長 구로다 요시타카黑田孝高가 거느리고 행영에서 출발하여 조선으로 향하였는데, 먼저 부산에 상륙하기는 이번에도 고니시 유키나가였다.

고니시 유키나가가 부산에 상륙하며 일변으로 통변通辯 요시라要時羅를 경상우병사 김응서2에게 보내어 말하기를 "일본에서 이번에 다시 출병한 것은 가토 기요마사의 주장이니 당초부터 강화를 주장하는 나로서는 가토 기요마사를 원수로 본다. 나는 조선 장수의 손을 빌어 가토 기요마사를 죽이려 하니, 조선에서 수군통제사 이순신을 보내어 기요마사가 나오는 길목을 지키고 있으면 우리가 기요마사의 배를 가르쳐줄 것이다. 그러니 이순신의 손으로 기요마사를 죽이게 하여라" 하고 간절하게 말하였다.

김응서가 이 말을 도원수 권율에게 보하였더니, 권율은 이를 조정에 보하였다. 조정은 본래 유키나가와 기요마사의 사이가 좋지 못한 것을 아는 터3이라 의심 없이 한산도의 이순신에게 명령하여 기요마

2　김응서의 본영은 의령(宜寧)이라 한다.

3　이때 조선에 나온 일본 장수들의 차서(次序)로 보면, 기요마사는 이 해 정월 십사일에 상륙하여 양산수(梁山守)를 쫓고 이전의 진영이던 서생포(西生浦)로 들어가고, 유키나가는 이 해 이월 이일에 상륙하였다 한다. 그러면 기요마사가 먼저 상륙한 것인즉 본문의 기록을 준신(準信)하기가 어렵다. 어찌되었든 기요마사와 유키나가의 사

사의 배를 중로에 나가 기다리라 하였다. 이순신은 이것이 정녕코 일본 장수들의 계획인 줄로 알고 군사를 움직이지 아니하였더니 기요마사가 마저 상륙한 뒤에 조정은 이순신이 일본 장수들과 통모通謀하였다 하여 이순신을 파직罷職시켜 경성으로 잡아 올리고 삼도수군통제사를 원균으로 하여 수군을 거느리게 하였다.

원균이 수군통제사가 된 뒤에 고니시 유키나가가 또 요시라를 김응서에게 보내어 말하기를 "일본 후군後軍이 내일 모래 사이에 부산에 오게 되니 후군이 상륙하면 내가 전공戰功을 애이게 되니 수군통제사가 중로에 나가서 후군을 쳐서 없애게 하라" 하고 전한다. 김응서가 도원수에게 요시라의 말대로 보하여 도원수는 통제사 원균에게 일본 후군을 중로에 나가서 치라고 명령하였다.

이가 좋지 못하다는 것에 대하여 그 두 사람의 성격이 서로 반대된다는 원인을 소개하려 한다. 기요마사는 농촌에서 자라난 고아(孤兒)로서 성질이 뻣뻣한 농군인데다가 불교 법화종(法華宗)의 감화(感化)를 받아서 장수로서는 봉건적 무장이라고 하겠다. 유키나가는 그 아버지가 계의호상(堺之豪商)으로 이름난 장사꾼(商人)이었으니 교활한 상인의 아들로서 예수교(耶蘇教)의 감화를 받아 세계 지식을 가진 까닭에 그 성질이 평화를 좋아한다는 것이다. 그런데 유키나가가 섭진수(攝津守, 종오위하의 관직)로 있을 때에 아마쿠사(天草)에서 예수교도의 난이 일어나서 히데요시가 유키나가와 기요마사 두 사람으로 아마쿠사의 난을 진정한 뒤에 그 지방 사람들이 기요마사는 군자적(君子的) 무장이오, 유키나가는 소인적(小人的) 교아(狡兒)라고 평하였다 한다. 이번에는 기요마사도 조선에 대하여 강화를 요구하였다고 하는데, 그가 기장(機張)에 있을 때 사명당이 또 찾아가 만나서 그때에도 두 사람 사이에 문답이 길었는데, 그때 기요마사의 말에 왜 조선에서는 왕자 하나를 일본에 보내기를 꺼리느냐, 왕자 한 사람만 바다 밖에 보내면 일이 없을 것을 왕자 한 사람을 아껴 수천만억 무량무수 한 인민을 죽이느니보다는 왕자를 일본에 보내는 것이 낫지 아니하냐고 왕께 아뢰라고 말하였다 한다. 또 그때 문답 가운데에 기요마사가 너희 나라에 보(寶)가 있느냐고 묻는 말에 사명당이 있다 대답하니 무엇이냐 하고 기요마사가 묻는데, "네 머리(首)다" 하고 사명당이 대답하니 기요마사가 껄껄 웃었다고 『재조번방지(再造藩邦志)』에 기록되어 있다.

칠천량해전에서 왜군에게 참살당하는 원균(『회본조선정벌기』)

원균은 이번에 만약 출병을 아니하면 이순신과 같이 형벌을 당할 것을 면치 못할 일이니까[4] 오백여 척 병선에 삼도 수군을 싣고 절영도絶影島로 나갔다가 일본 장수들의 복병을 만나 전멸을 당하고 원균도 잡히니[5] 일본 수군이 한산도 통제영을 점령하였다.

---

4 원균(元均)은 처음에 이순신의 구원을 얻어 수전을 이긴 뒤로 이순신은 삼도수군통제사가 되어 자기가 순신의 절제를 받게 되는 것을 항상 불평하게 여겨 순신의 절제를 받으려 아니하던 끝에 조정에서 순신을 파직시킬 때에 원균이 구함(構陷, 터무니없는 일을 꾸며서 모함함)하는 일이 있었다 한다. 그리고 원균이 순신의 뒤로 수군통제사가 된 뒤에 순신의 군제(軍制)를 전부 변경하였다 하는데, 순신은 운주당(運籌堂)에서 군사(軍事)를 의논하려 하면 하졸(下卒)이라도 참여하게 하였는데, 원균은 통제사가 된 뒤로 주색(酒色)에 침혹하여 부하 장수들도 만나기가 어려웠다 한다.
5 수군이 패하고 혼자 상륙하여 달아나는데, 몸이 비중(身體肥重)하여 걸음이 둔함으로 잡혔다 한다.

19. 남원 전주의 싸움

  그동안 명나라 조정에서는 일본에 들어간 책봉사가 실패를 하고 돌아오니 본래부터 강화를 배척하던 어사御史 당일붕唐一鵬 일파가 내 달려서 이것이 모두 심유경이 나라를 팔고 돌아다닌 탓이라 하였다. 그래서 심유경을 저자에서 목을 베고[1] 심유경을 천거한 석성도 연좌

---

1 심유경이 죽은 일은 본문의 순서가 바뀐 듯하다. 명나라 조정에서 심유경의 옥사(獄事)를 이 해 팔월경에 일으켰다 하고, 또 심유경은 조선에서 이 해 삼월에 잡혀 들어가 북경옥(北京獄)에 갇혀 있다가 칠월에 처결하였다고 하고, 또 심유경이 남원에서 남원성 내의 허실(虛實)을 고니시 유키나가에게 연해 통기하여 주었기 때문에 남원을 지키던 양원(楊元)의 군사가 패한 것이라도 하고, 또 심유경 일파를 명나라 조정에서 검속(檢束)하니까 석성(石星)이 벼슬은 갈아도 직품만 주면(去官保職) 자기가 조선에 나가서 일본 장수들과 모여서 강화를 하여 일본 군사들이 거두어 가게 하겠노라고 소청(疏請)하였더니 명나라 조정에서는 듣지 않고 큰 군사를 출동하였다고도 한다. 또 남원성 싸움이 이 해 팔월이라 하니 여러 기록을 종합하여 본다 하여도 심유경이 죽은 것이 명나라에서 큰 군사를 출동하기 전이었는지 뒤였는지 또는 남원성 싸움 전이었는지 뒤였는지 알 수 없다. 다시 심유경이 잡힌 장면만 소개하면, 심유경이 책봉사로 들어가서 히데요시의 사은표라는 것을 받아서 명나라에 바쳤든 그렇게 안 하였든지 일본에서 다시 출병하게 되어 일본 군사가 부산에 상륙한 뒤로 심유경이 고니시 유키나가의 진중에 들어가 있었다는데, 이때 명나라에서는 조선에 나온 사도(四道)의 명나라 군사가 심유경을 감시(監視)하고 있었다 한다. 심유경은 자기 신변이 위태하여 일본으로 망명(亡命)하려고 망명할 일을 고니시 유키나가에게 의논하느라고 자기 집의 하인(家丁) 누국안(婁國女), 장용(張龍)의 무리를 부산 길로 늘어놓다

朝鮮より裏切り
大明と
松浦
朝鮮を
やんぐん
明軍
此一

압록강을 건너 다시 조선으로 출병하는 명의 원군(『회본조선군기』)

시피 하고, 고니시 유키나가에게 명나라의 명산(名産) 귀중품(珍寶)과 호초피(狐貂皮) 팔백 장을 보낸 일까지 있었다. 이때 남원에 있는 양원(楊元)이 심유경이 출발하는 것을 탐문하고 밤낮을 헤아리지 않고 쫓아가서 의령(宜寧) 십 리 하에서 심유경을 만나 가지고 "무엇을 하러 어디로 가느냐"고 물으니까 심유경의 대답이 "강화가 되지 않아서 이러는데, 어디를 가다니요. 내가 내일 경주(慶州)로 가서 기요마사를 보고 강화를 할 터이니까 그러자면 한 달 반 뒤에나 돌아오겠소"라고 하는 말이 횡설수설 지껄이나 미친 사람의 말 같이 종잡을 수가 없고, 얼굴빛이 딴판으로 변하였다. 이때 군문차관(軍門差官) 여섯 사람이 내달려 심유경에게 체포장(鉤票)을 내보이고 곧 심유경을 잡아가지고 단성(丹城) 읍내로 들어가 그 고을 옥에 가두었다가 명나라로 보냈다고도 하고, 혹은 명나라 장수 형개(邢玠)가 심유경이 도망하기 전날에 잡았다고도 한다. 그 뒤 팔월 십사일에 명나라 어사(御史) 황진(況進)의 상초(上抄)에 심유경의 아내 진담여(陣澹如)의 집을 수색하여 일본기(旗), 일본도(刀), 일본 칼(釼) 삼백삼십육 개와 일본 의복, 일본 그릇, 비단(細絹), 서대(犀帶), 일본 그림(圖) 등속 삼백육십이 건

連坐로 하여 옥에 가두었다.²

그리고 조선으로 출병하여 일본 군사를 대적하게 하니 이때 경략
은 양호楊鎬였다. 총독總督은 형개邢玠로, 제독提督은 마귀麻貴로 하고,
부총병 양원楊元은 요동군을 거느리고, 오유충은 남병南兵을 거느리
고, 유격장군 우백영牛伯英은 밀운군密雲軍을 거느리고, 진우충陳愚衷은
연수군延綏軍을 거느리고, 참장 소응궁蕭應宮과 어사御史 진효陳效는 감
군監軍으로 나오니 모두 합하여 이십만 군이다.

양호는 평양에 주둔하고, 마귀는 경성에 주둔하고, 양원의 군사는
남원으로 내려가고, 모국기茅國器의 군사는 성주로 내려가고, 진우충
의 군사는 전주로 내려가고, 오유충의 군사는 충주로 내려가니, 이때
조선에서는 평양과 황해의 양서兩西 군사와 경기와 함경도 군사를 모

(件)의 장물을 잡았다 하니 북경 사람들이 상쾌하다 하였다 한다. 심유경의 죄목은
외이를 교통(外通外夷)하여 인군(人君, 임금)을 속이고 나라를 그르쳐서(斯君誤國) 처
형(處刑)한다 하였다. 심유경이 죽은 뒤에 조선에서는 유성룡의 말이 심유경은 "두
번 적진에 들어가(沈再入敵中) 입에서 나오는 말로 갑옷 입은 군사를 대신하여(以口說
代甲兵) 적군을 몰아내고(驅出敵衆) 수천 리 땅을 물리쳤으나(壤地千里) 맨 끝으로 한
가지 일을 틀려서(未捎一事恭差) 큰 화를 면치 못하였으니(不免大禍) 애달프다(哀哉)"
고 하였다.

2 책봉하는 일이 틀어져 일본 군사가 다시 조선에 나오니 명나라 조정에서는 강화파를
여지없이 논박하여 석성, 송응창, 이여송의 무리를 신하로서 부탁을 본받지 못한 죄로
다스려서(治臣以付托不效之罪) 극형(極刑)을 하자고 온 조정이 들고 일어서서 강화파의
목을 베어서 나라 법을 밝히자(以章國典) 하여 상국(相國) 조지고(趙志皐)까지도 석성
을 죽이자 하는 것을 황제가 즐겨 허락하지 않고 다만 석성에게는 인군을 배반하고
나라를 잊은(背君忘君) 대역(大逆)의 죄로 옥에 가두고 가속(家屬)은 원지(遠地)로 귀
양을 보내게 되었는데, 석성은 이내 옥문 밖을 못 나서보고 죽었다. 이여송(李如松)은
이 통에 제독(提督)에서 떨어져서 이여송대에 요동총병(遼東摠兵) 동일원(董一元)이
명나라 제독이 되었다고도 하고, 혹은 만력(萬曆) 26년 무술년(戊戌年)에 이여송이 북
로(北虜) 싸움에 죽어서(戰亡) 동일원이 명나라 도독이 되었다고도 한다.

현감 곽준, 왜군과 맞서 싸우다(『회본조선정벌기』)

집하여 만여 명의 군사가 출동하고, 유성룡은 체찰사가 되어 연강沿江 일대에 순력巡歷을 돌았다.3

그동안에 일본 군사는 경상 해안을 점령하고 전라도를 범하여 선봉 가토 기요마사의 군사가 황석산 밑에서4 백사림白士霖5의 군사와

---

3 이때 명나라 군사가 지나가는 길의 경황을 소개하면, 연강(沿江) 일대로 순력(巡歷, 관찰사나 원 등이 관할 지역을 순회하던 일)을 돌던 체찰사 유성룡의 보고(報告)에, 명나라의 요계군사(遼薊之兵)가 연로에 작폐를 하여(沿路作弊) 관리를 구타(毆打官吏)하며, 민가의 마소를 가져가면(民家牛馬持去) 백에서 하나도 돌려보내지 않는 일(百無一還)이 아침저녁으로(朝朝暮暮) 연방 끊이지 아니하여(相繼不絕) 백성의 액(百姓之厄)이 더 말할 수 없으니(亦不可言) 제독에게 말하여(稟於提督) 모든 장수에게 금지하라는 것이 옳다(禁都將可也) 하였다.

4 황석산(黃石山)은 안음(安陰) 지방에 있는데, 동(東)은 경상도의 성주와 초계 땅이오, 서(西)는 전라도의 무주와 장성 땅이라 영호(嶺湖)의 인후(咽喉)라 한다.

5 백사림(白士霖)은 당시에 의용(義勇)이 절륜(絕倫)한 무장(武將)이라 한다.

별장 조종도, 왜군에 맞서 싸우다(『회본조선군기』)

맹렬이 싸워 백사림이 패하고 기요마사의 군사가 황석산성을 점령하게 되니 현감 곽준은 형세가 대적하지 못할 것으로 알고 자약히 걸상胡床에 걸어앉아 있는 것을 기요마사의 군사가 쫓아와서 칼로 치자 그의 아들 이상履常, 이후履厚 형제가 달려들어 부친의 몸으로 내리치는 칼을 막다가 삼부자가 일시에 피살되었다.

곽준의 딸 곽씨는 유문호柳文虎의 아내였는데, 남편이 기요마사의 군사에게 잡히자 곽씨가 울며 하는 말이 "부친의 죽음을 보고 따라 죽지 못한 것은 남편이 있음인데 남편이 마저 잡히었으니 나 혼자 살면 무엇하랴" 하고 목을 매어 자살하였다.[6]

6　이때 별장(別將) 조종도(趙宗道)는 처자(妻子)와 전 가권(家眷, 딸린 식구)을 이끌고

볏단을 높이 쌓아올려서 남원성을 넘어들어가는 계교를 부린 왜군(『회본조선군기』)

황석산을 넘어선 일본 군사는 두 패로 갈려 고니시 유키나가를 선봉으로 한 시마즈 요시히로와 가토 요시아키의 무리가 거느린 오만 군사는 전주로 향하고, 가토 기요마사를 선봉으로 한 구로다 나가마사와 나베시마 나오시게의 무리가 거느린 오만 군사는 남원으로 향하니, 이때 전주성은 명나라 장수 진우충이 지키고 있었다.

일본 장수들은 전주성을 먼저 쳐서 남원의 후원을 끊자 하는 일로서 전주성으로 일본 군사가 들어가게 되니, 운봉雲峰을 지키던 권율

황석산성에 들어와 지켰는데, 성이 함락되어 성병(城兵)이 흩어질 때 집안사람들이 피하라고 권고하니 조종도의 대답이 "나는 국록(國祿)을 먹는 사람이라 백성이나 하졸(下卒)과 같이 달아나서 죽을 수가 없다" 하며 자약(自若)히 시(詩)를 지어 읊고 나서 칼로 목을 찔렀다 한다.

과 이원익의 군사는 전주를 구원하러 들어가고, 남원성은 명나라 장수 양원이 지켰는데, 전라병사 이복남李福男과 광양현감光陽縣監 이춘원李春元, 조방장 김경로金敬老의 무리는 남원을 구원하러 들어갔다.

그러나 남원성은 이복남의 무리가 들어가기 전에 기요마사의 군사가 남원성을 쳐서 명나라 장수 양원이 전주로 쫓겨 오게 되었고, 전주성은 이미 시마즈 요시히로와 가토 요시아키의 군사가 쳐서 진우충도 낭패하게 되었다. 양원은 기요마사의 군사에게 사흘을 쫓겨 온 진관恩津館에 이르니 삼천여 기마병이 겨우 백여 기가 남았다.

20. 이순신의 복직

　그동안 전라 해안에서는 이순신의 수군이 다시 일어났다. 이순신[1]은 용렬한 장수 원균[2]이 결단 내어놓은 수군을 통제하게 되어 삼도 수군통제사로 복직復職[3]된 뒤로 순천順天으로 내려와 사면으로 군사를 수습하여 처음 육십여 인에게 무장을 차려가지고 보성寶城 지방에서 군사를 모집한 것이 일백이십 명이다. 뒤를 이어 전라수사 이억추李億秋가 병선과 군사를 보내주고 마도麻島에서 배 한 척을 얻어 합하여 병선은 열세 척이 되었다.[4]

1　이순신이 파직을 당한 뒤에 조정에서는 극형(極刑)에 처하자는 무리도 있었다. 이순신은 동인(東人)인 까닭에 원균의 편이 되는 서인(西人)들이 일어서서 이렇게 몹시 몰았으나 왕은 허락지 않고 옥(獄)에서 내어놓아 도원수 권율의 진에 백의종군(白衣從軍)을 하게 하였음으로 영남에 있는 도원수의 진으로 내려가 해안을 단속하느라 진주(晉州)에서 구례(求禮)로 가는 길에 복직이 되었다 한다.

2　원균을 용렬한 장수로 돌린 것은 이순신의 편이 되는 동인(東人)들의 공박이었다 한다.

3　이순신이 다시 수군통제사가 되어 전라도에 내려가 진을 친 뒤로 전라해안의 피난민(避難民)들이 이순신의 진으로 모여들어 가가(假家)를 짓고 살면서 낮으로는 서로 물건을 팔고사고 하는 것이 큰 장(市場)이나 다름없이 복잡하여 이순신의 진이 옮기는 곳마다 피난민으로 하여 큰 도회(都會)가 되었다 한다.

4　이순신이 처음 모은 열세 척 병선 가운데는 전수사(前水使) 배설(裴楔)의 배 여덟 척

순신은 비로소 수군 한 부대를 조직하여 친히 끌을 잡고 거북선을 제조하더니 회령포會寧浦에 일본 병선이 여덟 척이 들어오는 것을 쫓아가 침몰시키고 진도珍島 벽파정碧波亭 앞바다로 진을 옮겼다. 그리고 구월 십육일에 일본 병선 수백 척이 앞바다를 지나니 선봉 스가노 마사카게菅野正影가 전라 해안을 지나 충청, 경기로 향하는 길이다.

이순신이 열세 척 병선을 이끌고 명량해협鳴梁海峽으로 들어가니, 명량해협은 전라우수영右水營 해남海南에 있는 해협으로 어구가 심히 좁고 조수가 급히 흐르는 곳에 물 밑으로 큰 바위가 가로막혀 문지방 같이 되었음으로 조수가 빠지면 여울이 되어 물결이 험악한 곳이다. 순신이 이왕에 이 해협의 물속으로 쇠사슬을 건너막은 장치裝置가 있었다.

스가노 마사카게는 순신의 군사가 명량해협으로 들어가는 것을 보고 군사를 지휘하여 순신의 병선을 에워쌌다. 스가노 마사카게의 병선은 삼백삼십여 척이오, 순신의 병선은 열세 척이라 형세가 워낙 기우니까 순신의 부하들이 물러가려 하는 것을 순신이 먼저 물러가는 장교將校 한 사람의 목을 베며 진중을 정돈하고 싸움을 독촉하다가 슬그머니 명량해협으로 퇴각하니까 스가노 마사카게의 병선이 일시에 쫓아온다.

순신은 교묘하게 스가노 마사카게의 병선을 농락하다가 조수가 물

(八隻)이 섞였다 한다. 배설은 원균이 거제(巨濟) 공천도(恭川島)에서 패할 때 진을 옮기자 하여도 원균이 듣지 아니함으로 원균이 반드시 패할 것을 알고 자기가 거느린 병선만을 이끌고 먼저 달아나서 한산도(閑山島)로 들어가 청사(廳舍), 군량(軍糧), 군기(軍器)를 모두 불 지르고 도내(島內) 백성을 모두 섬 밖으로 피난시켰더니 뒤미쳐(뒤이어) 일본 군사가 한산도를 점령하였다 한다.

러갈 때에 돌격을 개시하였다. 스가노 마사카게의 병선은 급한 조수를 따라 밀려가다가 물속에 걸어놓은 쇠사슬에 걸려 나막신짝 엎어지듯이 낱낱이 전복된다. 앞의 배가 엎어짐을 보고 뒤의 배는 물러나려 하나 해협은 좁고 조수는 급하여 어찌할 수 없이 삼백삼십여 척의 병선이 조수가 그치기 전에 전멸되었다.[5]

5　명량해협 싸움에 피난민들은 모두 높은 산으로 올라가서 구경하게 되었는데, 처음에는 스가노 마사카게의 병선 삼백삼십여 척이 이순신의 배를 에워싸서 이순신의 배가 보이지 아니하게 된 때에는 사면 산 위에서 울음소리가 악마구리떼 울듯 요란하더니, 조수가 빠진 뒤에 스가노 마사카게의 배 삼백삼십여 척은 간 곳이 없고 이순신의 배 열세 척만 명량 해면(海面)에서 둥둥 뜨는 것을 보고는 울음소리가 금방 축하하는 소리로 변하였다 한다.

21. 소사평 싸움

　남원, 전주의 두 성을 함락한 일본 장수들은 서로 의논하기를, 임진
년 싸움은 경성, 평양을 근거로 한 까닭에 사면으로 교통이 불편하여
실패하였으나 이번은 전라, 경상 해안을 근거지로 하고 수륙교통을 편
리하게 하여 서로 응원을 신속하게 한 뒤[1]에 경성의 동정을 보아 올
라가자는 의논이 돌았다.

　그리하여 총대장의 본진은 부산에 두고, 고니시 유키나가의 본진
은 순천에 두고, 가토 기요마사의 본진은 울산에 두고[2] 구로다 나가

1　이때에 일본 장수들이 전라, 경상의 해안을 근거지로 하게 된 것은 히데요시의 명령
　으로 한 것이라 한다.

2　전라도에는 순천의 고니시 유키나가의 진 하나뿐이오, 경산도의 진으로는 사천(泗
　川)은 시마즈 요시히로(島津義弘), 남해(南海)는 다치바나 무네시게(立花宗茂)와 마쓰
　라 시게노부(松浦鎭信)이오, 죽도(竹島)는 나베시마 나오시게(鍋島直茂), 양산(梁山)은
　구로다 나가마사(黑田長政), 부산(釜山)은 모리 히데모토(毛利秀元)와 고바야카와 히
　데아키(小早川秀秋)요, 서생포(西生浦)는 가토 기요마사였는데, 서생포에서 순천까지
　진세(陣勢)가 칠백십 리를 연하였다 한다.

마사는 공주, 천안, 직산, 평택의 길로 올라가며 경성의 동정을 살피기로 하여 모리 히데모토가 뒤를 따르고, 나베시마 나오시게는 당진唐津에 주둔하고, 도토 다카토라는 직산 수채(水寨, 물 위에 떠 있는 영채營寨)를 지키며 구로다 나가마사를 응원하기로 하였다.[3]

이때 경성에서는 일본 육군이 경상, 전라 두 도를 점령하고, 구로다 나가마사의 군사가 충청도를 범하게 되니 조정이 소동하여 내전內殿과 세자는 먼저 경성을 피하여 수안遂安으로 파천하고 평양에 있는 명나라 군사를 불러들였다.

평양에 주둔하고 있던 경략 양호가 경성으로 들어와 동작진銅雀津에 진을 치고, 경성에 있던 마귀의 군사는 수원으로 내려가 갈원葛院, 가천假川에 복병하고, 해생解生의 군사는 금오평金烏坪에 이르러 세 길목을 지키며 좌우대左右隊로 나누어서 우대는 유포柳浦로 나가고, 좌대는 영통靈通으로 나가다가 일본 대군의 선봉과 소사평素沙坪에서 싸움[4]이 되었다.

하늘같이 넓은 소사평에서 명나라 군사와 일본 군사가 열흘 동안 엎치락뒤치락 하다가 구로다 나가마사의 선군이 참패를 당하고, 모리

---

3 구로다 나가마사의 군사가 소사평에서 싸울 때 가토 기요마사(加藤淸正)의 군사는 충청도 진천(鎭川)까지 왔다가 돌아섰다는데, 기요마사의 군사가 소사평의 참패가 있은 뒤에 돌아섰다고도 하고 그 전이라고도 한다. 소사평 싸움은 이 해 구월 칠일에 시작되었는데, 기요마사가 시월에 진천에서 돌아갔다는 것을 보면 소사평에서 싸울 무렵인지 알 수 없다.

4 한국에서는 직산(稷山) 전투라고 부른다.―편집자

히데모토의 후군도 부지할 수 없이 되어 여간 남은 군사를 거두어가지고 목천木川, 청주淸州 길목으로 달아났다.5

---

5   소사평 싸움을 조선에서는 삼대첩(三大捷)의 하나로 치는 것인데, 일본 기록을 보면 왕창 다르다. 구로다 나가마사의 군사가 물러간 것은 이때 히데요시의 명령이 싸우지 말고 남도의 해안을 지키라 한 일이라고도 하고, 혹은 겨울이 가까워서 날이 차차로 추워지니까 싸움을 중지한 것이라도 한다. 『정한위략(征韓韋略)』에는 또 이러한 말로 기록하였다. 소사평에 모리 히데모토(毛利秀元)의 군사가 들어서니까 명나라 장수 해생(解生)이 구로다 나가마사에게 흰 매(白鷹)를 보내며 강화를 청함으로 나가마사가 직산(稷山)에 주둔한 지 십여 일(十餘日) 만에 우봉(牛峯)으로 진을 옮겼다 하였으니, 그러면 강화를 한 것도 같다. 또 『청야만록(靑野謾錄)』에는 유성룡을 평하여, 『징비록』에 소사평 싸움은 일본 군사가 자퇴(自退)한 것 같이 기록하였으니, 양호(楊鎬)가 내 나라에 무슨 재조한 공이 있느냐(於我國有何再造之功) 하였다 한다. 유성룡의 손으로 쓴 『징비록』의 소사평 기사(記事)와 같은 것은 유성룡의 사원(私怨)으로 뚜렷한 일을 도말(塗抹)하려 하였으니 이러한 것이 유성룡의 큰 병통(大疵病)이라 하였다.

22. 울산성 싸움

    소사평에서 구로다 나가마사의 군사를 물리친 명나라 장수들은 다시 경상, 전라 해안에 주둔한 일본 군사를 치려 하여 경략 양호 이하 마귀와 형개의 무리 삼십삼 장將이 십만 군을 이끌고 세 길로 나누어서 남도로 내려가니, 중군의 대장은 고책高策이오, 좌군의 대장은 이여매요, 우군의 대장은 이방춘과 해생이다. 조선 장수 권율과 김응서의 무리 일곱 장수[1]가 거느린 군사를 합하여 십사만 대군이

---

1   이때는 십일월경이었는데, 충정병사 이시언(李時彦)의 군사 이천과 평안도 군사 이천이 이여매의 좌협군(左脇軍)에 가담하였고, 경상우병사 성윤문(成允文)의 군사 이천은 방어사 권응련(權應鍊)의 군사 이백과 경주부윤 박의장(朴毅長)의 군사 일천, 함경과 강원의 동북도 군사 이천은 고책의 중협군(中脇軍)에 가담하였고, 경상좌병사 정기룡(鄭起龍)의 군사 일천과 황해도 군사 이천, 방어사 고언백(高彦伯)의 군사 삼백은 이방춘의 우협군(右脇軍)에 가담하였다 한다. 또 명나라 진세는 좌협장군 이방춘은 좌로로 나서고, 중협장군 고책은 중로로 나서고, 우협장군 팽우덕(彭友德)은 우로로 나서고, 오유충은 양산으로 내려가고, 동정의(董正誼)는 남원으로 내려가고, 노계충(盧繼忠)의 군사 이천은 서강(西江)에 진을 치고 다만 수로(水路)를 방비하였다고 기록한 데도 있으니, 대문의 기록과는 좌우군의 대장이 다르다. 경략 양호의 진에는 접빈사(接賓使) 이덕형(李德馨)과 도원수 권율, 통변(舌官) 송업남(宋業南)이 따라나섰다 한다. 이때 영남 의병장 곽재우(郭再祐)의 본진은 현풍(玄風) 화왕산성(火旺山城)에 있었다 하는데, 이때의 장수로서 조선에서 잊지 못할 장수의 일이 본문에 빠졌기에 여기서 간단히 기록하려 한다. 여기서 기록하는 장수의 성명은 김덕령(金德齡)이니, 김

경상도로 향하며 전라도로 간다고 노문路文을 놓았는데, 명나라 장수
들이 경상도로 가는 것은 울산에 주둔한 가토 기요마사를 먼저 잡으
려 함인데, 울산으로 구원병이 들어올까 하여 길을 외대는[2] 것이다.

가토 기요마사는 사납다 하여 명나라 장수들이 가장 꺼리는 터이

덕령은 전라도 광주의 석저촌(石底村) 사람으로서 힘과 날램이 전후로 짝이 없었다
한다. 그가 성을 낼 때이면 두 눈에서 불이 일어나서 밤일 것 같으면 그 불빛이 수리
(數里)를 비치고, 두어 길 되는 지붕을 뛰어넘고 말을 탄 채로 방 안으로 뛰어들었다
돌쳐(되돌려)나가는 일은 그가 예사로 하는 장난이었으며, 산속에 들어가 칼을 들고
칼춤을 추면 근방의 나뭇잎이 비가 퍼붓듯 떨어졌다 한다. 그의 형님 덕홍(德弘)은
전라 의병장 고경명(高敬命)의 진에 참모로 있다가 금산(錦山) 싸움에서 죽은 뒤에 그
는 집에서 친상(母喪)을 당하고 상제 노릇을 하게 되었는데 매부(妹夫) 되는 김응회
(金應會)가 덕령에게 권하여 출전(出戰)하려 하던 차에 왕세자가 남도(南道)에 내려와
근왕병(勤王兵)을 모집하며 덕령의 출전을 권함으로 덕령은 친구 최담녕(崔聃齡)의 무
리 수십 명과 함께 의병을 일으켜 오천 군사를 거느리고 나서자, 조정에서는 강화 문
제가 있어서 덕령에게 싸움을 못하게 하였다. 그러나 덕령은 못 들은 체하고 진주(晉
州)로 들어가서 군사를 더 많이 모집하여 싸움을 하려 하였으나 조정에서는 연해 금
지를 함으로 덕령은 화가 나서 밤낮 술타령만 하더니 한번은 도체찰사 윤두수(尹斗
壽)가 거제(巨濟)를 들어가서 치려 하여 덕령은 충용익호기(忠勇翼虎旗)라는 기를 쌍
으로 배 위에 꽂고 거제로 들어가서 대번에 일본 장수를 어떻게 혼을 내었던지 이 뒤
로는 일본 진에서 김덕령의 깃발만 번듯하면 성문을 첩첩이 다 걸고 나서지 아니하였
다 한다. 김덕령은 마침내 조정에서 죄로 몰아서 죽였는데, 조정에서 김덕령을 몰기는
이 해에 반역죄(反逆罪)로 잡혀 죽은 이몽학(李夢鶴)과 통모(通某)하였다는 것이다. 그
러나 실상 김덕령이 이몽학과 통모하였다는 것은 애매한 일이오, 조정에서 김덕령을
시기하는 무리들이 모함한 일이라 한다. 이 해에 반역을 도모한 이몽학은 남의 집 서
자(庶子)로서 임진란에 편비장(褊裨將)으로 종군을 하더니, 조선이 위태한 기회를 타
서 반역을 하려고 한현(韓玄)의 무리와 무뢰군(無賴軍) 수만 명을 모아가지고 충청도
홍산(鴻山)에서 시작하여 임천(林川), 한산(韓山), 청양(靑陽), 정산(定山) 등지의 여섯
고을을 무찌르고 홍주(洪州)로 쳐들어가더니 홍주목사 홍가신(洪可臣)이 근방 고을
에 구원을 청하여 보령(保寧), 남포(藍浦)에서 구원병이 쏟아지니까 이몽학은 덕산(德
山)으로 달아나서 거리에 방(榜)을 써붙이기를 나는 경성을 지키러 올라가는 의병장
으로 충용장군(忠勇將軍) 김덕령과 영천군수 홍계남(洪季男)이 모두 나의 당류(黨類)
라고 발명(發明, 죄나 잘못이 없음을 밝힘)하다가 자기 부하의 손이 죽었다 한다.

2   외대다. 사실과 다르게 일러주다. -편집자

니, 가토 기요마사는 본래 도요토미 히데요시가 길러낸 장수이다. 도요토미 히데요시가 도키치로藤吉郎 시대에 아들이 없음으로 자기 고향인 나카무라 촌에 사는 외척外戚의 집에서 두 살 된 어린아이를 데려다가 양자로 삼으려고 기른 터라, 가토 기요마사는 도요토미 히데요시의 손때가 묻은 장수이다. 가토 기요마사가 조선에 나온 뒤로 날래고 사납기로 소문이 높아서 명나라 장수들은 기요마사 하나만 잡으면 다른 장수들은 하잘것없다 하여 이번에 길을 외대고 쫓아내려 간 것이다.

전라도에서 진주와 남원을 함락한 뒤로 가토 기요마사는 울산으로 들어가 울산성에 본진을 두고 도산島山에 성을 쌓아 근거지를 만들기로 하였다. 그래서 도산에 성을 쌓게 하고 자신은 서생포로 나가서 기장機張 해안에 머물러 있었다.

울산을 향하여 내려오는 명나라 장수들이 경주에 이르러, 고책의 군사는 언양彦陽으로 나가서 부산 길목을 막고, 이여매와 해생의 군사는 선봉이 되어 울산으로 들어가 성을 에워쌌는데, 울산성은 가토 야스마사加藤安政가 지키고 있었다. 이때 아사노 요시나가淺野幸長는 모리 히데모토의 부하 오타 가즈요시太田一吉의 무리와 함께 부산에서 떠나 도산성島山城의 감역監役을 가는 길에 언양 지방에서 고책이 거느린 명나라 군사와 고개 하나를 사이에 두고 밤을 지내게 되었다.

새벽녘에 아사노 요시나가의 선봉이 고개를 넘다가 명나라 군사의 대진이 산 밑에 주둔한 것을 보고 놀라서 달아나려 하였으나 아사노 요시나가는 군사를 이끌고 나선 길에 적군을 만나 달아나는 것은 비

조명 연합군과 왜군 사이에 치열한 전투가 벌어진 울산성(「蔚山籠城圖屛風」, 후쿠오카福岡
시립박물관)

겂한 일이라 하여 명나라 군사를 맞아 싸우다가 쫓기어 울산성으로
들어갔다.

　울산성의 가토 야스마사는 이여매와 해생의 군사에게 곤욕을 당하
고 있다가 아사노 요시나가를 맞아들여 가토 기요마사 대신 성병城兵

을 지휘하게 하니, 명나라 장수들은 아사노 요시나가를 가토 기요마사로 알고 치기를 더욱 맹렬히 한다. 양호와 이여매의 갑병甲兵 삼만이 외성外城을 침입하여 화전火箭을 쏘며 싸우다가 아사노의 군사에게 삼천여 인이 죽은 뒤로 명나라 군사가 성 가까이 들어오지는 아니하나 울산성 밖 사면에는 명나라 군사가 바다를 이루었다.

이방춘과 해생의 군사는 도산성을 치기 시작하는데, 도산성은 깊은 산속으로 들어가 험악한 바위틈에 새로 쌓은 성3이다. 이방춘과 해생의 마병이 들어갔다가는 발을 붙이지 못하고 쫓겨 오니 마귀와 모국기의 무리가 다시 쫓아 들어가 오천 경병輕兵으로 도산성을 함락하였다. 도산성이 함락되고 울산성 안에는 군량이 떨어져 형세가 위급하니 아사노 요시나가는 기장에 있는 주장主將 가토 기요마사에게 통지를 하려 하나 기장의 거리가 사흘 길이 되는 터에 성 밖에는 명나라 군사가 가득 차서 뚫고 나갈 사람이 없다.

아사노는 기장에 보낼 장수를 구하는데, 부하인 기무라 다노모木村懶毋가 자원하고 나서더니 교묘하게 명나라 군사를 피하여 산속으로 들 사이로 걸어서 밤낮 이틀 만에 기장에 다다랐다.

가토 기요마사는 비로소 울산성의 소식을 알고 일변 울산으로 쫓아가려 하니 부하들이 한사하고 만류한다. 울산의 외로운 성을 십사만 대군이 에워쌌으니 적은 군사로는 대적하지 못할 것이라 차라리 울산성을 버리자고 주장하는데 "아니다. 울산성에서 지금 아사노 요

---

3 도산성(島山城)은 옹성(甕城) 혹은 단성(端城)이라기도 한다.

울산성으로 들어가는 기요마사의 군사들(『회본조선정벌기』)

시나가가 죽게 되었다. 아사노 요시나가가 나올 때에 그 아버지 아사노 나가마사長政가 내게 부탁하기를 좋은 일이든 궂은일이든 구원해 주라고 부탁하였으니 내가 만약 그의 아들을 죽이면 무슨 낯으로 다음날에 그 아버지를 대하랴" 하고 기요마사는 부하 가타오카 메스케片岡馬祐와 가토 마사쓰구加藤政次 두 장수에게 군사 일천오백을 주어 서생포를 지키게 하고, 모리모토森本와 이다飯田, 야마다山田, 요시무라吉村 이하 일기당천一騎當千의 수병手兵 오백을 거느리고 수로로 떠나 울산으로 향하였다.

기요마사가 울산 바다에 이르러 명나라 군사들이 항거하는 것을 물리치고 날쌔게 상륙하여 명나라 군사의 바다를 헤치고 울산성에 들어서니, 성안에 갇혀 있던 군사들이 양식이 떨어져 말이 못되었다. 명나라 장수들은 가토 기요마사가 성안에 들어간 뒤로 성치기를 더욱 맹렬히 하더니, 양호의 부장 정경강鄭景岡의 계획으로 성안에서 먹는 물食水의 상류를 끊어 성안에는 먹을 물이 없이 되었다.

기요마사의 군사들은 배가 고프고 목이 말라 조희(종이)를 씹어 삼킨다, 벽토壁土를 긁어먹는다 하며 장수들은 말을 잡아 피를 마시고 고기를 먹고 하던 것이 말조차 없어져서 자기네 오줌을 받아먹고 지내는데, 하루는 명나라 진중의 포로가 되어 있던 우키다宇喜多의 군사가 성 밖에 나타나서 외치는 말이 "명나라 경리 양호가 가토 기요마사에게 강화를 하려 하여 서로 만나기를 청하니, 기요마사는 성 밖에 나서서 백 보百步 거리를 두고 양호와 만나보라"고 한다.4

기요마사는 양호의 말을 좇아 성 밖에 나가려 하니 아사노 요시나가가 붙잡으며 "명나라 장수의 계책을 알지 못하며, 도요토미 태합의 중대한 부탁을 받고 나온 몸으로 가벼이 나갈 일이 못되고, 만약 청하는데 나가지 아니하면 비겁한 일인즉, 내 생각에는 명나라 장수들이 아직 기요마사의 얼굴을 모르는 터이니 내가 기요마사 대신 나가

---

4 일본 기록에는 정월 초하루(正月一日)에 기요마사가 먼저 양호에게 구원을 청하였더니 양호가 듣지 않았다 하는데, 양호의 군사가 이 해 십이월 이십삼일에 울산성을 치기 시작하여, 이듬해 정월까지 계속하였다고 하니 이듬해 정월 초생에 강화라는 말이 있기는 있었던 듯한데, 누가 먼저 강화를 청한지는 알 수 없다.

울산성 안에서 기갈飢渴에
시달리는 왜군(『회본태합기』)

보겠노라" 하고 말하였다. 그러나 부하들은 아사노 요시나가가 나서
는 것도 말리고 하여 가까스로 부산에 있는 대장의 진으로 울산 소
식을 전하게 되었다.

울산 소식이 부산에 들어가니 참모장 구로다 요시타카가 각처로
구원병을 불러 울산으로 보내는데, 고바야카와 히데아키, 모리 히데
모토, 나베시마 나오시게, 구로다 나가마사, 가토 요키아키, 하치스카
이에마사, 도토 다카토라, 와키자카 야스하루의 무리가 언양, 창원 길
로부터 쫓아 들어가고, 고시니 유키나가의 군사 이천은 순천에서 떠

울산성에서 퇴각하는 양호와 명군(『회본조선군기』)

나 수로로 들어오게 되었다.

　그러나 울산성 밖에 들어온 구원병의 수효가 겨우 오만이오, 성안에 들어 있는 군사는 그동안에 싸우다 죽은 것보다 굶어죽기를 많이 하여 육천이 될락 말락 하니 실상 명나라 군사 수효에 비하여 절반이 훨씬 못되었다.

　명나라 장수들은 울산성으로 구원병이 모여드는 것을 보고 울산성을 버리고 물러가려 하여 밤으로 성 밖에서 수만 개의 횃불을 켜서 하늘을 끄스르고 대포를 놓아 위협하며 성을 핍박하기를 마지 아니하나, 이는 겉으로는 위세를 보이는 일이오, 속으로는 그 한쪽 끝이 풀리게 되었다.

울산에 들어온 일본 장수들은 성북城北으로 먼저 들어와 유진한 모리 히데모토의 진으로 모여 명나라 군사를 물리칠 일을 의논하는데, 나베시마 나오시게를 선봉으로 추천하여 오천 군사가 먼저 명나라 진으로 우유충, 모국기의 군사를 쳐서 물리치니, 여러 장수들이 나베시마 나오시게의 진법陣法으로 뒤를 이어나가며 명나라 군사를 쳐들어가고, 가토 기요마사의 군사가 성안에서 내달려 뒤를 쫓으니 명나라 군사의 전부가 패하여 달아나며 병기와 군량을 버리는 것이 삼사십 리에 깔렸다.[5]

---

5 이때 양호의 군사가 정녕 패하였는지? 양호의 군사가 울산을 거쳐 경성으로 들어온 뒤에 양호, 마귀, 형개의 무리가 명나라 조정에 첩서(捷書)를 보하여 명나라 황제는 양호의 무리에게 상품으로 은 십만 냥(銀十萬兩)을 내렸다 한다. 울산 싸움에 명나라 군사의 죽은 수효를 일본 기록에는 일만칠천이라고 하고, 명나라 기록에는 죽은 자가 일천사백이오, 상한 자가 삼천여 인이라 하였다. 또 이듬해 무술(戊戌) 이월에 기요마사가 혼자 일본에 들어가서 관백에게 강화할 조건을 결정하였는데, 일본 장수 하나만 부산에 머물러 두고 전부 거두어 돌아가기로 하였다는 기록이 있으니, 그러면 양호가 강화를 하기로 하고 울산에서 퇴군(退軍)을 하였는지는 의심이 나는 일이다.

23. 명나라 장수가 바뀌어

　울산성에서 명나라 군사가 패하여 달아난 뒤로 명나라 조정에서는 경리 양호를 파면罷免하니, 명나라 병부주사兵部主事 정응태丁應泰[1]가 양호를 무함誣陷하여 울산성 싸움에서 군량을 버린 것과 또 명나라 군사를 많이 죽였다는 죄목 스무 가지를 얽어서 이여매와 함께 벌을 쓰게 한 일이 있었다.[2] 명나라 조정은 양호를 파면하고 그 대신 만세덕萬世德

1　정응태(丁應泰)는 동정찬획주사(東征贊劃主事)로 기록한 데도 있다.

2　정응태가 양호를 참소한 조건에는, 울산성을 에워쌌을 때 명나라 장수 진린(陳寅)이 성에 뛰어올라 북 한 번만 쳐주면(一鼓) 기요마사를 사로잡을 수 있었는데, 양호가 일부러 쇠를 쳐서(鳴鐵) 군사를 거두었기 때문에 기요마사를 놓쳤는데, 이는 양호가 만약 기요마사를 진린의 손으로 잡으면 진린의 공이 이여매 이상 될까봐 발거리를 놓은 일이라는 둥, 양호가 비장(裨將) 이여매만 편벽되이 사랑하여서 여러 장수들의 공죄(功罪)를 불공평(不公平)하게 하였다는 둥, 양호가 패하여 올 때에 군기와 군량을 많이 버렸으니 장위(張位)와 심일관(沈一貫), 양호, 이여매, 마귀의 무리를 군법으로 처단하는 것이 당연하다는 둥, 모두 이러한 유의 말이었다 한다. 양호가 파면(罷免)되게 되니 명나라 중군(中軍) 팽우덕(彭友德)이 이덕형을 찾아와서 지금 명나라 조정에서 정응태가 양호를 구함(構陷)한 스무 조목에서 다섯 가지 조목은 조선과 관계되는 일이니 경리 양호의 불행은 곧 조선의 불행인즉 조선에서 명나라 조정에 변명을 하게 하라고 하였다. 그래서 왕은 명나라에 사신에 보내어 울산성 싸움의 시말(始末)을 보하고, 양호의 애매하다는 것을 변명하였다. 이때 조선에서는 양호를 신임하여 파면이 아니 되도록 주선한 일이었는데, 기어이 양호가 파면되어 떠날 때에 왕은 홍제원(弘

을 경리로 하고, 절강도어사浙江都御史 진효陳效를 감군監軍으로 하여 다시 수륙군을 일으켜, 육군은 제독 동일원董一元과 유정이 거느리고 나오고, 수군은 수사제독水師是督 진린陳璘이 거느리고 나왔다.

진린의 수군 오백여 척은 순천 해면으로 내려가 이순신의 군사와 형세를 합하고[3] 육군은 다시 세 갈래로 나누어 전라, 경상의 해안으로 내려가니, 마귀의 군사 이만사천은 동편 길로 내려가 울산성의 가토 기요마사를 치고, 동일원의 군사 일만삼천은 가운데 길로 내려가 사천의 시마즈 요시히로를 치고, 유정의 군사 일만삼천은 서편 길로

潮院)까지 나가서 눈물을 흘리며 전송하고, 정응태의 무소(誣訴)가 조선에도 영향을 받게 된 때에는 왕은 이원익(李元翼)을 명나라에 보내어 변명하고 양호를 구원하려 하였으나, 정응태는 연해 소장(訴狀)을 올려 자기가 조선에 나왔을 때에 길에 빠진(떨어진) 책을 주워서 보니 조선이 일본과 부동(符同)하여 명나라를 치려 하는 일이 확실하다는 둥, 조선의 정승 이원익이 이번에 들어온 것도 왕을 유인하여 일본의 길을 빌리고 요동의 구토(舊土)를 회복하려는 계획이라는 둥 기괴한 말이 많음으로 조선에서는 어디까지 변명하는 일변으로 양호를 변호하였더니 정응태는 더욱 조선을 무함하기를 격렬하게 하여 왕은 철조(輟朝, 왕이 조회를 폐함)까지 하고 우의정 이항복(李恒福)을 상사(上使)로 이정구(李廷龜)를 부사로 하여 명나라 조정에 들어가 명백한 변명을 하였다. 그때 각로(閣老) 심리(沈鯉)가 두 사신의 말에 연방 머리를 끄덕이며 "참 실재(實才)들이오, 문장(文章)들이오! 참 예의지방(禮義之邦)의 양반들이오!" 하고 칭찬을 하고 명나라 황제에게 말을 잘하여 일이 변명되었는데, 황제는 "예부비답(禮部批答)에 짐(朕)이 어찌 한낱 적은 신하의 사분(私忿)으로 원정한 장수의 공로를 삭히고 이웃 나라의 국교(國交)를 방해하겠느냐"고 하고 일변 정응태를 쫓아내어 서민(庶民)을 삼고 양호를 복권(復權)시켰다 한다.

3 진린(陳璘)의 수군이 순천 해안으로 내려갈 때 왕이 이순신에게 하교하기를 명나라 수사제독 진린은 성정이 사납고 거만하니 알아서 대접하라 하였다. 이순신은 진린의 진과 합한 뒤로 조선 수군이 일본 병선을 깨뜨린 것도 그 공은 명나라 수군에게 돌려 보내어 연해 진린이 첩서(捷書)를 명나라 조정에 보하게 하니, 진린이 감복하여 이순신을 대인이라 칭찬하며 존경하여 이순신의 관사에 들어갈 때면 교자(轎子, 가마)를 타지 않았으며, 명나라 군사들까지 이순신을 "이통제(李統制) 이통제" 하며 자기네 제독보다 더 신뢰(信賴)하였다 한다.

이순신, 승전의 공을 진린에게 돌리다(『회본조선정벌기』)

내려가 고니시 유키나가를 치기로 하였는데, 여기에 진린의 수군 일
만삼천이백을 합하여 수륙군이 이십만이라고 과장誇張하였다.

　마귀의 군사는 동래로 내려가 울산의 도산성을 치는데, 도산성은
가토 기요마사가 한 번 실패한 뒤로 성을 새로 수축하고 군사를 동원
하여 굳게 지킴으로 마귀의 군사는 도산성에서 발을 붙일 겨를 없이
패하여 돌아왔다. 동일원의 군사는 진주로 가서 사천으로 들어가니

수급에서 귀만 베어서 나고야 행영에 보내는 시마즈 요시히로(『회본조선정벌기』)

사천의 시마즈 요시히로는 사천에 신채新塞를 쌓고, 고성固城과 하동河東을 좌우 나래翼로 하고, 동양창東陽倉을 통하여 앞의 네 곳으로 신채를 벌렸다. 영춘迎春, 망진望診, 진주晉州, 고관故館으로, 그중에 망진은 북으로 진강晉江과 통하고, 영춘과 곤양昆陽의 신채는 좌우로 벌렸는데, 시마즈 요시히로의 진은 뱀의 형세長蛇陣이다.

명나라 장수들은 망진이 가장 중요하니 먼저 망진을 깨면 다른 신채는 치기가 쉽다 하여 이여매와 동일원은 진강에 진을 치고, 모국기와 동일원의 군사는 먼저 망진을 치더니 일본 진에 포로로 잡혀가 있던 명나라 장수 곽국안郭國安과 내응이 되어 망진성 안에 불을 지르고 모국기의 군사를 불러들여 망진을 점령하고 뒤를 여니, 동일원의 군사는 영춘성을 함락하고 다시 곤양을 치니 일본 군사는 연해 패하여 사천성으로 몰려들었다. 명나라 장수들은 군사를 몰아 사천으로 쫓아가 성을 에워쌌으나 시마즈 요시히로의 종적은 알 수 없는데, 그 아들 시마즈 다다쓰네島津忠恒와 시마즈 요시히로의 용장勇將 이세 사다마사伊勢貞昌가 창을 들고 내달려 범같이 날뛰는 통에 명나라 군사가 몰려 달아나는데, 두 장수가 그 뒤를 쫓으며 수천 급數千級의 머리를 얻어가지고 돌아갔다.

시마즈 요시히로는 명나라 군사의 수급首級4으로 귀와 코를 베어 나고야 행영으로 보내니5 이번에 명나라 군사의 귀와 코가 큰 술통

---

4 전쟁에서 베어 얻은 적군의 머리−편집자

5 전시(戰時)에 코를 베어 수급(首級)으로 대용(代用)한 것은, 전국시대(戰國時代)에 유행하던 군율(軍律)이라 한다. 그런데 이번 사천 싸움(泗川戰爭)을 일본의 야마가 소코(山鹿素行−일본 에도시대의 유학자이자 병학자兵學者) 같은 사람은 일본 원정군의 가장 통쾌한 승첩(勝捷)이라 말하였는데, 그때 명나라 군사의 수급이 과연 얼마나 되었는지는 확실히 알 수 없다. 일본 기록에는 사천에 들어온 명나라 군사의 수효가 사십만이니 이십만이니 또는 오십육만이니 하는 데서 수급으로만 근 사만이라 하였으니 당초에 사천에 들어온 명나라 군사의 수효부터 엄청나게 늘려놓았다. 조선 기록으로 보면, 사천에 들어간 명나라 군사의 수효가 일만삼천오백이라고도 하고, 『선조실록』에는 명나라 군사가 이만육천팔백, 조선 군사가 이천이백오십 인, 이러하니 조선 기록으로 보면 실상 사천에 들어간 군사의 수효가 수급(首級) 수효보다 부족하게 된다. 일본의 『정한위략(征韓偉略)』 같은 데는 명백한 말로 가고시마 무리(鹿兒島方衆)의 토포(討捕, 토벌하여 잡음)가 일만일백, 초사 무리(帖佐方衆), 시마즈 요시히로島津義弘의 領)의 토포가 구천오백이십, 도미쿠마 무리(富隈方衆), 시마즈 요시히사島津義久의 領)의 토포가 팔천삼백팔십삼, 이주인 다다자네(伊集院忠真, 이세 사다마스伊勢貞

大樽으로 열 개가 들어갔으나, 나고야 행영에서는 이것을 처리할 만한 경황이 없었다.

昌의 領)의 토포가 구천오백육십, 혼고 미쓰히사(北鄕三久, 혼고 미쓰히사北鄕三久의 領)의 토포가 사천팔백사십육이라 하여 삼만팔천칠백십칠로, 수급의 수효를 채워놓았다. 그런데 전시에 수급이란 것은 늘릴 수 있는 대로 늘리는 것이니 그 당시 조선 안에서 수급을 취급한 예를 몇 가지 들어보겠다. 수군통제사 이순신은 수급을 중상하지 않기(不尙首功)로 유명하여 전장에서 군사들이 수급을 베는 것에 죽고 상하는 일이 많다고 하여 수급을 베는 것보다 사살(射殺)을 많이 하는 것으로 공로(功勞)를 써준다는 군율을 세웠으나, 부산대첩(釜山大捷)에서 우후(虞候) 이몽구(李夢龜)가 얻어온 수급은 외편 귀(左耳)가 없음으로 귀뿌리(耳根)를 파내서 조정에 봉상(封上)한 일이 있었다. 그때 조선 수군의 진에서는 왼편 귀를 수급으로 사용하였는데, 이순신의 진에 귀 없는 수급이 들어온 것은 경상우수사 원균의 군사가 베어간 까닭이다. 원균은 수급을 어떻게나 탐하였는지, 이순신의 견내량(見乃梁) 대첩 때에는 이순신이 나가서 싸우는데 원균은 뒷전에 서서 죽은 군사의 수급만 베어들이느라고 삼십여 척의 배를 늘어놓는 추악(醜惡)한 행동까지 한 일이 있었다. 그때에 수급이라 하면, 대단히 값비싼 것이 되어 조정에서는 수급을 많이 가져오는 사람에게는 과거(科擧)를 시켜서 그때 한동안 참수급제(斬首及第)라 하는 것이 있었다. 그 까닭에 혹은 송장의 머리를 베었다가 적군의 머리로 위조(僞造)하는 일도 생기고 또 수급의 급수를 채우려고 남이 얻은 수급을 돈을 주고 사거나 혹은 외상(外上)으로 사거나 또는 꾸어 쓰기를 하였다가 미처 외상을 못 갚든지 꾸어온 것을 못 갚든지 하여서 송사(訟事)를 만난 사람도 많았다 한다. 그리고 명나라 장수들은 평양대첩(平壤大捷)을 한 뒤로 조선 사람의 머리를 일본 군사의 수급으로 대용하기를 예사로 행하였다 한다.

24. 도요토미 히데요시가 죽어서

나고야 행영이 경황이 없이 된 일을 말하려면, 행영의 태합 히데요시가 조선에 원정군을 내보낸 뒤로 그동안의 지나온 일을 대강 알려야 할 것이다.

히데요시가 원정을 도모하기 하기 위하여 관백을 아들 히데쓰구秀次에게 넘긴 뒤로 관백 히데쓰구는 내정에서 아주 큰일을 저지른 것은 없다 하나 태합 히데요시를 걱정시키는 일이 차차로 늘어났다. 히데쓰구는 본래 히데요시의 생질甥姪로서 양자가 된 아들이니, 히데요시와 부모가 같은 누이가 낳은 아들이다.

히데쓰구가 관백이 될 때까지는 히데요시가 마음 놓고 내정을 맡길 만하였으나 에치젠의 시바타 가쓰이에柴田勝家를 칠 때부터 히데요시 진의 대장이 되어서 규슈 싸움에서는 히데쓰구로 하여 여러 번 성공한 일도 있었다. 그리하여 세상에서는 히데쓰구가 오다 노부나가織田信長의 아들 노부카쓰信雄 유가 아니오, 도요토미 히데요시의 사업을 이을 아들이라 하여 일반에는 존경을 받게 되었다.

그런데 히데쓰구가 관백이 된 뒤로는 방탕하고 사치를 숭장崇奬하여 처첩을 삼십여 인씩 두고 밤이나 낮이나 질탕이 놀기로만 판을 짠다. 처첩의 총중에는 기쿠테이 하루스菊亭晴季 우대신右大臣의 과부된 딸을 데려다 살며, 과부의 전 남편에게서 낳은 딸까지 첩을 삼았다. 그리하기에 히데요시가 장만해놓은 주라쿠聚樂의 고가古家를 헐고 쟁여놓은 보물을 꺼내어 돈을 모래 흩듯 한다. 히데요시의 좌우에서는 히데쓰구의 음행을 금지하라 하는 말을 많았으나 히데요시는 히데쓰구를 대하면 논정論定으로 이를지언정 꾸중 한 번을 아니하였다.

히데요시는 늦게야 첫아들을 하나 낳았지만[1] 석 달 만에 죽고, 양자로는 히데쓰구 말고도 오다 노부나가의 아들이며 도쿠가와 이에야스의 아들이며 있기는 하나 오직 자기의 혈족으로는 히데쓰구인 까닭에 그와 같이 사랑하는 터였다. 그러자 조선으로 원정군을 내보내던 그 이듬해에 아들을 하나를 낳아서 히데요리秀頼라고 이름을 짓고 귀동貴童으로 기르게 되니, 히데쓰구의 부하들은 원주인의 집에 원자元子가 생기니까 연해 히데쓰구를 꾀어서 방탕한 길로만 인도할 뿐 아니라 히데요시가 히데쓰구를 탐탁지 않게 여기는 데 대하여 대항을 하게 되었다.

히데쓰구의 등 뒤에는 히데쓰구의 처첩 일족이든지 히데쓰구의 재물을 훑어먹는 중신重臣들이 진을 치고 히데요시의 부하들을 원수같이 대함으로 히데요시는 부하들의 권고로 히데쓰구를 한 번 불러서

---

1   히데요시의 첫아들의 이름은 쓰루마쓰마루(鶴松丸)라 하였는데, 덴쇼(天正) 19년에
    나서 그 해 팔월에 죽었다 한다.

죽음을 앞둔 고야산의 히데쓰구
(「高野山の豊臣秀次」,
쓰키오카 요시토시)

말로 이르려고 히데쓰구 이하 부하 육십여 인을 후시미노미야伏見宮
로 불렀다. 그런데 히데쓰구의 일행이 주라쿠에서 출발하여 후시미
로 오는 길에 히데쓰구는 기슈紀州의 고야高野에 들어가서 자살을 하
고, 부하 이십칠 인은 그 뒤를 따라 순사한다.

히데요시는 히데쓰구가 죽은 뒤에 부하들의 말을 좇아 히데쓰구
의 처첩 삼십여 인을 산조가와라三條河原에서 목을 베어 한구덩이에
파묻고 축생총畜生塚이라는 표석標石을 무덤 앞에 꽂고, 히데쓰구의 부
하를 귀양 보내고 내쫓고 하였다. 히데쓰구의 부하로 연좌를 당한 사
람들은 히데쓰구의 처첩 쪽으로는 기쿠테이 하루스 우대신의 집을 비

히데쓰구의 아내와 자식들이 처형되어 '축생총'에 묻히다(『회본태합기』)

롯하여 호소카와 다다오키, 아사노 요시나가, 다테 마사무네의 일족들
이오, 중신 편으로는 구마가이 다이젠熊谷大膳, 기무라 시게코레木村重茲,
시라에 나리사다白江成定, 요시다 료吉田亮의 무리들이다. 히데쓰구의
뒷일이 안정되고 보니 히데요시의 집 관백은 이제 어린아이 히데요리
에게로 전하게 되었다.

　히데요시는 관백을 어린 아들에게로 전하게 되니 자기도 나이가
늙은 터에 관백을 어린 아들에게 전하고는 장래를 마음 놓을 수 없
으니까 관백의 신하로 오대로五大老, 삼중로三中老, 오봉행五奉行을 정하
여 어린 관백을 돕게 하였다. 오대로는 도쿠가와 이에야스德川家康, 마
에다 도시이에前田利家, 모리 데루모토毛利輝元, 우키다 히데이에宇喜多秀

家, 우에스기 가게카쓰上彬景勝요, 삼중로는 이코마 치카마사生駒親正, 호리오 요시하루堀尾吉晴, 나카무라 가즈우지中村一氏요, 오봉행은 아사노 나가마사浅野長政, 이시다 미쓰나리石田三成, 마시타 나가모리增田長盛, 나쓰카 마사이에長束正家, 마에다 겐이前田玄以이다.

오대로의 도쿠가와 이에야스는 히데요시가 자기 이성異姓 누이 아사히히메朝日姬를 아내로 주었고, 또 그 누이가 죽었다 할지라도 자기의 처제를 다시 이에야스의 며느리로 주었고, 마에다 도시이에는 자기 원숭이 시대부터 한 고향에서 자라난 죽마고우竹馬故友로서 같은 주인이었던 오다 노부나가의 집에서 함께 밥을 먹던 터이오, 모리 데루모토는 그 아들이 자기 이성 아우의 사위인 관계이다.

오봉행의 마시타 나가모리는 고후쿠 나가하마에서 만난 이후로 사람이 온후독실溫厚篤實 하여 무슨 일이든지 믿는 터이고, 마에다 겐이는 오다 노부타다織田信忠에게 벼슬을 할 때부터 조정이나 재상의 집에나 인사범절에 익달하고 신사神社나 불당佛堂에 들어서도 예식을 잘 아는 사람이며, 이시다 미쓰나리는 꼿꼿하고 입바른 말을 잘하여 자기 앞에 기탄없이 들이대는 사람은 신하들 중에서 이 사람 하나뿐이었다. 모두 지금 관백을 보호하게 한 사람은 이와 같이 인척 관계가 된다거나 자기와 인연이 깊거나 하여 심사가 서로 통할 만한 친절한 사람들이다.

올봄 교토에 벚꽃櫻花이 필 때에 관백의 신하 일문一門 가족의 처첩이 모여 온종일 잔치를 벌이고 질탕이 놀 때에 태합 히데요시도 참례하였더니 밤사이에 병이 나서 후시미노미야에 누운 것이 날이 가

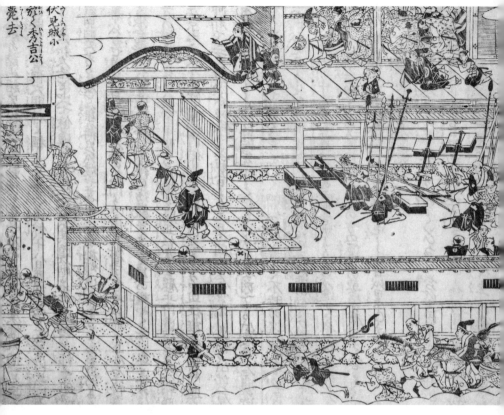

도요토미 히데요시의 죽음(『회본조선군기』)

고 달이 지날수록 병이 점점 깊어간다. 밤이면 마시타 나가모리나 이
시다 미쓰나리 같은 친절한 사람을 불러들여 신세를 말할 때에 듣는
사람의 귀에는 하는 말이 모두 유언遺言 같이 구슬픈 말이 많았다.

팔월 달에 접어들며 병이 더욱 더쳐서 십칠일 아침에 도쿠가와 이
에야스와 마에다 도시이에를 병실로 불러들여 마지막 유언으로 어린
관백의 장래를 부탁하고 내정에 대한 일을 자세히 부탁하는 끝에 조

선 원정군을 그만 불러들이라고 말하더니 그 이튿날 밤에 히데요시의 육십삼 년의 역사가 후시미노미야 모모야마덴桃山殿에서 끝을 맞았다.**2**

---

25. 고녀시 유기나가가 길을 빌어

히데요시가 죽은 뒤에 마시타 나가모리, 이시다 미쓰나리 두 사람이 관槫을 맡아 지키고, 고야산 모쿠지기 오고木食応其=木食山人가 불공을 맡아 올리며, 마에다 겐이가 장식을 맡아 치르면서 초상은 종래 발포하지 않고, 관백의 명령으로 제후를 지휘하며 조선의 출정군도 불러들였는데[1] 국내의 제후들이나 출정군의 장수들이나 그저 공연히 마음이 어수선해서 무엇이든 모두 시들하였다.

조선에 출전한 장수들은 부산의 대장의 진이 걷혀 가고, 울산의 기요마사의 진이 걷혀 가고 하니[2] 사천의 시마즈 요시히로도 가야

---

1 조선에 나온 원정군을 불러들이는 철병명령(撤兵命令)은 도쿠나가 나가마사(德永壽昌)와 미야모토 도요모리(宮本豊盛) 이렇게 두 사람이 가지고 나왔다 하는데, 미야모토 도요모리는 미야모토 초지로(宮本長次郎)로 기록하기도 하였다. 이 두 사람은 히데요시가 죽던 그달 이십이일에 도쿠가와 이에야스(德川家康), 마에다 도시이에(前田利家)의 무리가 히데요시의 명령으로 보냈다는데, 혹은 이십오일에 보냈다고도 하고, 또 관백의 명령으로 불렀다고도 한다. 두 사람이 일본에서 떠난 날이 어느 날이든지 부산에 상륙한 날은 이 해 시월 일일이라는데, 상륙한 날도 정확한지 의심이 나는 점이 있다.

2 가토 기요마사는 또 어찌된 셈인지 구월 오일에 오대로(五大老)가 부르는 명령을 받고 이 해 시월 이십삼일에 부산 영채(營寨)에 불을 질러 태우고 떠났다 한다.

하겠고**3** 순천의 고니시 유키나가도 가야 하겠는데, 그나마도 순천의 고니시 유키나가는 가기에 힘이 드는 모양이다.

해 뜬 뒤에 등불을 켜듯 명나라에서는 다 늦게 구원병을 보내놓아서 순천성 뒤로는 유정의 육군이 달려들고, 순천 앞바다에는 바다의 왕 이순신 하나만 하여도 겁이 나는데, 명나라 수사제독인지 무엇인지 하나가 더 붙어서 가는 길을 방해할 터이니, 고니시 유키나가는 돌아보나 내다보나 힘이 쓰인다. 고니시 유키나가는 처음부터 강화를 좋아하던 장수여서 이번에도 명나라 진에서 누가 나서서 강화나 하자고 권하지 않나 하던 차에, 고니시 유키나가의 뜻과 같이 유정의 진에서 사신을 보내어 강화를 청한다. 유정이 강화를 청한 것은 고니시 유키나가에게는 가려운 곳을 긁어주는 셈이니 얼른 허락하고 유정의 말대로 어느 날 어느 곳으로 만나서 의논을 하기로 하였다.

유정이 어찌하여 고니시 유키나가의 뜻대로 먼저 강화를 청하였을까? 유정이 순천에 와서 고니시 유키나가가 진을 친 왜교倭橋를 보니 지형이 높아서 좀처럼 칠 수가 없으니까 고니시 유키나가를 유인하여 내자 한 일이었다. 유정은 고니시 유키나가의 허락을 받고 일변으로 수군제독 진린과 고니시 유키나가를 수륙으로 치기로 약속하였다.

---

3 시마즈 요시히로는 구월 이십팔일 새벽녘에 군사를 거두어 가지고 들어오라는 명령을 받았는데, 그 전날이 명나라 군사를 쳐서 이겼던 구월 이십칠일이라 하니 철병 명령을 가지고 나온 두 사람이 시월 일일에 부산에 상륙한 것이 분명하다 하면 시마즈 요시히로가 어떻게 구월 이십팔일에 명령을 받았다고 하는지 알 수 없다. 또 명나라 군사를 쳐서 이겼던 바로 그 이튿날 새벽녘에 들어오라는 명령을 받았으면 그 엄청나게 늘었다 줄었다 하는 명나라 군사의 수급(首級)을 일변 떠나가는 진에서 먼저 나고야 행영으로 보냈는지도 모를 일이다.

고니시 유키나가를 유인하는 유정(『회본조선정벌기』)

　이러한 줄을 모르는 고니시 유키나가는 언약한 날을 기다려 유정에게 선물로 주려고 보도寶刀 한 쌍을 봉해 가지고 단출한 군사를 이끌고 진 밖에 나서니, 이왕부터 면분이 있는 조선 장수 순찰사 황신黃愼이 명나라 장수 왕지한王之翰과 같이 와서 유키나가를 맞으러 나왔다.

　유키나가가 황신 일행을 따라 얼마쯤을 나가다 보니 왜교 반 리밖에서 유정이 삼천 군을 거느리고 좌우에는 원수와 군감軍監들이 각기 수백 명씩의 군사를 이끌고 몰아온다. 고니시 유키나가는 그제야 의심이 나서 손을 높이 들어 유정에게 잠깐 예를 하고는 되돌아서 돌아오는데, 길가에서 집비둘기 수십 마리가 풍겨 날아가며 좌우에서 복병들이 일어나니, 지금 날아가는 집비둘기가 유정 진중의 군호였다. 고니시 유키나가는 급히 뛰어 성안으로 들어가고, 유정의 군사는 세 군데로 쳐들어오며 유키나가를 따라나섰던 군사 근 백 명을 도륙하고 성을 에워싼다.

유정의 육군이 고니시 유키나가의 진을 에워싸던 날, 수군제독 진린은 이순신의 군사와 합하여 앞바다에 검은 돛黑帆을 단 수백 척 병선을 이끌고 묘도猫島에서부터 아우성을 치며 해협으로 몰려든다. 고니시 유키나가의 군사는 먼저 수군을 대항하여 수군의 선봉이 아직 성 가까이 못 들어왔는데, 이 밤에 유정의 진에서는 머리가 다섯씩 되는 홰를 가지고 불을 켜면 쫓아와 성을 치고 불을 끄면 물러가고 하며 밤새도록 고니시 유키나가를 괴롭게 하더니, 이튿날 새벽 조수 때에 이순신의 병선이 성북城北 갯고랑으로 들어와서 유키나가의 군사들이 갯고랑으로 들어가 싸우다가 조수가 빠질 때에 병선이 물러났다. 고니시 유키나가는 병선이 또 밤에 들어올까 염려하여 성북 갯고랑가로 새로 성을 쌓고 성 위에는 포루砲樓를 많이 세우고 그 밑에는 총 놓을 구멍을 뚫어 수군을 방비하였다.

한편으로 유정은 대나무로 만든 사닥다리竹梯를 수레에 싣고 들어와 성 가까이 세워놓고 군사들이 사닥다리에 올라서서 성안을 내려다본다. 유정의 군사가 성안을 내려다본 이튿날 유정이 대장기大將旗를 세우고 쫓아 들어와 성을 치는데, 고니시 유키나가의 군사는 포루 위에서 화로火砲와 돌팔매로 방비하더니 홀제 유키나가의 군사가 서문을 열고 쫓아 나와서 불을 놓아 사닥다리를 태우고 유정의 군사

조선의 바다에서 맞붙은 명군과 왜군(『회본조선군기』)

팔백여 인을 잡아 불에 태워 죽이니 유정의 군사가 물러갔다.

　이튿날 유정은 다시 진린과 약속하여 수군이 밤 조수에 들어와 육
군과 함께 성을 치기로 하고 진린의 수군이 밤 조수에 들어와서 성
북 갯고랑에 대었는데, 육군의 진에서 거위鵝 소리를 군호軍號 하는
소리로 듣고 수군들은 육군이 이마 성에 들어간 군호라 하여 앞뒤를
다투며 상륙을 하였더니 조수가 빠져서 병선이 모두 갯바닥 위에 얹
혔다.

　고니시 유키나가의 군사들이 이 모양을 보고 그물에 든 고기를 움

키듯 갯바닥으로 들어서서 수군을 함부로 죽이며 병선에 불을 지르니 사십여 척의 병선이 일시에 불이 붙어 밤새도록 타는 불빛이 바다를 대낮 같이 밝혔다. 이중에 이순신의 병선 세 척이 끼어 있었으나 이순신의 병선은 불 속에 들지 않고 새벽 조수가 밀릴 때에 빠져나갔는데, 진린의 큰 배 세척이 개흙에 박혀 조수가 들어와도 물에 뜨지 아니하여 고니시 유키나가의 군사에게 불을 맞게 되었다. 진린의 장수들이 발을 구르며 소동하더니 조선 장수 유형柳珩이 내달려서 배 세 척을 한 데 묶고 배꼬리에 올라서서 여러 군사를 동독(董督, 감독)하여 일시에 배를 끄는 통에 배가 물 위에 떴다.

이튿날 진린이 어젯밤에 실패한 것에 분하여 다시 병선을 이끌고 성북 갯고랑으로 들어와서 유키나가의 군사와 싸우는데, 유정의 육군이 나서지 않는 것을 보고 진린이 몸을 날려 상륙하여 유정의 진으로 쫓아 들어가 유정의 수자기帥字旗를 떼어내려 유정의 앞에서 찢으며 "육군이 이 모양이니 어찌 패하지 않겠소. 수군은 들어와 싸우는데 보고만 있단 말이오" 하고 푸념을 하니 유정은 얼굴이 흙빛 같이 변하며 "장관將官에 장관다운 사람이 없으니 나인들 혼자 어찌 하오" 하며 사과를 하더니 이삼 일이 지난 뒤에 유정의 군사가 슬그머니 부유富有로 물러가는데, 유정의 진터에는 근 만 석이나 되는 군량을 버리고 말, 소, 병기 등속을 수없이 빠뜨리고 흘려서 유키나가의 군사가 주워 들이게 되었다.

26. 난리가 끝났!

　고니시 유키나가의 군사는 유정의 군사가 물러난 것이 시원하기는 하나 본국으로 돌아갈 마음이 바쁜 고니시 유키나가는 하루를 지체하는 것이 일 년 같이 지루하였다. 한편으로는 행장行裝을 차리기에 분주한 중에 유정의 군사가 또 들어와서 친다. 고니시 유키나가는 유정의 진으로 사신을 보내어 유정에게 뇌물賂物을 쓰고 이제 싸우지 않고 그만 돌아갈 터이니 돌아갈 길을 빌려 달라고 애걸하다시피 말하였다.

　유정은 대번에 허락하고 수사제독 진린에게 "고니시 유키나가가 가는 길을 빌려주라"고 통지하였더니, 진린이 회답하기를 "수군과 육군의 책임이 다르니까 우리 수군은 수군의 행동을 따로 할 터이니 육군에서는 간섭 말라" 하였다.

　고니시 유키나가는 이미 유정의 허락을 받은지라 먼저 십여 척의 병선을 내놓아 묘도 앞바다를 지나는데, 진린의 수군이 내달려 집어삼킨다. 유키나가는 분이 나서 명나라 포로 사십여 인을 묶어서 앉히고 포로 두 사람의 팔뚝을 끊어 유정에게 보내며 "너희 명나라 장수들이 우리를 속여오기를 몇 해나 하였느냐. 이번에도 또 속이니 내가 가지 않고 기어이 사생결단을 하겠다" 하고 을러대니 유정은 "이번 일은 육군이 한 일이 아니라 수군이 한 일이니 수사제독 진린에게 다시 길을 빌게 하라"고 회답하였다. 고니시 유키나가는 일이 그럴싸하여 다시 진린에게 은 백 냥銀百兩과 보도 오십 개를 보내고 길을 빌려 달라 하였더니 진린도 두말 않고 허락한다.

유키나가는 다시 배를 두서너 척 바다에 띄어놓으니 이순신의 군사가 내달려 차례로 집어친다. 유키나가는 또 진린에게 배약背約하는 것을 책망하니 진린은 "이번 일은 명나라 수군이 한 일이 아니오. 조선 수군이 한 일인즉 수군통제사 이순신에게 길을 빌리라"고 대답한다.[1]

유키나가는 일이 거칠어지는 것을 깨닫고 일변 사천의 시마즈 요

---

1 진린이 고니시 유키나가의 뇌물을 받고는 이순신에게 고니시 유키나가는 내버려 두고 남해(南海)에 주둔한 적군을 치러가자고 하는 것을 이순신은 남해에는 적군에게 포로(捕虜)로 잡혀간 사람들뿐이라고 대답하니까 진린은 포로로 잡혀간 사람도 이미 적군이 된 이상에는 적군으로 대하는 것이니 남해로 쫓아가서 힘들이지 않고 수급(首級)을 많이 얻어오는 것이 좋지 아니하냐 한다. 이순신은 이 말에 성을 내며 "나는 포로가 된 사람을 살려서 빼앗아오는 것이 적군의 머리 하나를 얻어오는 것보다 귀중하다는 것이 우리 진중의 군율인 것을 알면서 그러오. 명나라 황제가 조선에 도독을 보낸 것은 조선 사람을 구원하려 한 것인데, 도독이 도리어 조선 사람을 죽이려 하니 도독은 명나라 황제의 본의(本意)를 어기는 것이오" 하였다. 진린은 명나라 황제가 내게 장검(長劍)을 주었는 것을 하고 환도(還刀) 자루를 만지는 것을 순신은 "도독의 칼날에 내가 죽는 것은 무섭지 않으나 남의 대장이 되어서 화친하겠다는 말은 입으로는 못하겠소"(大將不言和) 하고 대항하여 진린은 할 수 없이 고니시 유키나가에게 이순신이 고집하는 말을 보하였더니 고니시 유키나가가 다시 이순신에게로 좋은 총과 칼을 보내는 것을 이순신은 나는 연내(年來)로 전장에서 이러한 좋은 병기를 많이 얻었으니까 소용없다는 말로 준절이 책망하며 도로 보냈다 한다.

시히로에게 구원을 청하였다. 사천의 시마즈 요시히로는 명나라 장수 동일원과 오유충의 군사를 파하고, 나고야 행영에 첩서捷書를 보한 것이 싸움을 이긴 상은 오지 않고 밑도 끝도 없이 군사를 거두어 가지고 들어오라는 관백의 명령을 받고 들어가려던 차에 고니시 유키나가가 구원을 청하니까 가는 길에 동행할 셈으로 아주 군사를 거두어 가지고 밤 조수를 타서 순천으로 들어왔다.

이때 이순신은 고니시 유키나가에게 구원이 들어온 것을 알고 진린과 협의한 뒤에 군사를 불러 순신의 군사는 남해 관음포觀音浦로 들어가고, 진린의 군사는 곤양 죽도竹島로 들어가 일본 병선이 지나가는 길을 지켰다.

시마즈 요시히로는 밤중에 순천에 들어가 왜교에 주둔한 고니시 유키나가를 구원하여 군사를 전부 병선에 실을 때에 진린과 순신의 군사가 들러와 음습陰襲한다. 시마즈 요시히로와 고니시 유키나가의 두 진을 합한 군사가 힘을 다하여 음습하는 군사를 물리치고 새벽녘에 관음포 앞에 이르니 이순신의 군사가 앞을 막는다. 일본 군사들이 연하여 화포를 쏘며 지나가는데, 순신이 배 머리에 올라서서 방패로 앞을 막고 북을 울리며 군사를 독촉하니 일본 군사의 죽음이 바다를 덮힌다. 고니시 유키나가는 군사를 잃고 간신히 몸을 피하여 묘도로 달아났더니 미륵항彌勒項에서 떠나오는 소 요시토시의 병선이 유키나가를 구원해낸다.

이때 유정이 순천 앞바다에서 싸움일 일어난 것을 보고 군사를 이끌고 왜교로 들어와 유키나가를 치려 하니 유키나가의 진은 속이 비

진린과 가토 요시아키의 결전(『회본조선정벌기』)

었다. 진린은 군사를 이끌고 나서서 순신의 뒤를 거들다가 관음포로
들어가니, 유키나가와 시마즈 요시히로가 흩어진 병선을 모아서 관
음포로 쫓아온다. 진린이 시마즈 요시히로를 대적하는 동안에 유키
나가의 군사가 순신의 군사를 에워싸서 순신의 형세가 위급하다. 진
린은 시마즈 요시히로를 버리고 순신의 진으로 쫓아오니 유키나가의
군사가 다시 진린의 배를 에워싸고 진린의 몸을 칼로 칠 즈음에 진린
의 아들 구경九經이 내달려 몸으로 막다가 칼에 찔려 피가 흐르는 것
을 명나라 수군들이 대들어 구경을 구원해낸다.

일본 군사는 연해 철포를 쏘며 맹렬이 싸우는데, 진린이 목탁을 쳐서 군사를 거두니 진린의 진이 갑자기 고요하다. 일본 장수들이 의심하여 진린의 진을 에워쌌는데, 진린이 분통噴筒으로 불을 풍겨 일본 병선을 태우니 바람이 일어나며 불길이 괄어서[2] 바다 물결이 끓는다. 순신이 진린의 진으로 쫓아와 싸움을 돋우니 홀제 명나라 총병 등자룡鄧子龍의 배에 불이 일어나며 군사들이 불을 잡으려고 날뛰는 판에 일본 군사가 불이 붙은 배로 뛰어올라 등자룡을 찔러 죽이고 배에 불을 더 지른다.

순신이 이 광경을 보고 소리를 지르며, 등자룡의 배로 쫓아가는 동안에 철환이 날아들며 순신의 가슴을 맞혔다. 순신이 철환을 맞고 쓰러지니 좌우에서 부축하여 배 안으로 들어가는데, 순신은 조카 이완李莞을 보며 "싸움이 지금 격렬하니 내가 죽은 것을 발포 말고 네가 싸움을 독촉하여라" 하고 죽는다.[3] 부하들은 순신의 유언을 지켜 그의 죽음을 은휘(隱諱, 꺼리어 감추거나 숨김)하고 그의 조카인 이완과 아들 이회李薈가 싸움을 계속하여, 순신의 독전기督戰旗를 이완

---

2 괄다. 불기운이 세다.-편집자
3 이순신이 죽은 날은 그의 행장(行狀)과 행록(行錄)을 비롯하여 모든 기록에는 십일월 십구일인데, 일본 기록과 고니시 유키나가가 순천 해안에 출범(出帆)한 날을 십이월 이십사일로 기록한 것을 대조하면, 고니시 유키나가가 출범한 날짜가 이순신이 죽은 뒤 한 달 이상 늦으니 고니시 유키나가가 출범한 날이 서력(西曆)인지 그렇지 않으면 잘못 기록된 것이 아닌가 한다. 이순신이 죽은 해에 나이는 쉰네 살(五十四歲)이었고, 묘소는 충청도 아산(牙山) 땅에 있으며, 시호는 충무공(忠武公)으로 되었다. 충무공은 한양 건천동(乾川洞)에서 났다 한다. 그는 어려서 자라날 때에 아이들과 전쟁하는 장난을 좋아하였는데, 장난을 할 때마다 그가 대장 노릇을 하였다 한다. 그가 창조한 거북선(龜船)이 세계 철갑선(鐵甲船)의 시조라 한다.

이순신 장군의 전사(『회본조선정벌기』)

이 듣고 뱃머리에 나서서 군사를 독촉하니 이완의 풍신(風神, 풍채)이
그 숙부를 방불하여 전군이 모두 이순신의 죽음을 까맣게 모르고
독전기 밑에서 격렬하게 싸워 일본 군사에게 에워싸인 진린의 군사
를 구원하고 일본 군사를 도륙하니 형세가 급박한 고니시 유키나가
는 어느 섬으로 뛰어올라 몸을 감추었다.

　이날 싸움이 끝난 뒤에 진린이 비로소 순신의 죽음을 알고 애통하
여 앉은 자리에서 세 번이나 혼도(昏倒)하며 "이 통제가 죽었으니 누구
와 다시 천하일을 의논할 것인가. 그런 사람이 없다" 하고 부르짖으니

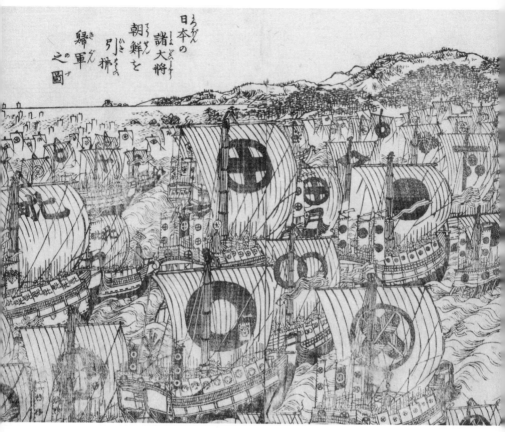

조선 원정군, 일본으로 돌아가다(『회본조선정벌기』)

진중에서는 명나라 군사들까지 눈물을 흘리며 술과 고기를 폐하고 상복喪服을 입는 사람이 명나라 진중에도 많았고, 일반 백성의 울음 소리는 하룻밤 사이에 천 리에 통하였다 한다.

섬으로 뛰어오른 고니시 유키나가는 시마즈 요시히로의 배가 들어가 구원하여 가지고 가덕도加德島로 들어가니, 이때 거제 부근에서 나베시마 나오시게와 다치바나 무네시게의 무리가 노량露梁 해면에서 고니시 유키나가가 곤욕을 당한다는 말을 듣고 구원을 나섰다가 고니시 유키나가가 가덕도에 이르렀다는 소식을 듣고 다 각기 뱃머리를 돌려서 쓰시마로 가서 서로 만나 들어가니⁴ 조선 원정군은 전부가 걷히었다.

도요토미 히데요시의 패권覇權은 다시 도쿠가와 이에야스의 손으로 들어가 도쿠가와 시대에 다시 조선에 강화를 청하였음으로 원정군을 거두어 들어간 지 여섯 해 되던 갑진甲辰년에 사명당 임유정이 일본에 들어가 조선에서 포로로 잡혀간 남녀 삼천여 인을 도쿠가와 막부德川幕府에서 찾아서 돌아온 뒤로 비로소 강화가 시작되었다.⁵

---

4 일본 장수로서는 고니시 유키나가가 끝으로 들어가고 명나라 장수들은 그 이듬해 선조 32년 기해(己亥)에 형개(邢玠)의 군사가 먼저 들어가고 또 그 이듬해 경자년(庚子年)에 만세덕(萬世德), 두잠(杜潛)의 무리가 걷혀 들어갔는데, 명나라 장수가 전부 걷혀 들어간 뒤에 남병(南兵) 삼천은 조선에 쳐져서 남도의 해안을 수비(守備)하였는데, 이 군사의 월은(月銀)은 조선에서 주었다 한다.

5 선조 33년 경자(庚子)에 일본의 패권(覇權)을 잡은 도쿠가와 이에야스가 쓰시마(對馬島) 도주(島主) 소 요시토시(宗義智)와 다치바나 도모마사(橘智正)의 무리를 조선에 보내어 조선 포로 삼백여 명의 남녀(三百餘名男女)를 돌려보내며, 관시(關市)를 통하여 달라는 것을 조선에서는 거절하였다. 도쿠가와 이에야스는 연해 소 요시토시의 무리를 보내어 강화를 청하며 만약 강화를 허락하지 않으면 일본 군사가 다시 조선을 치겠다 함으로 왕은 37년 갑진(甲辰)에 사명당 임유정(任惟政)을 일본에 보내며 일본의 내정을 알고 오라고 하였다. 임유정이 일본에 들어가 조선 포로를 데리고 나왔으나 왕이 강화를 즐겨 않으니 유영경(柳永慶)이 영의정이 된 뒤로 도쿠가와 막부(德川幕府)와 교섭하여 임진년에 성종(成宗)과 중중(中宗)의 능(陵)을 파낸 소위 범능적(犯陵賊)을 일본으로부터 잡아내 참형(斬刑)을 행한 뒤에 왕은 비로소 강화를 허락하여 선조 40년 정미(丁未)에 통신사(通信使)라 하던 명칭을 회답사(回答使)로 고쳐서 여우길(呂祐吉)을 정사(正使)로, 경섬(慶暹)을 부사(副使)로, 정호관(丁好寬)을 종사관(從事官)으로 하여 일본의 에도(江戸)와 슨푸(駿府)에 보내어 강화를 허락하였다. 이때 도쿠가와 이에야스는 패권을 그 아들 도쿠가와 히데타다(德川秀忠)에게로 전한 뒤여서 히데타다는 조선이 강화를 허락하는 것이 아니라 강화를 청한다고 주장하여 다시 말썽이 되었다가 광해(光海) 원년 기유(己酉), 게이초(慶長) 14년에 관심이 통하게 되었음으로 이것을 기유조약(己酉條約)이라 하였다.

총평 總評

히데요시가 임진란을 일으킨 것은 마치 동방의 한 폭을 폭풍우暴風雨
가 일어나 뒤집어엎은 것 같아 불과 육칠 년 동안을 볶아친 그 영향이
실로 컸다.

조선에는 이조 일대李朝—代를 통하여 유교儒敎의 중독中毒으로 신
음呻吟하게 된데다가 중엽中葉의 임진란이라는 된서리가 쳐서 조선 사
람의 기운이라는 것이 머리를 들고 일어설 수 없이 아주 꺾여 그 후
삼백 년 동안을 시들시들 하다가 말아버렸고, 일본은 히데요시의 일
대가 번개 치듯 지나간 뒤로 삼백 년간 에도시대江戶時代를 통하여 칼
날 같이 날카롭던 일본 사람의 빛깔이 묻혀버렸다 하고, 명나라는
임진란의 영향으로 나라의 근원이 되는 재물財物이 말라붙고 사기士
氣가 저상沮喪하여 마침내 명나라 천하는 만인滿人의 무대舞臺로 내어
주고 말았다. 그러니 동방의 이러한 불행이 온전히 히데요시 한 사람
의 허물이겠느냐 하는 것을 한번 토구討究하여 볼 일이다.

영웅을 숭배하는 시대에 영웅이 시대를 만든다는 입장에서 본다
하면, 그때의 일을 히데요시 한 사람의 허물로 돌려보낸다 하여도 히

데요시를 애매하다고는 할 수 없으나 역사歷史를 과학科學으로 해석解釋한다 하면 시대가 영웅을 산출産出하는 것이니, 히데요시의 허물은 그때의 시대가 얼마쯤 부담하지 않아서는 안 될 것이다.

쉽고 가까운 예로 서력西曆 천구백십삼 년 독일 황제가 세계대전란世界大戰亂을 일으킨 것이 독일 황제 그 개인의 허물로가 아니라 군국주의軍國主義 시대 말기에 면치 못할 일이라는 것과 마찬가지로 히데요시의 허물도 봉건시대封建時代 말기에 반드시 있을 것이라고 아니할 수 없는 것이다.

그때 동방에 일어난 폭풍우를 그때에는 히데요시가 빚어낸 것 같이 생각하였지만, 다시 과학으로 한번 분석分析해보면 폭풍우 그것부터가 폭풍우 그 자체의 돌변突變이 아니오, 폭풍우를 빚어낸 기후氣候를 발견하게 되는 것이다. 하여간에 나는 히데요시를 지목하여 한때 동방을 난사亂射한 혜성彗星이라 한다.

대중계몽주의자 현병주

그의 생애와 계몽담론, 『수길일대와 임진록』에 대하여

장연연

임진왜란을 다시 생각한다

『수길일대와 임진록』을 읽고

최원식

대중계몽주의자 현병주

— 그의 생애와 계몽담론, 『수길일대와 임진록』에 대하여

장연연(張燕燕)*

현병주, 그는 망각된 저술가다. 여기에서는 지금까지 망각되었던 이 저술가의 생애를 복원하고, 그의 작품 세계를 살펴보도록 하겠다. 또 그의 『수길일대秀吉一代와 임진록壬辰錄』에 대한 분석을 통해 이제까지 볼 수 없었던 임진왜란 서사에 대한 새로운 시각을 소개해보도록 하겠다.

1. 현병주의 생애

현병주玄丙周는 1880년 9월 28일에 성산星山 현씨의 후손으로 태어났다. 아버지는 현계영玄啓榮, 어머니는 괴산 음陰씨였다. 성산 현씨는 조선시대부터 중인 가문으로 유명한 연주延州 현씨에서 분적分籍한

---

* 현재 산동대학교 한국학원 연구원이며, 산동여자학원 교수. 『대중계몽주의자 현병주 연구』로 인하대 대학원에서 박사학위(2015)를 받았다.

가문으로, 대대로 의과와 역과, 음양과에서 많은 합격자를 배출하였다. 이러한 그의 집안 내력은 족보의 내용처럼 현병주가 "고금 역사에 능통하고 신식 학문에도 관심이 많은博於古史 媚於新式" 사람으로 성장하는 배경이 되었을 것으로 추측할 수 있다. 실제로 그는 한학에 조예가 깊었으며, 식민지 시대에 서점 경영을 통해 신학문을 접하며 당대의 지식인으로 성장하였다.

현병주는 1910년~1930년대에 활동하면서 모두 45권에 이르는 방대한 저서를 펴냈다. 그의 저서는 소설에서부터 실기實記, 점서占書, 지지학地誌學, 회계학, 연설집 등에 이르기까지 어느 한 분야에 국한되어 있지 않고 '근대'로 아우를 수 있는 여러 학문 분야에 폭넓게 포진되어 있다. 그는 이처럼 백과사전적인 스펙트럼을 보여주는 방대한 분량의 저서를 남겼지만, 지금까지 그의 생애에 대한 본격적인 연구는 이루어지지 않았다.

현병주의 생애를 복원하는 데에는 크게 세 가지 유용한 경로가 있다. 첫 번째는 회계학자 윤근호와 조익순의 실증적인 연구다. 그리고 두 번째는 작가 이기영의 글을 통한 추적이며, 마지막으로 세 번째는 그가 남겨놓은 저작을 통해 활동 양상을 추정해보는 것이다.

1) 한국 회계학의 시조

이제까지 현병주에 대한 연구는 주로 회계학 분야에서 진행되었다. 현병주의 생애를 처음으로 주목하고 실증적으로 고찰한 사람은 회계학자 윤근호와 조익순이다. 조익순에 따르면, 현병주는 세 명의 부인에게서 모두 팔남매를 두었는데, 삼남과 삼녀는 어려서 세상을 떠났고 그의 슬하에서는 삼남삼녀가 자랐다고 한다. 조익순은 현병주의 후손을 추적한 끝에 그의 딸과 사위를 만날 수 있었지만, 그들조차 아무것도 알고 있지 못했다고 한다. 일제시기와 해방기, 전쟁으로 이어지는 복잡한 한국의 현대사 속에서 현병주는 단 한 장의 사진도 없이 오직 그의 저술만으로 남은 것이다.

회계학자들이 현병주를 주목한 가장 큰 이유는, 현병주가 1916년에 펴낸 『실용자수: 사개송도치부법實用自修:四介松都治簿法』(덕흥서림) 때문이다. 이 책은 현병주가 개성상인들이 일찍부터 사용했던 독특한 복식부기법을 개성상인 두 사람의 구술을 받고, 또 현지를 답사하여 쓴 책이다. 서양의 부기법에 비해 손색이 없는 이 복식부기법은 일반에게 보급되지는 않았지만, 개성상인들 사이에서 비밀리에 계승되어 왔던 우리 고유의 부기법이다.

조익순은 이 책을 우리나라 "고유 부기를 체계적으로, 그리고 논리적으로 설명한 우리나라 최초의 저서"[1]로서 "회계학의 훈민정음"이라고 높이 평가하고 있다. 또한 현병주는 이 책으로 한국 "회계학의 시조"[2]라는 명성을 얻기도 했다. 그리고 이 책의 내용은 당시 일본의 회계학계에 일정한 충격을 주었으며[3] 조선총독부에서도 주목할 만

---

1   조익순, 『사개송도치부법전사: 우리나라 고유부기의 발자취』 (태남, 2000), 235면.

2   이원로, 『사개송도치부법 정해-조선 송도상인의 계산과 기록』 (다산북스, 2011), 7면.

3   윤근호, 「四介松都治簿法 연구」 (『商學論叢』 7, 1968), 15면.

큼 의미 있는 저작이었다고 한다.

조익순은 만약 현병주가 이 기록을 남기지 않았다면, 오늘날의 한국 회계학은 조선의 전통적 부기를 연구할 수 있는 기회조차 갖지 못했을 것이라고 한다. 그로 인해 현병주에 대한 논의는 회계학계에서 가장 활발하게 진행되어서 조익순의 『사개송도치부법전사』(2000)를 시작으로 『사개송도치부법의 발자취』(조인숙·정석우, 2005), 『사개송도치부법 정해』(이원로 역, 2011), 『사개송도치부법』(정기숙 역, 2015) 등이 잇달아 발간되었다. 이처럼 현병주는 한국 회계학계에서 선구적인 업적을 남긴 인물로 기록되고 있다.

2) 이기영과 현병주

작가 이기영李箕永은 1939년 2월 18일자 동아일보에 "病床餘談(三)" 「秀峯先生」[4]이라는 제목의 글을 기고했다. 이 글은 1938년에 작고한 현병주에 대한 추모사인데, 여기에는 현병주의 삶의 궤적을 부분적으로 보여주고 있다.

선생은 사회적으로 보아서 별로 드러난 일은 없다. 약간의 저술이 있다 하나 그것은 선생의 명예名譽를 위해서는 그리 빛나는 것이 못 된다. 선생은 일자 사업의 실패 이후로 십수 년간 가난한 생활을 겪어올 동안 간유의 일책으로 매필하던 것이다. 본시 한학을 전공한 선생으로서 그

---

4 동아일보, 수필·잡문, 1939. 2. 18, 4면.

밖에 다른 수는 없었다. 그는 가족을 부양하기 위하야 시정배와 리利를 다루는 도시생활 속에 있어서는 그래도 자기의 노력을 파는 문필 생활 이 그의 청렴한 성격으로 보아 적합했는지 모른다. 그러나 선생이 일상 향념向念한 것은 구차한 현실적 방면도 아니오, 그가 전공한 한학에 사로잡힌 부유腐儒의 심장적구尋章摘句도 아니었다. 오히려 연대의 현각을 느끼면서도 늘 새로운 공기를 접촉하고 싶어 한 선생이었다. 선생은 신문학에 대한 이해도 깊었다. **5**

이기영에 따르면, 현병주는 한학을 전공했으면서도 "연대의 현각을 느끼면서 늘 새로운 공기를 접촉하고 싶어 한" 신문학에 이해가 깊은 인물로 묘사된다. 이는 현병주가 신문학의 통로였던 서점을 운영한 것과도 관계가 있을 것이다.

이 두 사람 간의 인연은 이기영이 십대일 때부터 시작되었으며, 이기영이 카프(KAPF) 작가로 성장한 후인 1930년대까지 지속되었다는 것을 알 수 있다. 현병주는 1909년경 천안 읍내에서 흥남서시興南書市라는 서점을 운영하면서 이기영과 처음으로 대면하였다. 당시 영진학교 학생으로 서점에 드나들던 이기영은 학교를 졸업한 후 "서점에 좀 있어 달라"는 현병주의 요청으로 서점 점원으로 일하게 되었다. 이런 이유로 이기영은 갖가지 문학 서적을 박람할 기회를 갖게 되었고, 이때의 경험을 통해 "문학으로 나올 기초를 닦았"다고 한다.

---

5 앞의 신문 같은 면.

1910년대 초에 현병주는 천안의 서점을 정리하고 상경하였는데, 이 시기에 두 사람은 간헐적인 만남을 이어갔다. 그러다 본격적으로 인연을 맺은 것은, 1923년 관동대지진 이후 일본에서 귀국한 이기영이 1925년 경성 낙원동에 살고 있던 현병주의 집에 찾아가면서부터였다. 이후로 두 사람은 같은 집에서 함께 살게 되었다. 이 시기는 작가 이기영에게 가장 중요한 성장기였는데, 그의 창작활동이 바로 현병주의 집에서 이루어졌던 것이다. 두 사람은 같은 방에서 책상을 마주 놓고 앉아서 창작에 열중하였다. 이기영이 『개벽』에 처녀작을 발표한 이후 그가 쓴 상당수의 단편은 거의 현병주의 집에서 쓴 것이라고 한다.

이기영의 추모사에 비친 현병주는, 문학청년이었던 이기영을 문학의 세계로 인도한 사람이자 작가로 성장할 수 있는 현실적인 토대를 제공한 사람이었다고 할 수 있다. 또한 현병주 자신도 열심히 창작열을 불태운 작가로 활동했던 것을 알 수 있다.

3) 작가이자 서점 경영자로서의 현병주

이기영과 달리 현병주는 1910년대 초에 상경해서 구체적으로 어떤 활동을 했는지 정확하게 알려져 있지 않다. 그렇지만 그가 지속적으로 창작 활동을 하였던 것만큼은 분명했던 것 같다.

현병주의 저작에 대해서는 윤근호[6]와 조익순[7]에 이어 최원식[8]이

6　尹根鎬, 『韓國會計史硏究』(韓國硏究院, 1984)

7　조익순, 앞의 책, 267~270면.

8　최원식, 『제국 이후의 동아시아』(창비, 2009), 264~266면.

정리한 바 있다. 그러나 이들의 정리에서 결락된 부분이 적지 않아서
최원식이 정리한 20편의 저작 목록을 바탕으로 다음과 같이 45편으
로 보완, 정리[9]하였다.

현병주의 저술목록

	제목	저자명	출판사	출판연도	정리자
1	花園胡蝶	玄丙周 著作者	大昌書院, 大昌書院, 普及書舘	1913 1919	최원식
2	御使 朴文秀傳	玄丙周 編	漢城書舘 唯一書舘 博文書舘 百合社 博文書舘 世昌書舘	1915 1919 1921 1926 1951	장연연 장연연 장연연 조익순 장연연
3	實用自修: 四介松都治簿法	玄丙周 編輯, 金璟植, 裴俊汝並閱	德興書林	1916 / 1921 / 1928	조익순
4	(新訂)名字吉凶自解法	玄丙周 編纂 김동진	新舊書林 德興書林	1916 1930 5판	조익순 장연연
5	(鴻門宴會)項莊舞	玄丙周	博文書舘	1917 / 1919 / 1920	최원식
6	男女作名法	玄丙周	博文書舘	1918	장연연

---

9 이 목록에 대해서는 필자의 『대중계몽주의자 현병주 연구』(인하대 대학원 박사논문,
   2015) 15~21면을 참조.

7	雄辯大家 范睢와 蔡澤	玄丙周	以文堂	1918	장연연
8	伯牙琴	玄丙周	미상	김태준 『증보 소설사』에서 확인	장연연
9	莊子鼓盆歌	玄丙周	미상		장연연
10	(具解漢文)破字占書	玄丙周	永昌書舘	1921	최원식
11	(松都末年)不可殺爾傳	玄虛舟子 (翎仙)	光東書館 明文堂 東洋大學堂 友文舘書會	1921 1927 1931(5판)	조익순
12	時事講演錄, 第1集	廣文社 編輯部 編輯	廣文社	1921/1930	장연연
13	時事講演錄, 第2集	玄公兼, 玄丙周 編輯	廣文社	1921/1930	장연연
14	男女聯合討論集	玄丙周 編	廣文社	1921 초판 1928 4판	조익순
15	時事講演錄, 第3集	玄公廉, 玄丙周 編輯	大昌書院	1922/1930	장연연
16	時事講演錄, 第4集	玄丙周 編輯,	友文舘書會	1922/1930	조익순
17	時事講演錄, 第5集	廣文社 編輯部 編輯	廣文社	1922/1930	최원식
18	名士時談	玄丙周, 玄公廉 編	廣文社 大昌書舘, 普及書院	1922	조익순
19	艶情 楊貴妃	玄翎仙	京城:廣文社 博文書舘 京城書籍業組合	1922.9 1924 1927	장연연

20	朝鮮雄辯集 1, 2	玄丙周	專文書館 永昌書舘	1923 1927	장연연
21	朝鮮八道秘密地誌	李重煥 著, 尹喜求 校閱, 玄丙周 修輯	友文舘書會	1923	조익순
22	(批難)鄭鑑錄眞本	玄丙周	槿花社漢城 圖書株式會社	1923 1926	조익순
23	엉터리들	海洋漁夫	友文舘書會	미상	장연연
24	(雄辯全能)演說法大方	玄丙周	東洋大學堂	1925.2 초판 1925.10 재판 1936 (3판)	장연연
25	現行 新法律	友文館書會 編纂, 玄丙周 編輯	匯東書舘	1926	장연연
26	科學上人生의 거울	玄丙周	匯東書舘	1928	장연연
27	靑年新修養讀本	玄丙周	博文書舘	하동호 논문 에서 확인	장연연
28	청춘의 열정	玄丙周	博文書舘	1929	장연연
29	萬古忠節 鄭圃隱傳	玄丙周	德興書林	1929	장연연
30	秀吉一代와 壬辰錄	玄丙周	新舊書林 盛文堂	1928 / 1930 / 1935 / 1933	조익순
31	(壬辰名將)李如松實記	玄丙周	德興書林	1929 / 1933	최원식
32	生六臣傳	玄秀峰	新舊書林	1929 1935	조익순
33	死六臣傳	玄秀峰	新舊書林	1929 1935	조익순

34	(最近) 朝鮮 雄辯集	朝鮮雄辯社	東洋大學堂	1930	
35	蔣介石夫人과 靑幇首領 杜月笙의 手段	玄丙周	大成書林	1933	조익순
36	日滿軍의 熱河討伐記	秀峰一夫	三文社	1934	최원식
37	갑오日淸戰爭記	玄丙周	三文社		장연연
38	갑신日露戰爭記	秀峰一夫	三文社		장연연
39	滿洲事變實記	秀峰一夫	三文社		장연연
40	上海事變實記	秀峰一夫	三文社	日滿軍의 熱河 討伐記의 권말 광고에서 확인 연대 미상	장연연
41	滿洲와 上海의 日中軍戰爭記	秀峰一夫	三文社		장연연
42	最近滿洲國境長城大戰	秀峰一夫	三文社		장연연
43	切迫한 日米戰爭記	秀峰一夫	三文社		장연연
44	端宗血史	玄丙周	巨文堂 三文社 德興書林	1936 ? 1936	조익순
45	순정비화 홍도의 일생	玄丙周	世昌書館 영화출판사	1953 1961.10.10	조익순 장연연

이 저작 목록을 보면, 현병주의 저술이 시기별로 다른 양상을 띠고 있다는 것을 알 수 있다. 1910년대에는 신소설을 비롯하여 각종 복서, 당판唐版 서적의 번안·번역 작품 등이 많이 등장하고, 1920년대부터는 연설문집, 독본 등을 비롯한 신학문과 관련된 서적이 적지 않

다. 그리고 1920년대 후반부터 역사소설과 실기에 집중하는 추세가 드러난다.

현병주는 이러한 책들을 펴내면서 대창서원, 광문사, 회동서관, 삼문사, 신구서림 등을 비롯한 당대의 출판사들과 상당한 네트워크를 가졌던 것으로 보인다. 1910년대~1920년대 전반기까지 현병주는 대창서원의 현공렴玄公廉 사장과 깊은 인연을 맺었다는 것을 확인할 수 있다. 현공렴은 협성회協成會, 광무협회光武協會, 독립협회獨立協會 등의 조직에 참가하여 애국계몽운동에 활발하게 참여했으며, 황성서적업조합, 경성조선인서적상조합, 대창서원 및 보급서관 등을 경영하여 근대 서적출판 활동에도 큰 기여를 한 인물이다.[10] 현병주의 첫 저작인 신소설 『화원호접』은 1913년에 현공렴이 사장을 맡고 있던 대창서원에서 출판되었다.

1920년대에는 광문사와 회동서관을 경영한 고유상高裕相과도 활발하게 교류하면서 그의 『시사강연록』과 『남녀연합토론집』을 광문사에서 펴냈다. 그리고 현병주는 1930년대에 삼문사에서 전사戰史 시리즈를 출판하였는데, 이는 고유상의 동생 고경상高敬相과의 인연 때문이었을 것으로 추정된다. 고경상은 광익서관의 사장으로서 조선 문단 초창기의 출판 활동으로 문단에 지대한 공헌을 했던 인물이다. 그는 첫 근대소설인 춘원의 『무정』과 『개척자』를 간행하였고, 김동인이 출

---

10 현공렴의 생애에 대해서는 전명의, 「애국계몽기 중역본 정치소설의 한국적 병용 양상」 (인하대 석사논문, 2012) 참조.

자를 끊은『창조』8~9호를 대신 내준 인물이었다.

이처럼 현병주는 작가로서 당대의 여러 출판사에서 책을 펴냈을 뿐 아니라 출판인들과도 활발하게 교류했던 것을 알 수 있다. 그런데 그는 단순한 작가가 아니라 그 자신이 우문관서회友文舘書會라는 출판 사이자 서점의 경영자이기도 했다.

그가 쓴『홍문연회항장무』,『송도말년불가살이전』,『조선팔도비밀 지지』,『비난정감록진본』,『엉터리들』등은 모두 우문관서회에서 발행 하거나 우문관서회 장판藏版의 재판再版이다. 책의 판권에 나오는 우 문관서회의 소재지가 현병주의 주소와 동일하다는 것은 그가 우문 관서회의 주인이라는 사실을 알려준다.

그렇다면 우문관서회는 어떤 출판사였을까? 출판된 책들을 보면 출판사가 소장하고 있던 고서나 고문서를 정리해서 출판한 서점으로 추정된다. 말하자면 현병주는 우문관서회를 경영하면서 소장하고 있 던 고문서나 고서들을 정리해서 출판하기도 했다는 것이다.

현병주가 펴낸 고서들은 귀중한 가치를 지닌 책이었다. 이는 한학 과 한적漢籍, 고문서 등에 대한 깊은 소양 덕에 가능한 것이었다. 따라 서 그가 우문관서회를 경영한 것은 단지 생계유지만이 아니라 고서 의 산실散失을 안타까워하고, 귀중본을 보호하려는 생각과 더불어 점 차 사라지는 한국 문화의 유산을 정리해서 후손들에게 전해주려는 사명감도 있었던 것으로 보인다.

현병주에 대해 기존의 연구자들은 그를 회계학자, 역사학자, 또는 고전문학자 등으로 규정하였다. 그의 저작을 검토한 결과, 그는 우문관서회를 경영했던 서점 사장[11]이면서도 다방면의 저술을 통해 여러 출판사에서 책을 출간한 저술가였다고 해야 할 것이다.

2. 현병주의 계몽담론

1) 계몽의 매개자

현병주는 자신이 쓴 많은 작품 속에서 일반 대중에 대한 계몽성을 여실히 드러내고 있다. 현병주의 계몽사상이 현저하게 드러난 대표적인 작품은 1920년대에 출간한 연설집이다. 그는 1920년대 초에 각종 강연과 토론장에 찾아다니며 새로운 지식과 사상을 학습하였으며, 그 결과물로 연사들의 연설을 기록한 여러 종의 시사연설문집을 편집, 출간하였다. 『시사강연록』, 『남녀연합토론집』, 『명사시담』 등이 이 시기에 나온 책들이다.

『시사강연록』은 모두 다섯 권으로, 다양한 주제의 110여 편의 강연문이 실려 있다. 1919년 말부터 1921년까지 약 2년 동안 중앙청년회관을 비롯하여 단성사, 각황사, 예배당 등에서 진행된 각종 강연을 기록한 것들인데, 주제는 사상, 사회, 여성, 문화, 교육, 위생, 과학기술 등으로 그 범위가 매우 넓다. 사상적으로 문화주의와 사회주의를 주장하는 강연을 내용을 가리지 않고 모두 수록하였으며, 그중에 문화

---

11 최원식, 앞의 책, 265면.

주의, 즉 사회개량이 그 중심을 차지하고 있다. 그리고 『남녀연합토론집』은 3·1운동 이후 경향 각지에서 청년 남녀들이 다양한 사회문제를 두고 벌인 토론의 내용과 연설을 요약·정리하고, 부록으로 당시 신여성들의 강연 내용도 수록한 책이다.

『명사시담』은 현병주 자신이 직접 명사를 찾아가서 함께 이야기를 나누면서 그 담화 내용을 기록·정리해서 펴낸 것이다. 이 책은 '同代의 人'을 사랑하는 마음으로 "시대의 정신을 각성하랴고, 시대의 요구를 소개하랴고, 시대의 지식을 교환하랴고, 시대의 사상을 종합하랴고, 시대의 사정을 발표하랴고" 해서 "名士의 詩談을 收集하야 我半島世界의 市民에게 宣布"하게 된 것이다.[12] 편집자인 현병주는 당대 명망가들과의 담화 내용을 기록해서 대중들과 공유하려는 의도를 분명히 드러내고 있다.

이 같은 현병주의 문집들은 당대의 다양한 사상과 조직을 포함하여, 식민지 조선에서 논의되었던 지적 담론들이 어떠한 수준과 양상이었는지를 잘 보여주고 있다. 그런 면에서 1920년대 강연계의 양상, 또한 3·1운동 이후 각 사회, 종교, 청년, 여성단체의 활동 양상을 보여주는 중요한 역사자료라고 할 것이다.

현병주가 편집한 문집들은 현병주의 개인 사상도 함께 개입되었다는 점에 유의할 필요가 있다. 이러한 문집의 편집은 현병주에게는 대중을 상대로 한 계몽주의자로 성장하는 학습의 과정이었다. 그는 명

---

12 『시사강연록』 5집, 「광문사 신간소개문」

사들의 강연과 대담으로 통해 다양한 사상과 지식을 배우고 성장했다. 문집의 편집 과정에서 그는 계몽의 대상이자, 주체이기도 했다. 말하자면 계몽의 매개자였던 것이다.

2) 대중계몽과 만물학

대중계몽주의자로서 현병주의 가장 선명한 특징은 만물학 저술이다. 그의 저술은 오늘날의 도서 분류 기준에 따르면 문학, 어학, 역사, 사회과학 등 여러 영역을 횡단하였다고 할 수 있다. 그는 지식인보다 일반 대중을 저술 대상으로 삼았으며, 대중들의 눈높이로 저술하였다. 그의 저술이 가진 대중적인 면모는 크게 세 방면에서 드러난다.

첫 번째는, 소수자만 향유하였던 전문지식을 저술을 통해 대중들이 스스로 공부할 수 있도록 한 것이다. 아직 대중문화가 되지 못했던 것을 대중화시켰다는 것이다. 앞서 언급한『실용자수: 사개송도치부법』(1916)은 한국 고유의 부기법인 '사개송도치부법'을 상인들이 스스로 익힐自修 수 있도록 편집한 것이다. 이 책을 펴낸 목적은 송도부기의 편리함을 일반 중소상인들도 누릴 수 있도록 하기 위함이었다.

『신정명자흉자해법新訂名字吉凶自解法』(1916),『남녀작명법男女作名法』(1918),『구해한문파자점서具解漢文破字占書』(1921) 등은 작명作名이나 운수運數와 관련된 책이다. 근대 이전에는 점치는 것은 비싼 비용 때문에 양반들만이 향유할 수 있는 문화였다. 작명을 통해 한 사람의 화복禍福을 예측할 수 있다고 믿었던 대중들은 이런 책들을 통해 자기 이름의 의미를 탐구할 수 있게 되었고, 또 손쉽게 좋은 이름을 지을 수 있는 기회를 갖게 되었다.

두 번째는, 양반들의 전유물이었던 한문 서적을 한글로 옮겨 대중에까지 확산시켰다는 것이다. 근대 이전의 대중들은 한문을 읽을 수 없었기 때문에 문자의 혜택을 누리지 못하였다. 현병주는 한문 전적으로 전승되어온 한국 고유의 설화적 소재를 모아서 『송도말년불가살이전』, 『엉터리들』 같은 책들로 만들어 대중에게 널리 보급시켰다. 그런데 그는 한문을 한글로만 옮긴 것만이 아니라 그가 선택한 설화에는 일정한 계몽의식이 담겨 있다는 특징이 있다.

세 번째는, 근대 생활과학의 일반화에도 노력을 기울였다는 점이다. 대중들이 일상생활에 꼭 알아야 할 생활상식을 각종 독본讀本 형태로 만들어 대중에게 소개하였다. 독본은 특정 대상에 대한 지식을 그 분야의 전문가가 아닌 사람들에게 알기 쉽게 풀어서 설명해주는 출판물을 지칭한다. 당시의 법령을 한글로 소개한 『현행 신법률』(1925), 여성의 몸과 출산 지식을 다룬 『과학상 인생의 거울』(1926), 청소년의 기본 교양 및 생활 상식을 가르치는 『청년신수양독본』[13] 등 바로 이런 유이다.

1920년대의 독본은 대중의 필요보다는 지식인의 관점에서 저술된 것이 대부분이었기 때문에 대중이 욕망했던 세계 이해의 방식과 어긋난 경우가 많았다. 그러나 현병주의 독본은 노동자, 여성, 아동 등

---

13 『청년신수양독본』은 하동호의 저서 『한국근대문학의 서지연구』 (하동호, 깊은샘, 1981, 74면)에서 확인한 것이다.

특정 독자층을 상정하여 집필되었다. 따라서 그의 독본은 이들이 '알아야 할 내용' 및 이들의 관심 사항과 밀착된 내용으로 구성되었다. 이는 대중계몽주의자로서의 현병주가 기존의 계몽주의자와 구별되는 지점이기도 하다.

3. 임진왜란 서사와 『수길일대와 임진록』

1920년대 말부터 현병주는 역사소설과 전쟁실기 저술에 집중하였다. 그는 역사적 사건을 소재로 한 작품을 쓸 때는 무엇보다 사실事實을 중시하였다. 글을 쓸 때는 반드시 참고문헌을 밝혔으며, 과학적 근거가 없는 기록은 작품에서 배제하였다. 뿐만 아니라 중국, 일본과 관련된 역사 사건을 기록할 때 조선의 기록뿐만 아니라 중국과 일본의 사료까지 함께 검토하는 치밀함을 보인다. 이러한 실증적인 역사 인식의 하에서 그는 임진왜란 서사에서 새로운 시각을 선보이고 있다.

1) 『임진록』의 성립과 영향

임진왜란은 1592~98년에 두 차례에 걸쳐 일본이 조선을 침입하여 일어난 전쟁을 가리킨다. 이 전쟁은 일본의 조선 침략으로 시작되었지만, 전쟁 과정에서 명나라가 참여하는 국제전으로 비화되었다. 한중일의 역사에서 일어난 중대한 사건이었던 임진왜란은 동아시아 삼국의 질서는 물론 역사, 정치, 문화에 큰 영향을 끼쳤다. 다시 말하면, 임진왜란은 근세 동아시아 삼국 관계의 새로운 이정표가 되었다. 따라서 이 전쟁이 가졌던 영향력의 크기만큼 한중일 삼국에는 이 전쟁과 관련된 실기와 문학작품들이 대거 등장했다.

한국의 경우 가장 널리 알려진 임진왜란 서사는 『임진록』이다. 작자와 연대를 알 수 없는 이 책은, 임진왜란 당시의 국제정세 및 사회 형편을 작품의 배경으로 하면서, 전쟁의 발생 과정과 전쟁 중 왜군과 맞서 싸웠던 장수들의 활약상이 작품의 주된 내용을 이루고 있다.

임진왜란을 겪고 난 후 전쟁에서 일어난 일이나 백성들이 겪은 체험은 서민 사회에서 단편적인 이야기로 전해지기 시작한다. 이런 이야기들은 처음에는 어느 정도 역사적 사실에 뿌리를 두고 있지만, 이야기가 전해지는 과정에서 점차 내용이 과장되고 허구적 요소가 가미된 설화적 성격을 띠게 된다. 일본의 침략상은 악랄하게 그려지고, 그에 맞서는 조선의 장수들은 영웅화되는 등 일본에 대한 적개심과 민족의식이 직간접적으로 표출된다.

이런 내용의 설화들이 서민들의 관심을 끌고 호응을 받게 되자 이를 모아서 기록한 설화집들이 등장하게 된다. 하지만 대개는 한문으로 기록되어 있어서 서민들이 읽을 수 없었기 때문에, 이를 한글로 번역하면서 소설의 체제를 갖추게 되었다. 『임진록』이 바로 여기에 해당되는 작품이다.

서민들의 관심과 호응을 받았던 『임진록』은 근대 들어 다른 고소설처럼 활자본으로 재등장하지 못하였다. 일제 시기 조선총독부의 검열 정책 아래 임진왜란 서사는 금서禁書의 대상이 되었기 때문이다. 비록 『임진록』이 활자본으로 재등장하지 못하였지만, 그 대신 임진왜란 당시 활약했던 인물들을 표제로 내세워 그들의 전기를 표방한 작품이 대거 등장했다. 『이순신전』, 『김덕령전』, 『김응서실기』, 『서산대사와 사명당』, 『신립신대장실기』, 『논개실기』, 『도원수권율』 등이 그것이다. 이는 『임진록』의 역사전기로의 전변轉變으로 볼 수 있는데, 『임진록』이 공식적으로 유통되지 못하는 상황에서 모색된 것이다.14 그러다 보니 해당 작품들은 전기를 서술하는 것처럼 주인공을 표제로 내걸고 있으며, 주된 내용도 해당 인물의 역사적 행적을 중심으로 임진왜란의 전 과정 또는 일부를 작품 속에 담고 있다. 또 다른 『임진록』의 등장으로 볼 수 있는 것이다.

현병주가 임진왜란을 다룬 『임진명장 이여송실기壬辰明將李如松實記』 (1929), 『수길일대秀吉一代와 임진록壬辰錄』(1928), 『순정밀화 홍도純情秘話 紅桃의 일생一生』(1920년대 후반기로 추정)은 당시 이와 같은 역사전기의 등장과 궤를 같이 한다고 볼 수 있다. 이런 작품에서 그가 주목하고자 한 것은 임진왜란에서 큰 공을 세운 조선 장수나 나라를 위해 헌신한 영웅들의 이야기가 아니다. 제목에서 드러나듯이 그는 명나라의 지원군인 이여송, 일본의 침략자인 도요토미 히데요시, 그리고 임진왜란의 피해자 조선 여성의 삶을 다루고 있다. 즉 다국적이고, 다계급적인 시각에서 임진왜란사를 재현하려 했던 것이다.

---

14 장경남, 「근대 초기 『임진록』의 전변 양상」 (『고소설연구』 36, 한국고소설학회, 2013), 42면.

여기에서는 그의 『수길일대와 임진록』에 대한 분석을 통해 임진왜란 서사에 대한 새로운 시각을 살펴보도록 해보자.

2) 『수길일대와 임진록』은 어떤 책인가?

『수길일대와 임진록』은 상하 편 두 권으로, 총 2백여 쪽(상편 총 88면, 하편 총 134면)으로 되어 있다. 상편은 도요토미 히데요시豊臣秀吉의 일대기이고, 하편은 임진왜란사이다. 1928년에 처음 출간된 이후 1935년까지 5판이 간행되었을 정도로 이 책은 당시에 꽤나 인기가 있었던 것으로 보인다.

현병주는 '저자의 변언'을 통해 이 책이 사실에 치중한 전기傳記임을 밝히고 있다.

> 묵은 역사에서 재료를 취하여 전기傳記를 쓰기 시작한 뒤로 한 가지 주의하여 온 것은, 가장 사실事實에 치중하여 할 수 있는 대로 맹랑한 말, 허튼소리 같은 것은 기록에 넣지 아니하기로 하였다. … 이 원고를 만들 때에 … 모두 사단事端이 복잡한 재료를 가지고 … 엮어놓고 보니 … 이러한 기록은 좀 진실하면 좋겠다 하는 …15

임진왜란은 "사단이 복잡한" 만큼 기술하려면 여러 가지 주를 달

---

15 현병주, 『수길일대와 임진록』(덕흥서림, 1930), '저자의 변언.' 이하 이 작품의 인용은 인용문 끝에 면수만 표기하기로 함.

아야 하고 설명해야 할 부분도 많다. 그래서 현병주는 "기록이 좀 진실하면 좋겠다"는 생각으로 "가장 사실에 치중하여, 할 수 있는 대로 맹랑한 말, 허튼소리 같은 것은 기록에 넣지 아니하기로 하였다"고 밝히고 있다. 그만큼 사실에 충실한 책을 쓰기 위해 노력하였다는 것이다.

이 책의 상편은 제목 그대로 도요토미 히데요시의 일대기秀吉一代이다. 저자는 히데요시의 출생에서부터 전국시대를 평정한 후 조선 출병에 나서는 모습을 시간 순으로 서술하고 있다. 그에 비해 『임진록』에는 히데요시가 임진왜란의 발발 원인을 알려주는 차원에서 서두에 잠깐 등장할 뿐 이후에는 종적을 감춘다.

상편에서 특별히 주목할 것은 히데요시가 조선 출병에 대한 의도를 드러낸 부분이다. 오다 노부나가織田信長는 부하인 히데요시에게 자신의 아들 중 하나를 양자로 주며 "양자에게 장래 영토를 얼마나 물려줄 터인고?" 하고 묻는다. 히데요시는 이렇게 대답한다.

"영토 말씀이오. … 군사를 이끌고 바다를 건너가서 조선朝鮮을 치고, 명明나라를 치고 할 터이니까 아직 작정할 수 없지요."(상편 55~56면)

현병주는 주석에서 "히데요시가 이때에 한 말이 나중에 조선 출병을 결정한 것"이라 한다. 조선 출병의 이유 중 하나가 바로 이때 노부나가 앞에서 해외 출정을 하겠다고 큰소리를 쳤기 때문이라는 것이다.

임진왜란사를 서술한 하편에서는 조선의 입장만이 아니라 한중일 삼국의 자료들을 모두 참조하여 객관적으로 서술하고 있다. 그가 이 책을 쓰기 위해 참고한 문헌들을 보면, 당시 상황에서 구할 수 있는 거의 모든 자료를 섭렵했다고 해도 과언이 아닐 만큼 상당하다.[16] 그러나 많은 참고문헌 중에서 유독 『임진록』은 눈에 띄지 않는다. 그 이유는 무엇일까?

첫 번째로는 각종 설화로 이루어진 『임진록』은 무엇보다 허구성이 강했기 때문이다. 역사적 사실을 무엇보다 중시한 저자의 입장에서 볼 때 『임진록』은 사료로서의 가치가 없다는 판단을 내렸던 것이다.

저자가 참고로 한 유성룡의 『징비록』이나 이순신의 『이충무공전서』, 임유정의 『분충서난록』, 안방준의 『은봉야사』 같은 저작들은 모두 임진왜란을 직접 경험한 당사자들이 지은 것으로, 그 내용이 역사적 사실에 부합하는 것들이다. 또 『기재잡기』나 『일월록』 같은 책들은 임진왜란 관련 기록이 들어 있는 문헌이다. 이런 책들은 모두 시록時錄에 가까운 것으로, 임진왜란사를 제대로 이해하는 데 빠뜨릴 수 없는 1차 자료들이다.

저자가 참고로 한 일본이나 중국 문헌 역시 마찬가지다. 왜장 고니시 유키나가小西行長의 종군승이었던 덴게이天荊의 『서정일기西征日記』나 제타쿠是琢의 『조선일기朝鮮日記』, 제갈원성諸葛元聲의 『양조평양록兩朝平壤錄』을 비롯하여 송응창의 『경략복국요편經略復國要編』, 전세정錢世禎의

---

16 현병주, 앞의 책, 1~2면 참조.

『정동실기征東實記』 같은 문헌들은 모두 임진왜란을 경험했던 사람들의 기록이다. 말하자면 현병주는 임진왜란 당시의 기록들을 토대로 이 책을 기술하였던 것이다.

현병주가 『임진록』을 일부러 배제한 두 번째 이유는, 임진왜란을 바라보는 일국주의—國主義를 극복하려는 것이었다. 과거의 임진왜란 서사는 항상 조선 일국의 입장에서 서술되었는데, 그 근원에 바로 『임진록』이 자리 잡고 있었다.[17] 현병주가 많은 참고문헌 중에서 조선 사회에 큰 영향력을 가졌던 『임진록』을 의식적으로 배제한 것은 오랫동안 형성되어온 일국주의를 넘으려는 시도였다고 보아야 할 것이다.

임진왜란을 일국이 아닌 삼국의 시각, 즉 동아시아 시각으로 보려는 시도는 본문 곳곳에 달려 있는 저자의 주석에서 확인할 수 있다. 저자는 동일한 사건에 대해 삼국의 관점에 따라 서로 다르게 해설할 여지가 있는 부분은 모두 주석을 통해 밝히고 있다. 구체적으로 히데요시의 조선 출병 원인에 대한 주석을 보자.

조선 기록으로는 … 한갓 싸움을 즐기는 貪兵 히데요시의 심술이라고 유성룡이 『징비록懲毖錄』에서 잘라 말하였지만, 일본 기록으로 보면 아사카 단파쿠安積澹泊는 천하가 평정되니 군사를 쓸 곳이 없으므로 그 근질근질한 마음을 가라앉힐 수 없어서 군사를 바다 밖으로 꺼내기로 작정한 노릇이라 하고 … 혹은 전공戰功을 세운 장수들에게 나누어줄 땅

---

17 최원식, 앞의 책, 269면.

이 부족해서 영토領土를 좀 더 얻어 보려 한 것이라고도 한다. … 또 전국시대를 평정하고 나니 여러 해 동안 싸움에 젖은 무사들을 그냥 두어서는 자중지란自中之亂이 일어날까봐 그 무사의 패를 바다 밖으로 몰아내어 힘을 죽여 놓으려 한 계획이라고도 하고, … 그렇지 않다면 당초에 통신화호通信和好를 조선에서 거절하는 데 발끈하여 군사를 일으킨 것이 사실에 가까울 것이다.(하편 4~5면)

의견이 분분한 조선 출병의 원인을 다양한 자료를 통해 제시하고 있다. 저자는 단지 그것에 그치지 않고 "통신화호를 조선에서 거절하는 데 발끈하여 군사를 일으킨 것이 사실에 가까울 것"이라고 자신의 견해를 드러내기도 한다. 여기에서 재미있는 사실은, 조선의 기록인 『징비록』에 의거한 원인 분석이 다소 주관적인 반면에 일본 기록은 어느 정도 설득력을 갖춘 주장이라는 점을 은연중에 드러냄으로써 객관적인 입장에서 사건을 분석할 필요성을 제기하고 있다는 점이다.[18]

조선 장수 신립申砬이 탄금대彈琴臺에 진을 친 일에 대해서도 그는 새로운 의견을 제기한다. 기존의 조선 기록에서는 신립이 조령鳥嶺을 지키지 않고 탄금대에 진을 친 것은 전략적인 실수라고 지적하였다. 그러나 현병주는 그런 기존의 주장에 반론을 제기한다.

신립이 조령을 지키지 아니한 것을 명나라 장수 이여송도 한탄하

---

18 장경남, 앞의 논문, 68면.

였고, 조선에서는 지금까지 신립의 실수라 한다. 그러나 신립의 그때 경우를 살피지 않고 덮어놓고 실수라고만 하기는 애매하지 않을까 한다. 신립은 팔도순찰이었으니 팔도를 감시할 책임을 가진 터에 조령은 지키는 조방장助防將이 있은즉, 조령의 관문은 조방장의 군사 몇 명만 지켜도 깨어지지 아니할 천험天險인데, 영남嶺南의 세 길목으로 올라오는 일본 군사가 조령으로만 오는 것이 아니라 죽령으로도 넘을 터이니 충주에서 진을 치면 조령과 죽령의 두 길목을 막는 것인즉 조령만을 지키지 아니할 만한 이유가 있었다. 또 기병의 형세가 산골보다 들판이 나을 뿐 아니라 그때 신립의 군사가 새로 주워 모은 군사여서 신립의 말마따나 죄다 서투른 군사兵皆白徒인즉, 예리銳利한 일본 군사를 대적하려면 죽을 땅에 다 집어넣고 악전고투를 시험할 만한 이유도 있었을 것이다.(하편 19쪽)

설득력 있는 문제 제기가 아닐 수 없다. 저자는 기존의 주장에 맞서 합리적이고 논리적인 반박을 통해 사건을 객관적인 입장에서 바라볼 것을 요구하고 있다.

이 외에도 현병주는 가토 기요마사加藤淸正가 왕자의 일행을 쫓아 함경도로 들어간 기록19, 임진강을 건넌 일본 군사들의 조선 내 주둔 상황20, 고니시 유키나가小西行長가 평양 이북으로 나서지 않은 이

---

19 현병주, 앞의 책, 하편 26~27면
20 현병주, 앞의 책, 하편 28면

유[21], 소사평 전투의 견해[22] 등에 대해 조선과 일본의 기록에 나타난 차이를 각각 제시하고 있다.

책의 하편은 앞서 언급한 것처럼 임진왜란의 발발과 전개 과정을 기술한 것이다. 하편은 일본을 평정한 히데요시가 각처 제후들을 오사카성에 모아놓고 조선 출병을 논의하는 것에서부터 시작한다. 그 이후로 임진왜란의 전개 과정이 이어지는데, 기존에 알려진 역사적 사실과 다르지 않다.

임진왜란은 7년이라는 전란의 과정 속에서 수많은 장군들의 무용담武勇談과 충신열사들의 이야기가 끊임없이 등장하는 역사의 무대이기도 하다. 그럼에도 불구하고 저자는 그 어떤 장수나 충신열사에 대한 영웅화도 시도하지 않는다. 이는 기존의 임진왜란 서사에서는 찾아볼 수 없는 이 책만이 가진 큰 특징이라고 할 수 있다.

기존의 임진왜란 서사에서는 이순신 장군을 영웅으로 묘사한 경우가 많다. 그러나 이 책에서는 이순신 장군을 외적에 맞서 싸워 나라에 큰 공을 세운 장수로 묘사할 뿐 특별하게 돋보이게 하려는 의도를 드러내지 않는다. 이는 조선은 물론 일본이나 명나라 장수들의 경우에도 마찬가지다. 어떤 장수든 악인惡人이나 선인善人으로 미화하거나 폄하하지 않는다. 그들의 행적을 기록에 있는 그대로 따라갈 뿐이다. 또한 일본 내에서 유통되었던 도요토미 히데요시를 둘러싼 온갖 신

---

21 현병주, 앞의 책, 하편 37면
22 현병주, 앞의 책, 하편 101면

화적 이야기나 가토 기요마사가 함경도를 점령했을 때 조선 민중들에게 선정善政을 베풀었다는 일본 쪽 자료의 주장도 받아들이지 않는다. 사실에 부합하지 않거나 객관적이지 않다는 것이다.

『수길일대와 임진록』은 이처럼 어느 한쪽의 입장에서 서술하려는 태도를 넘어 시종일관 냉철하리 만큼 객관적인 입장을 견지하고 있다. 또 특정한 인물에 대한 영웅화도 시도하지 않는다. 그런 면에서 임진왜란이라는 동일한 역사적 사건을 놓고 끊임없이 민족적 분노를 표출하는 『임진록』과는 분명하게 구별된다고 할 수 있다.

저자는 임진왜란을 일으킨 히데요시를 전경화前景化하면서도 그를 미화하려는 의도는 물론 단죄만 하려는 의도도 드러내지 않는다.[23] 저자는 '총평'을 통해 "독일 황제와 세계대전란의 폭발" 간의 상호 관계를 빌어 임진왜란을 일으킨 히데요시의 책임 여부에 대해 질문을 던진다.

그러니 동방의 이러한 불행이 온전히 히데요시 한 사람의 허물이겠느냐 하는 것을 한번 토구討究하여 볼 일이다. 영웅을 숭배하는 시대에 영웅이 시대를 만든다는 입장에서 본다 하면, 그때의 일을 히데요시 한 사람의 허물로 돌려보낸다 하여도 히데요시를 애매하다고는 할 수 없으나 역사歷史를 과학科學으로 해석解釋한다 하면 시대가 영웅을 산출産出하는 것이니, 히데요시의 허물은 그때의 시대가 얼마쯤 부담하지 않아

---

23 최원식, 앞의 책, 270면

서는 안 될 것이다.

쉽고 가까운 예로 서력西曆 천구백십삼 년 독일 황제가 세계대전란世界大戰亂을 일으킨 것이 독일 황제 그 개인의 허물로가 아니라 군국주의軍國主義 시대 말기에 면치 못할 일이라는 것과 마찬가지로 히데요시의 허물도 봉건시대封建時代 말기에 반드시 있을 것이라고 아니할 수 없는 것이다.(하편 133면)

영웅이 시대를 만든다는 영웅사관의 입장에 서 있다면 임진왜란은 히데요시 개인의 허물로 돌려도 될 것이나, 영웅사관을 버리고 "과학적" 입장에서 역사를 바라본다면 임진왜란은 시대의 흐름이었다는 것이다. 이는 다분히 논란이 될 만한 언설이 아닐 수 없다.

그러나 중세 동아시아에서 벌어졌던 삼국 간의 전쟁인 임진왜란이 히데요시라는 개인의 욕망에 기인한 것으로 보지 않고, 또 개인에 대한 원망으로 조망하기보다는 거시적인 시각으로 임진왜란을 바라볼 필요성을 제기했다는 점에서 이 저작은 큰 의의가 있다고 해야 할 것이다. 바로 그 지점이 새로운 논의의 출발점이 될 수 있기 때문이다.

임진왜란을 다시 생각한다*

— 『수길일대와 임진록』을 읽고

최원식**

1. 기억의 공유

한국과 일본은 그토록 오랫동안 침략과 저항 또는 교류와 단절의 복잡한 교환과정을 통과했음에도 서로에 대해 무지하다. 물론 일본의 한국연구는 만만치 않은 성과를 축적해왔지만, 그럼에도 식민지 경영이라는 일본근대국가의 요구에 기초한 관학官學에서 출발한 근본에서 좀체 헤어나오지 못했다고 할 수 있다. 한·일 연대를 내다보는 드문 연구들이 없지 않았지만, 그것은 어디까지나 예외자 또는 소

---

* 이 글은 『제국 이후의 동아시아』(창비, 2009)에 수록된 것으로, 저자의 허락을 얻어 여기에 싣는다. ─편집자

** 평론가, 한국작가회의 이사장, 인하대 명예교수. 『창작과비평』 편집위원과 주간 역임.

수자의 목소리에 그치지 일쑤였다.

한국의 경우는 어떤가? 한국의 일본연구는 빈약하기 짝이 없다. 일종의 피해의식 속에 한국사회에서는 오랫동안 일본을 전공한다는 것 자체가 의식적·무의식적 금기였던 것이다. 최근에 일본 연구자들이 급증하는 추세지만, 아직은 그 금기에 대한 근본적인 '위반'에 이르지는 못했다고 판단된다. 요컨대 국민적 차원에서는 여전히 풍문만 무성한 기이한 상호(무)관심 상태가 한·일 두 나라 사회를 지배하고 있다고 보아도 좋다.

알려지지 않은 과거는 알려지지 않은 미래다. '중심의 도그마'에 자족하는 중국에 대한 대타對他의식 속에 일본은 '독자성의 도그마'에 지펴 있고, 중국과 일본의 포위에서 한국은 '단일성의 도그마'로 탈주한다. 평행선을 달리는 이 도그마들의 분할 속에 역사적 경험은 각 나라의 국가주의적 통제 아래 분산되었다. 일본은 한국의 현재 속에서 일본을 찾고, 역으로 한국은 일본의 과거 속에서 한국을 찾는다. 자기 안의 타자를 부정하는 이 지독한 동일성의 확인으로부터 탈각하여 두 나라 사이를 가로지르는 경험들을 옹근 의미에서 복원함으로써 자기 동일성의 복제적 확대가 아니라 차이의 발견과 존중으로서의 한·일 역사에 대한 상호이해와 상호교육이 절실히 요구된다. 역사를 지우는 문화론으로 전락하지 않으면서 역사적 기억을 공유하는 과정에서 자연스럽게 생성되는 화이부동和而不同의 문화적 접근이 관건이다.

일제의 직접적인 지배 아래 굴종했으면서도 일본에 대한 이해를 방기해온 한국사회, 그리고 아시아의식을 결락한 채 대對아시아의식만 도드라진 일본사회, 한·일 두 나라의 국가주의적 통제 아래 분할된 역사상像을 교차하는 문맥 속에서 재구축하는 한·일 지식인의 공동의 노력이 조직된다면, 이 일이야말로 상호무지를 넘어서 상호이해로 가는 첫걸음이 될 것이다.

희망은 있다. 우리는 일본 우익/정부의 역사교과서 소동에 보잘것없는 채택율로 응답한 일본 시민사회의 저력에 주목한다. 또한 이 소동이 한국에서 반면교사反面敎師의 역할도 하였음을 잊지 않을 수 없다. 이 파동으로 한국에서도, 일본 우익/정부의 민족주의 못지않게 민족주의에 물든 한국의 역사교과서와 역사교육에 대한 진지한 반성을 이끌어냈기 때문이다. 이 두 힘이야말로 탈냉전시대의 도래에도 불구하고 새로운 한일관계의 정립을 간단없이 방해하는 '65년 체제'를 해체할 소중한 불씨가 아닐 수 없다.

2. 망각된 저술가 현병주

나는 이 자리에서 역사적 기억의 진정한 공유를 시도한 희귀한 선례先例로서 현병주玄丙周의 『수길일대秀吉一代와 임진록壬辰錄』을 소개하고자 한다. 어디에서 구입했는지 그 기억조차 가물가물한 채, 서재의 한 구석에 숨어 있던 이 책을 나는 최근에야 '발견'하였다. 간기刊記에 의하면 이 책은 1930년에 초판, 1932년에 재판, 1933년에 3판을 찍었다. 그런데 저자가 서문을 쓴 날짜는 기사년(己巳年, 1929) 십일월이고, 집필에 착수한 날짜는 '재작년 겨울' 즉 1927년 겨울이니, 2년에 걸쳐 씌어진 것이다. 출판사는 신구서림新舊書林. 주로 구소설과 신소설 등 대중물을 간행하는 상업출판사다.[1]

이 책의 저자 현병주는 누구인가? 조각보 맞추듯이 이 생소한 이름의 몸을 찾아가보자. 이 책에서 얻을 수 있는 저자 정보는 두 가지다. 그의 호號는 '수봉秀峯'이다.(상편, 1면) 그리고 간기에 의하면 이 책을 출간할 당시 그의 거주지는 '경성부京城府 견지동堅志洞 80번지.' 서문 끝에 나오는 대로 '탑공원塔公園 밖' 즉 3·1운동의 진원지인 탑골공원 근처 동네다.

빈약한 저자 정보에 답답해하는 내게 사다나 히로코眞田博子[2]가 결정적 자료를 찾아주었다. 뜻밖에도 현병주는 우리 회계학자들이 주목한 인물이었으니, 윤근호尹根鎬에 이어 조익순趙益淳이 이 망각된 저술가의 행적과 저술 목록의 대강大綱을 이미 수습하였다. 조익순에 의하면, 현병주의 『사개송도치부법四介松都治簿法』(덕흥서림德興書林, 1916)은 "우리나라의 고유 부기를 체계적으로, 그리고 논리적으로 설명한 우리나라 최초의 저서"로서 당시 일본의 회계학계에도 일정한

---

1   텍스트는 현병주, 『秀吉一代와 壬辰錄』(上下合編, 新舊書林, 1933, 3판). 이하 이 책의 인용은 따로 주를 달지 않고 면수만 표시함.

2   일본 출신의 한국문학 연구자이자 번역가. 인하대 대학원에서 한국 근대시 연구로 박사학위를 받았다. 지은 책으로 『최초의 모더니스트 정지용』(역락, 2002)과 『경성의 다다, 동경의 다다』(이마, 2015) 등이 있다. 필명은 요시카와 나기(吉川凪).—편집자

충격을 선사했다는 것이다.[3] 그런데 그의 저술은 이에 그치는 것이 아니다. 조익순은 총 16권에 이르는 그의 방대한 저술목록을 제시하였다.

1) 『명자길흉자해법名字吉凶自解法』 1916

2) 『사개송도치부법』 1916

3) 『남녀연합토론집』 1921

4) 『박문수전朴文秀傳』 1921

5) 『명사시담名士時談』 1921

6) 『송도말년불가살이전松都末年不可殺爾傳』 1921

7) 『시사강연록』 제4집(제5집의 착오 - 필자) 1922

8) 『조선팔도비밀지지朝鮮八道秘密地誌』 1923

9) 『비난정감록진본批難鄭鑑錄眞本』 1923

10) 『남녀토론집』 1927

11) 『임진록』 1929

12) 『사육신전』 1929

13) 『생육신전』 1929

14) 『장개석蔣介石 부인과 청방靑幇수령 두월생杜月笙의 수단』 1933

15) 『단종혈사』

---

3 조익순, 『四介松都治簿法前史: 우리나라 고유 부기의 발자취』 (태남, 2000), 235면.

16) 『순정비화純正秘話 홍도紅桃의 일생』 1953[4]

금수호연생錦水胡然生 · 호연생 · 영선翎仙 · 허주자虛舟子 · 금강어부錦江漁
夫 · 수봉 등 다양한 호를 사용하여 복서卜書에서 실록實錄에 이르기까
지 백과사전적 스펙트럼을 보여준 현병주는 참으로 기이한 저술가가
아닐 수 없다. 이 목록을 바탕으로 나는 그의 저술 활동을 고증하여
아래와 같이 보완하였다.

1) 『화원호접花園蝴蝶』(대창서원大昌書院, 1913) – 소설
   – 현재로서는 이 신소설이 그의 첫 저서이다. 이 책 1면에 '호연생 현영선'
   이라 저자를 표시했고, 간기에는 '저작자 玄丙周'가 뚜렷하다. 당시 그의
   주소는 '충청북도 청안군내淸安郡內 옥기리玉岐里 2통 3호'다.
2) 『실용자수實用自修사개송도치부법』(덕홍서림, 1916) – 부기학
   – 금강어부 현병주 편집/개성 金璟植 裵俊汝 幷閱(1면)
   – 덕홍서점 1928년 출판본도 있다.
3) 『명자길흉자해법』(신구서림, 1916) – 복서
4) 『홍문연회항장무전鴻門宴會項莊舞全』(박문서관博文書館, 1917) – 소설
   – 박문서관 1919년본도 있다.
5) 『파자점서破字占書』(영창서관永昌書館, 1921) – 복서

---

4   조익순, 앞의 책 237면. 이 목록은 연도별 번호를 붙여 정리한 원 목록을 논의의 편의
    를 위해 내가 권별로 다시 정리한 것.

6) 『박문수전』(백합사百合社, 1921) - 전기

7) 『남녀연합토론집』(광문사廣文社, 1921) - 편저

　　- 광문사 1928년본도 있다. 조익순 목록의 10번도 이 책인 듯하다.

8) 『명사시담』(광문사, 1921) - 편저

9) 『송도말년불가살이전』(우문관서회友文館書會, 1922) - 소설

　　- 우문관서회 5판본(1927)의 '첫머리말'에 의하면, 이 소설은 1917년 여
　　름 '한양공원하漢陽公園下'에서 창작되었는데, 그때 제목은 『불가살의전
　　기不可殺議傳奇』였다. 이를 1921년 중추中秋 '광화문전光化門前'에서 개작
　　·개명하여 출판한 것이라고 한다. 본문 앞에 '錦江漁夫 玄虛舟子 翎仙 著'
　　라고 명기했다.

10) 『시사강연록』 제5집(광문사, 1922) - 편저

　　- 권두변언卷頭弁言 「가즉시진假卽是眞」에서 현병주는 이 책의 성립을 다
　　음과 같이 밝힌다. 윤치호尹致昊 이상재李商在 신흥우申興雨 김필수金弼秀
　　등의 강연을 바탕으로 책임정리한 원고들을 묶었다고. 그런데 목차를
　　보면 강매姜邁 장도빈張道斌 윤익선尹益善의 글에는 '수고收稿'라고 명기
　　한 것으로 보아 필자들에게 직접 청탁됐음을 알려준다. 간기에 '편집 겸
　　발행자'로 현병주가 뚜렷한데, 당시 그의 주소는 '경성부 견지동堅志洞 51
　　번지'다.

11) 『조선팔도비밀지지朝鮮八道秘密地誌』(우문관서회, 1923) - 비서祕書

　　- 이 책의 본문 앞에 현병주는 복잡한 출판 경위를 밝히고 있다. "淸潭
　　李重煥 原著, 芝山 李章薰 藏本, 于堂 尹喜求 校閱, 翎仙 玄丙周 修輯."이 책
　　의 저본은 이중환의 『택리지擇里志』다. 그런데 요즘 우리가 접할 수 있는

『택리지』와 사뭇 다르다. 비기적 성격의 서술이 대폭 첨가되었다. 이본이라기보다는 거의 위서僞書에 가깝다. 현병주는 서문에서 "是歲夏月에 都中一宿儒 일편의 고서로써 祕書라 칭하며 余에게 간행을 권유"했다고 말한다.(5면) 그러니까 '도중일숙유'(서울의 어느 높은 선비)가 바로 지산 이장훈일 것이다. 지산 소장본을 우당의 교열을 거쳐 현병주가 정리해 출판한 것이다. 이 책의 간기에도 현병주의 주소는 견지동 51번지다. 그런데 이 주소가 우문관서회의 소재지라는 점이 흥미롭다. 혹 현병주가 우문관서회의 주인인가?

12)『비난정감록진본』(우문관서회, 1923) − 비서

  − 이 책의 본문 앞에 '금강어부 현영선 병주 총비摠批'라고 적었다. '총비'란 곧 편집인데, 이 책 제목에 들어 있는 '비난批難'과 같다.

  − 서울대 소장본 우문관서회 1926 재판본

13)『임진명장이여송실기王辰名將李如松實記』(덕홍서림, 1929) − 전기

14)『수길일대와 임진록』(신구서림, 1930) − 실록

  − 나의 소장본은 신구서림 3판본(1933)이다. 안표지에 '우문관서회 장판藏板'이라 밝혔는데, 그의 주소가 견지동 80번지로 바뀌었다.

15)『장개석 부인과 청방수령 두월생의 수단』(대성서림大成書林, 1933) − 실록

16)『일만군日滿軍의 열하熱河 토벌기』(삼문사三文社, 1934) − 실록

17)『사육신전』(신구서림, 1935) − 전기

18)『생육신전』(신구서림, 1935) − 전기

19)『단종혈사』(거문당巨文堂, 1936) − 실록

20)『순정비화 홍도의 일생』(세창서관世昌書館, 1953) - 소설

　─ 영화永和출판사 1961년판도 있다.

3. 다시 쓴 『임진록』

이 책의 내용은 제목 그대로 임진왜란사다. 그런데 정사正史가 아니라, 아마도 30년대 야담野談의 유행과 무관하지 않은 일종의 야사野史다. 저자 스스로 "내 기록은 항상 시골 농군이나 들어앉은 아낙네를 독자의 대상으로 하여 그저 얼른 풀기 좋게 뜻을 알기 쉽게 하면 그만이다 하는 버릇"(「저자의 변언」)에 기초하였음을 밝히고 있기 때문이다. 그렇다고 그냥 야사는 아니다. 그가 밝힌 참고문헌은 한·중·일을 망라하고 있다. 한국 측 기록은 유성룡柳成龍의 『징비록懲毖錄』을 비롯하여 10여 종, 일본 측은 덴케이天荊[5]의 『서정일기西征日記』를 위시하여 10여 종, 그리고 중국 측은 제갈원성諸葛元聲의 『양조평양록兩朝平壤錄』을 비롯하여 7종(1~2면), 실로 만만치 않은 자료 섭렵涉獵이다.

　그럼에도 "가장 사실에 치중하여 할 수 있는 대로 맹랑한 말, 허튼소리 같은 것은 기록에 넣지 아니하기로 하였다"(「저자의 변언」)는 언명에서 보듯 사료에 대한 엄격성을 유지하였다. 그것은 이 책이 방대

5　아즈치 모모야마(安土桃山) 시대 곧, 16세기 말의 승려로 임진왜란(일본에서는 분로쿠노에키文祿の役)에 종군한 경험을 기록한 『서정일기(西征日記)』를 남김.

한 주註를 포함하고 있는 점에 잘 드러난다. 이는 "검열당국의 주의"에 말미암은 것인데, 저자는 차라리 다행으로 여긴다. "다시 앞주前註를 내어 대문大文의 허실虛失한 데를 대강 짓고 꿰어 매고" 할 수 있었기 때문이다. 말하자면 이 책은 정사와 야사 사이를 횡단하고 있다. 저자는 말한다. "마치 좁은 장소에서 여러 사람이 지껄여서 듣는 사람의 귀를 소란케 하는 것 같다."(「저자의 변언」)

임진왜란에 관여한 그 모든 관점들이 이 공간에서 일종의 심포지엄의 형식으로 충돌하고 소통한다. 조선 지배층의 관점과 그에 저항한 반체제의 관점뿐 아니라, 엘리트들 사이의 권력의 교체사 바깥의 하위자 집단subaltem의 관점도 억압되지 않는다. 또한 이 전쟁의 국제적 성격도 충분히 조명된다. 침략자 일본과 원조자 명明도 동등하게 참여함으로써 한국사 기술에 두드러진 일국주의─國主義를 극복하고 있다. 16세기 말 조선을 둘러싸고 벌어진 동아시아의 대전란大戰亂인 임진왜란의 전 과정과 전 국면을 야담체에 녹여낸 이 저작은 정말로 경이롭다.

현병주는 왜 임진왜란을 다시 쓰고 있는가? 이 전쟁 이후 조선에서는 『징비록』을 비롯한 수많은 기록문학이 출현하였다. 그 과정에서 기이한 소설 『임진록』이 탄생하였다. 일본의 침략을 규탄하면서도 이 소설은 조선 지배층의 무능을 비판하고 있는데, 더욱 흥미로운 것은 조선 팔도八道를 돌며 산천의 혈맥을 끊는 이여송李如松의 행적을 제시하는 데서 드러나듯, 원조자 명에 대해서도 우호적이지 않다. 이 작품은 임진왜란을 바라보는 가장 날카로운 민중적 관점을 제출

한다. 그런데 여기에는 1차원적 공상도 개입한다. 일본 정벌 이야기가 그렇다. 물론 이 정벌은 소설 속에서도 실패하지만 승군僧軍 의병장으로 활약했던 사명당四溟堂이 도술道術로 왜왕倭王의 항서降書를 받아내는 욕망성취의 서사로 귀결되는 것이다.

임진왜란은 대한제국의 운명이 바람 앞의 등불 형국으로 떨어진 시기에 다시 주목된다. 단재丹齋 신채호申采浩의 『이순신전李舜臣傳』(1908)이 대표적인 것이다. 전투적인 계몽주의자 단재는 임진왜란사에서 이순신을 단독적으로 호명呼名하여 일제에 대항하는 국민주의 영웅으로 전경화前景化하였으니, 이는 『임진록』의 재편이기도 하다.

집단적 전기傳記의 성격이 풍부한 전자를 하나의 위인전으로 예각화하는 후자로의 이행과정이란, 만신전萬神殿의 해체와 유일신전唯一神殿의 구축을 통한 일종의 근대적 종교개혁으로 이해할 수 있는데, 이 과정에서 영웅주의와 일국주의가 더욱 강화되었다는 점도 주목되어야 한다. 이 작업은 춘원春園 이광수李光洙의 장편 『이순신』(1931)으로 계승되고, 특히 박정희 시대에는 구국의 영웅 이순신이 개발독재의 수호신으로 이행하기에 이르니, 대표적인 저항서사抵抗敍事 '이순신'이 홀연 체제서사體制敍事로 편입되었던 것이다. 김지하金芝河가 희곡 「구리 이순신」(1971)에서, 지금도 세종로 한복판에 서 있는 이순신 장군 동상이란 껍데기를 해체하여 그 알맹이를 구원하고자 했던 것은 상징적이다. 그런데 이 과정의 근원에 『임진록』이 자리 잡고 있다.

현병주의 작업은 의식적으로든 무의식이든 바로 이 『임진록』과 마주한다. 제목에 '임진록'이 드러난 것으로 보아 의식적이기 쉽다. 그런데 그 앞에 '수길일대'가 첨가된 것으로 판단컨대 계승적 성격이 강한 단재 이후의 작업과는 차별된다. '수길일대'란 임진왜란의 원흉 도요토미 히데요시豐臣秀吉의 일대기란 뜻이다. 상편은 히데요시의 일대기요, 하편은 임진왜란사로 구성된 이 책6에서 그는 과감하게 히데요시를 전경화하였던 것이다. 『임진록』에는 아예 히데요시가 부재한다. 이 부재 또한 그 공상적 성격을 반영하는 것인데, 현병주는 친일파라는 지목指目을 뒤집어쓸 위험을 무릅쓰고 히데요시를 임진왜란의 한 축軸으로 내세운다.

무슨 의도일까? 히데요시의 조선 침략이 조선·명·일본, 모두에 해독을 끼친 점을 분별分別한 후에 작가는 말한다.

동방의 이러한 불행이 온전히 히데요시 한 사람의 허물이겠느냐 하는 것을 한번 토구討究하여 볼 일이다. …… 역사를 과학으로 해석한다 하면 시대가 영웅을 산출하는 것이니, 히데요시의 허물은 그때의 시대가 얼마쯤 부담하지 않아서는 안 될 것이다. …… 히데요시의 허물도 봉건시대 말기에 반드시 있을 것이라고 아니할 수 없는 것이다. 그때 동방에 일어난 폭풍우를 그때에는 히데요시가 빚어낸 것 같이 생각하였지만, 다시 과학으로 한번 분석해보면 폭풍우 그것부터가 폭풍우 그 자체의 돌변突變이 아니오, 폭풍우를 빚어낸 기후를 발견하게 되는 것이

---

6 상편이 86면이고, 하편이 132면이니, 히데요시의 일대기가 이 책의 거의 2/5 분량을 차지한다.

다. 하여간에 나는 히데요시를 지목하여 한때 동방을 난사亂射한 혜성彗
星이라 한다. (「총평」 133~134면)

성姓은 빼고 이름만 부르는 데서 이미 암시되었듯이, 그는 결코 히
데요시를 미화하지 않는다. 그럼에도 그를 단지 단죄만 하지는 않는
다. 동아시아 삼국을 전란 속에 몰아넣음으로써 이후 삼국의 역사를
반동적 방향으로 이끈 히데요시의 선택에 비판적이면서도 그 선택에
관여한 역사의 힘을 발견할 것을 과학의 이름 아래 강조한다. 악역이
든 선역善役이든 영웅을 역사의 대리자로 파악하는 그는 친일/반일의
도덕적 판단을 일단 정지하고 '영웅'을 경유해 역사로 직핍直逼함으로
써 영웅 또는 영웅사관을 해체한다. 도덕의 피안彼岸에서 임진왜란
을 조망하는 그 각도로부터 『임진록』의 공상성과 『이순신전』의 애국
적 영웅주의로는 파악되지 않는 새로운 텍스트가 형성되었던 것이다.
물론 우리는 이 각도의 치명적 한계를 망각할 수 없다. 친일/반일, 친
중/반중/, 애국/매국의 양분법을 넘어서 임진왜란이란 대전란을 추동
해간 힘을 추적하는 그 과학적 눈이, 속 깊은 체념과 제휴한 일종의
허무주의로 전락할 싹을 내포하고 있기 때문이다.

중국 침략의 전야에 집필되어 만주사변(1931) 즈음에 유통된 이 책
의 생성과 출현 시기를 감안하면 더욱 그렇다. 일제의 중국 침략은
임진왜란의 확대복제다. 나는 구로자와 아키라黑澤明의 「가케무샤影武
者」(1980)를 보고, 다케다武田의 기마부대를 일거에 전멸시킨 오다 노
부나가織田信長의 조총부대에 주목하였다. 아시가루足輕에서 관백關白

에 오른 히데요시 이야기는 전형적인 근대서사다. 그러니 오다를 더욱 진전된 평민적 차원에서 계승한 히데요시의 군대, 조선으로 밀려온 일본군은 이미 근대적 군대가 아닐 수 없다. "일본군의 배후에 서구가 있었다는 점이야말로 임진왜란을 전통적 전쟁과 차별 짓는 결정적 지표다. 다시 말하면 임진왜란은 시장 바깥의 별립別立한 중세 조선을 향한 일본을 앞잡이로 한 서구의 때 이른 엄습인 것이다. 중세가 육상의 시대라면, 근대는 바다의 시대다. 임진왜란의 발발은 이미 16세기 동아시아에 바다의 시대가 도착했음을 알리는 조숙한 징표다."**7** 메이지 유신(明治維新, 1868) 이후, '서양 패도覇道의 주구走狗'로서 조선을 비롯한 아시아 침략의 길을 걸은 일제는 근본적으로는 히데요시의 전철을 밟았던 것이다.

현병주는 장구하게 지속된 중화체제를 일거에 붕괴시킨 청일전쟁(1894) 이후, 승승장구하는 일본 제국주의의 도정, 그 원형을 히데요시와 임진왜란에서 보았다. 그는 또한 목전의 승리에도 불구하고 그 행진의 종말이 무엇이 기다리고 있는지도 예견했다. 이것이 그가 이 책을 통해 은밀히 전하고자 한 핵심이다.

역사를 추동해가는 힘의 맹목성 또는 필연성에 대한 그의 체념에도 불구하고 이 책은 일본에 대한 한국사회의 낮은 이해를 극복한 점에서 단연 이채롭다. 히데요시의 일대기를 추적하면서 그는 서구와

---

7   최원식, 「한국發 또는 동아시아발 대안?」, 『제국 이후의 동아시아』(창비, 2009), 275~289, 참조.

의 접촉 속에서 근대를 향해 들끓는 전국시대戰國時代의 일본사회의 격동을 생생히 전달한다. 예컨대 오다의 반전통적反傳統的 정향이 어떻게 친서구적親西歐的인 것과 제휴하고 있는지를 놓치지 않은 다음과 같은 대목이 그렇다.

노부나가信長가 …… 혼간지本願寺 싸움터에는 난반지南蠻寺를 새로 이룩하고 절 안에는 예수를 신봉하는 천주대天主臺를 높이 쌓아올리니 일본의 예수교가 이때부터 유행한 것이다. 노부나가는 지방에서 모아드는 늙은 선비를 모아들여 경전經傳을 논란하고 때로는 천주대에 들어가 예배도 본다.(상편, 54면)

오다의 이런 성향이 정통의 제자인 히데요시에게도 계승되었으니, 히데요시의 근거지 오사카성大阪城 "한복판에 예수의 십자가十字架가 높이 걸린 천주각을 높이 쌓아올"(상편, 71면)렸다든가, 일본의 병선兵船이 예수교 선교사의 소개로 "포르투갈葡陶牙의 큰 배大船巨舶를 많이 사들였다"(하편, 11~12면)는 기록도 흥미롭다. 이 점에 착목할 때, 근대적 조총을 중세적 칼의 숭배로 되돌린 도쿠가와 이에야스德川家康의 반기독교적 성격, 그 반동성이 해명된다. 히데요시의 근대성이 조선 침략으로 파멸했다면, 들끓는 내란을 종식시킴으로써 평화를 이룩한 이에야스의 공功은 아래로부터 분출하는 시민적 에네르기를 억압적으로 관리하는 보수체제의 구축이라는 과過 속에 상쇄되는 것이다.

이 책에는 또한 일본의 침략에 앞잡이가 된 조선의 반민叛民에 대한 흥미로운 정보가 담겨 있다. 히데요시가, "조선의 반민이 많이 들어와 사"(상편, 80면)는 곳이라는 규슈九州에 갔다가 요시라要時羅로부터 조선 사정을 청취하는 대목은 압권壓卷이다. 주에서 이 문답이 '소설식' 곧 허구라는 점을 고백하면서, 그는 "그때 규슈나 시고쿠四國로 들어가 사는 사람은 대개 삼포란이나 죽도란에 들어간 사람"이라고 밝혔다.(상편, 82면) '삼포란'이란 '삼포왜변三浦倭變'을 가리킬 터인데, 이는 1443년 일본과의 통상을 허락하면서 삼포를 개방했던 조선 왕조가 1510년 거류지를 폐쇄하려 하자 일으킨 일본 거류민의 대규모 폭동이다.

그런데 이 왜변에 조선인들도 참여했다가 일본 거류민들과 함께 일본으로 도망쳤다니 흥미롭다. 이런 부류가 존재하고 있었다는 점을 확인하는 것은 임진왜란 자체를 더 깊이 이해하는 데도 유익하다. 7년에 걸친 일본군의 장기 주둔에 따라 조선의 백성과 향리鄕吏 가운데 '부역자附逆者'들이 증가했으니[8] 선조宣祖는 귀순歸順하면 전비前非를 묻지 않겠다고 이들을 달래는 한글 교서敎書[9]를 반포頒布했을 정도다. 한국에 특히 두드러진 의병義兵 전통과 함께 이 '부역자'들의 동태를 시야에 넣을 때, 왜란 초기, 일본군의 빠른 북상北上을 더 잘 설명할 수 있을 뿐 아니라 임진왜란의 교훈도 비로소 옹근 의미를 획득하게 될 것이다.

---

8 崔永禧, 「壬辰丁酉亂時 沿海民의 動態」, 『史叢』 제2집(고대사학회, 1957), 20~21면
9 『朝鮮前期國寶殿圖錄』(三星文化財團, 1996), 123면

이와 함께 조선 왕조의 차별정책에 불만이 내연內燃하던 함경도咸鏡道에서 왜란 중에 터진 민란民亂을 다룬 대목도 눈여겨볼 만한데(하편, 57면), 구국의 영웅뿐만 아니라 조선의 패장敗將들에도 주의를 기울이는 점이 재미있다. 예컨대 당대 조선의 명장名將으로 충주忠州 전투에서 패한 신립申砬을 논한 변설辨說은 예리하다. 알다시피 신립은 천험天險의 요새 새재鳥嶺 관문關門을 포기하고 충주 탄금대彈琴臺에 배수진背水陣을 치는 어리석음을 범한 못난 장수로 조롱받아왔는데, 작자는 말한다. "신립의 그때 경우를 살피지 않고 덮어놓고 실수라고만 하기는 애매하지 않을까 한다. 신립은 팔도순찰八道巡察이었으니 팔도를 감시할 책임을 가진 터에 조령은 지키는 조방장助防將이 있은즉 …… 충주에서 진을 치면 조령과 죽령竹嶺의 두 길목을 막는 것인즉 조령만을 지키지 아니할 만한 이유가 있고." 그런데 이보다 전투력의 열세를 배수진으로 돌파하려는 신립의 비장한 결단에서 근본 원인을 찾는다.(하편, 19~20면) 그렇다고 신립의 책임이 면제되는 것은 아니지만, 우리는 이런 해석을 통해 일본의 조총부대에 파멸한 신립과 그의 기병대의 최후를 애도할 수 있게 되는 것이다.

이 책에 세밀히 그려진 명의 동태로 리얼하기 짝이 없다. 일본과 전쟁을 계속하며 한편 '시정의 무뢰배 출신'(하편, 44면), 심유경沈惟敬이 나서서 일본과 교섭을 진행하는 대국大國의 양면성은 마치 6·25를 보는 듯한데, 명의 총사령관 이여송의 출자出子 문제에 대한 언급도 귀중하다. "그 고조가 되는 이영李英이 원래 함경도 사람으로서 명나라에 들어가 붙어內附 가지고" 그 아버지 이성량李成樑이 여진女眞과 달단韃靼을 토멸하는 큰 공을 세워 출세가도를 달리게 되었다는 것이다.(하편, 49~50면) 변경 함경도의 유동성을 잘 보여주는 사례의 하나인데, 이런 콤플렉스가 조선에 대한 더 가혹한 태도를 조장했을지도 모른다. 이미 지적했듯이, 이런 연유로 이여송은 우리의 혈맥을 끊는 대국주의자의 대행자로서 우리 설화에 낙인찍히는 것이다.

달리는 말 위에서 대강 살핀 바에 의해도 이 저작의 독특성이 조금은 드러났을 것이다. 이 저작은 임진왜란을 통해 동아시아 삼국사를 하나의 문맥 속에서 종합하는 드문 안목을 보였다. 이 저작은 지금 암시적이다. 이 외로운 저작의 밑에 깔린 체념을 넘어, 동아시아 근대사의 기원으로 되는 임진왜란에 대한, 한국과 일본, 더 나아가 북조선과 중국이 함께 참여하는 공동연구와 공동토론을 차례로 진행한다면, 그리하여 민족주의의 예리한 충돌점에서 그 극복의 가능성을 발견할 수만 있다면 이보다 더 다행한 일이 어디 있을까?

【 찾아보기 】

서명

인명 및 용어